pour Jean-Luc,

ce CHAMPOLLION

par lui-même

Robert Solé

le 27 janvier 2013

DU MÊME AUTEUR

Les Nouveaux Chrétiens, Seuil, 1975.
Le Défi terroriste, Seuil, coll. « L'Histoire immédiate », 1979.
Le Tarbouche, Seuil, 1992 (prix Méditerranée 1992) ; Points Grands Romans, 2009.
Le Sémaphore d'Alexandrie, Seuil, 1994 ; Points, 1996 ; 2010.
La Mamelouka, Seuil, 1996 ; Points, 1997.
L'Égypte, passion française, Seuil, 1997 ; Points, 1999.
Les Savants de Bonaparte, Seuil, 1998 ; Points, 2001.
Alexandrie l'Égyptienne (en collaboration avec Carlos Freire), Stock, 1998.
La Pierre de Rosette (en collaboration avec Dominique Valbelle), Seuil, 1999 ; Points, 2004.
Mazag, Seuil, 2000 ; Points, 2001.
Dictionnaire amoureux de l'Égypte, Plon, 2002.
Voyages en Égypte (en collaboration avec Marc Walter et Sabine Arqué), Chêne, 2003 ; 2010.
Le Grand Voyage de l'obélisque, Seuil, 2004 ; Points Histoire, 2006.
Fous d'Égypte (en collaboration avec Pierre Corteggiani, Jean-Yves Empereur et Florence Quentin), Bayard, 2005.
Bonaparte à la conquête de l'Égypte, Seuil, 2006 ; Points Histoire, 2010.
L'Égypte d'hier en couleurs (en collaboration avec Max Karkégi), Chêne, 2008.
Une soirée au Caire, Seuil, 2010 ; Points Grands Romans, 2011.
La Vie éternelle de Ramsès II, Seuil, 2011.
Le Pharaon renversé, Les Arènes, 2011.
Billets, Seuil, 2012.

Présenté par
Robert Solé

CHAMPOLLION

PERRIN
www.editions-perrin.fr

Collection « Autoportraits »
dirigée par Laurent Greilsamer

ISBN : 978-2-262-03938-7

Les passions d'un surdoué

Ils sont deux, deux Champollion que rien n'autorise à dissocier. Si Jean-François, le déchiffreur des hiéroglyphes, est entré dans les livres d'histoire, son frère aîné, Jacques-Joseph, mérite beaucoup plus qu'une note en bas de page. Connu sous le nom de Champollion-Figeac ou, plus simplement, Figeac, il a été tout à la fois l'éducateur, le parrain, le conseiller, le bailleur de fonds, l'avocat et souvent la plume de Champollion le Jeune, avant de devenir le gardien de sa mémoire et l'éditeur de ses œuvres posthumes.

Jean-François, benjamin d'une famille de cinq enfants, naît à Figeac (Lot) le 23 décembre 1790. Ni son père, petit libraire, ni sa mère, analphabète, ne semblent s'être occupés de sa formation intellectuelle. Comme s'ils avaient délégué ce rôle au frère aîné, de douze ans plus âgé que lui. Mais ce dernier n'est plus sur place, il travaille chez un commerçant de Grenoble, et c'est à distance qu'il va suivre les premiers pas de son cadet, tout en cultivant lui-même sa passion pour l'archéologie et les manuscrits anciens. Figeac n'avait pu accompagner Bonaparte en Égypte, comme il en rêvait. Sa consolation sera d'être le collaborateur de Joseph Fourier, l'un des membres les plus en vue de la fameuse expédition de 1798, devenu préfet de Grenoble sous l'Empire et chargé par Napoléon de rédiger la préface de la *Description de l'Égypte*.

Figeac commence par confier Jean-François à un religieux, dom Calmels, qui va lui inculquer les premiers rudiments de grammaire et de latin. L'orthographe n'est pas le point fort de l'enfant. À son frère, il écrit dans l'une de ses premières lettres : « Je vous pris dégluser [d'excuser] mon petit esprit, qui est encore un peu volage : j'espère que vos leçon le corrigeront. » L'aîné lui répond : « Puisque tu me fais l'aveu que ton esprit est volage, tu dois tâcher de lui donner un peu de constance. N'oublie jamais que le temps perdu est irréparable, applique-toi bien à tes devoirs. Songe que rien n'est plus honteux pour un écolier que la paresse et la négligence… Si tu désires venir auprès de moi, il faut que tu apprennes vite quelque chose, les ignorants ne sont bons à rien. »

Jean-François n'a pas encore onze ans quand il rejoint à Grenoble son frère, qui lui a trouvé un instituteur. « Tantôt fougueux et pressé, il semble craindre de trouver des bornes à ses désirs d'apprendre », constate Figeac dans une lettre à dom Calmels. L'élève a du mal à s'appliquer : « Sa trop grande facilité à saisir les explications nuit au besoin de les retenir. » Ses devoirs le lassent vite, mais l'aîné le surveille comme le lait sur le feu : « J'ai le soin d'épier ces moments de relâchement et alors, par tous les moyens possibles, je ranime son goût. Je lui donne un nouvel aliment par un sujet piquant et naïf… »

Jean-François fréquente ensuite l'école de l'abbé Dussert, un ecclésiastique plutôt large d'esprit, qui ne tarde pas à déceler chez lui des dons exceptionnels. Constatant son goût pour les langues orientales, il l'autorise à étudier non seulement l'hébreu, mais aussi l'arabe, le chaldéen et le syriaque (à douze ans et demi !). C'est un petit phénomène qui sera admis comme pensionnaire, en 1804, au Lycée impérial de Grenoble.

De son côté, Figeac poursuit ses travaux d'archéologie, tout en se notabilisant. Il collabore au *Magasin encyclopédique* et aux *Annales du département de l'Isère*. En 1806, il est nommé secrétaire de l'Académie des sciences et des arts de Grenoble. L'année suivante, il épouse la fille d'un industriel local, Zoé Berriat. Un mariage salué en vers par le jeune Jean-François, qui ne sera pas un nouveau Musset :

> Chantons, célébrons ce beau jour
> Pour nous si digne de mémoire,
> Il voit aux roses de l'amour
> S'unir les lauriers de la gloire

La discipline militaire régnant au Lycée impérial ne convient guère au poète amateur et ses bulletins de notes s'en ressentent. Toute son énergie est mise dans l'étude des langues et de l'histoire, la traduction de la Bible ou… ses collections de plantes et d'insectes. Il écrit souvent à son aîné. Ses nombreux billets commencent par « mon très cher frère » et se terminent généralement par « ton frère obéissant », voire « ton très humble, très obéissant et très respectueux frère ». Jean-François ne cesse de réclamer des livres. Parfois aussi de l'argent, car il en manque cruellement, à la différence des fils de bourgeois qui fréquentent l'établissement. Le lycéen souffre surtout de solitude et finit par supplier Figeac de le tirer de là.

Un travailleur acharné

Il obtient satisfaction en 1807, l'année de la mort de sa mère. C'est à Paris que Jean-François ira assouvir sa passion pour les langues orientales, après s'être distingué à Grenoble par une communication devant l'Académie des sciences et des arts. Son *Essai de description géographique de l'Égypte avant la conquête de Cambyse* lui vaut d'être élu membre correspondant de cette compagnie, alors qu'il n'a pas encore dix-sept ans. Son frère aîné y est sans doute pour quelque chose, mais il fallait davantage qu'un coup de pouce pour en arriver là. On a affaire à un jeune homme hors du commun. Déjà se dessinent les atouts qui feront de lui le déchiffreur des hiéroglyphes : un goût prononcé pour les langues et pour l'histoire, une capacité de travail considérable et une attirance très forte pour l'Égypte. Quelques mois avant sa communication à l'Académie, il avait écrit à ses parents : « Je veux faire de cette antique nation une étude approfondie et continuelle. L'enthousiasme où la description de leurs monuments énormes m'a porté, l'admiration dont m'ont rempli leur puissance et leurs connaissances vont s'accroître par les nouvelles notions que j'acquerrai. De tous les peuples que j'aime le mieux, je vous avouerai qu'aucun ne balance les Égyptiens dans mon cœur. » Ne leur ressemble-t-il pas un peu ? Un teint bistre et des yeux en amande lui donnent, paraît-il, un air oriental. On le surnomme Seghir (« petit » en arabe). Lui-même suggérera d'appeler son premier neveu Ali, et prénommera plus tard sa fille Zoraïde…

Figeac installe son frère à Paris, avant de regagner Grenoble. Le jeune étudiant vivra en pension dans une famille et suivra les cours des meilleurs professeurs du moment au Collège de France et à l'École des langues orientales. Mais l'air de la capitale ne lui convient pas. Un mois à peine après s'être retrouvé seul, il lance déjà un appel au secours : « Mon très cher frère, depuis que tu m'as quitté, je n'ai reçu qu'une de tes lettres. Tu ne m'as point écrit de Lyon ni même de Grenoble. Je suis d'un ennui et d'une mauvaise humeur si grande que je pleure comme un enfant. Tu sais que les lettres sont un grand soulagement quand on est éloigné des personnes qu'on aime. » Son seul refuge, sa seule consolation, c'est l'étude, et il s'y adonne avec une intensité qui frôle la fureur. L'emploi du temps de ce polyglotte est stupéfiant : il étudie l'arabe avec Caussin de Perceval et un moine syrien d'Égypte, dom Raphaël ; le persan avec Antoine-Isaac Silvestre de Sacy et Louis-Mathieu Langlès ; l'hébreu, le syriaque et le chaldéen avec Prosper Audran. Il n'a malheureusement pas le temps, précise-t-il, de suivre les cours de turc d'Amédée Jaubert, mais va se plonger dans le copte avec un prêtre égyptien, vicaire à Saint-Roch, Geha Cheftitchi. Ses heures de loisir, il les passe à la Bibliothèque impériale, où le conservateur du cabinet des Antiques, Aubin Millin, lui communique tous les ouvrages concernant la terre des pharaons.

Depuis que l'Égypte est devenue chrétienne, au IVe siècle de notre ère, plus une seule inscription en hiéroglyphes n'a été gravée dans le pays. Les règles de cette écriture se sont perdues avec les derniers prêtres de l'Antiquité. Personne dans le monde n'est capable de la déchiffrer ou même d'en comprendre le principe. Était-ce une écriture idéographique (les signes exprimant des idées) ou phonétique (les signes exprimant des sons) ? Un jésuite, Athanase Kircher, avait publié au XVIe siècle de prétendues traductions des hiéroglyphes figurant sur les obélisques de Rome. Cela n'avait servi qu'à entretenir l'idée d'une langue mystérieuse, renfermant des doctrines occultes, qui aurait été réservée à quelques initiés.

Si Jean-François Champollion étudie le copte avec tant d'ardeur, c'est parce qu'il s'agit d'une survivance de la langue populaire des anciens Égyptiens. Rien à voir cependant avec les hiéroglyphes : le copte, qui n'est plus employé que dans la liturgie chrétienne, s'écrit désormais avec des caractères grecs, additionnés de quelques signes pour exprimer des consonnes imprononçables. Le 7 mars 1809, Jean-François confie à son frère : « Je me livre entièrement au copte... Je veux savoir l'égyptien comme mon français, parce que sur cette langue sera basé mon grand travail sur les papyrus égyptiens. » Et, le 21 avril suivant : « Je suis si copte que pour m'amuser je traduis en copte tout ce qui me vient à la tête ; je parle copte tout seul, vu que personne ne m'entendrait. »

Ce bourreau de travail ne se réduit pas à une machine intellectuelle. À Grenoble, il était secrètement tombé amoureux de sa belle-sœur. À Paris, il cache une liaison avec une femme mariée. Plus tard, en Italie, il aura le coup de foudre pour une poétesse de Livourne, Angelica Palli, qu'il surnommera Zelmire et à qui il adressera des lettres enflammées. Sans compter une mystérieuse « Madame Adèle », à Figeac, qui a été sa maîtresse

L'étroite correspondance que Jean-François entretient avec son frère aîné ne porte pas seulement sur ses études et ses recherches. Elle prend un tour plus vif quand le jeune homme réclame l'argent de son loyer ou des habits décents pour pouvoir sortir en ville. Il peut se montrer désagréable, quitte à s'excuser ensuite, sachant tout ce qu'il doit à son ange gardien. Ce dernier lui évitera notamment d'être appelé sous les drapeaux, grâce à un tirage au sort opportunément effectué à Figeac.

Non, décidément, l'air de Paris ne lui convient pas. « J'ai un mépris mêlé d'horreur pour la sale capitale de la France », écrit Jean-François en 1808. L'année suivante, son aîné le ramène près de lui, à Grenoble, et le fait nommer professeur adjoint d'histoire ancienne à la faculté des lettres, où il enseigne lui-même la littérature grecque.

Dans sa leçon inaugurale, Jean-François, âgé de vingt ans, n'hésite pas à se montrer courageux et provocateur : « Le despotisme, souligne-t-il, repousse les lumières et favorise l'ignorance pour établir plus sûrement une puissance usurpée » ; de ce fait, « l'histoire des temps modernes n'est souvent qu'un assemblage de faits présentés sous un jour faux, recueillis par l'incertitude et modifiés par la flatterie ». Ce n'est pas Figeac, préoccupé de son image et de sa carrière, qui se permettrait publiquement de tels propos alors que Napoléon est au sommet de sa puissance !

La fougue et l'érudition du professeur adjoint font merveille auprès des étudiants. Pour leur part, des inspecteurs de passage sont frappés par la nouveauté de son enseignement : l'historien qu'il est devenu prône la critique des sources et le recours à la méthode expérimentale, appliquée dans ses propres recherches sur la langue des anciens Égyptiens. On a bien affaire à un sujet exceptionnel, qui « incarne jusqu'à la perfection le génie des Lumières », comme le soulignera son biographe Jean Lacouture.

Avec Figeac, Jean-François Champollion collabore à la rédaction de la préface de la *Description de l'Égypte* que doit rédiger Joseph Fourier, préfet de l'Isère. Il devrait se faire tout petit devant le délégué de l'Empereur, le mathématicien renommé, l'ex-secrétaire perpétuel de l'Institut d'Égypte. Mais quand Seghir est sûr d'une chose, rien ne l'arrête. C'est en ces termes qu'il rend compte à son aîné d'une séance de travail avec le grand homme : « J'ai passé la journée de jeudi tête à tête avec M. Fourier… Je lui ai fait corriger dix ou douze passages qui se sentaient des principes de la vieille école. Il les a changés avec la soumission la plus exemplaire… »

À Grenoble, le préfet de l'Isère reçoit de nombreux documents utiles à la rédaction de sa préface. Il est beaucoup question, dans ces années-là, de la pierre de Rosette qu'un officier de Bonaparte a découverte par hasard en 1799 dans le nord de l'Égypte. C'est une stèle d'un peu plus d'un mètre de hauteur sur laquelle sont gravés trois textes, en trois écritures différentes : du grec, des hiéroglyphes et, entre les deux, des caractères inconnus dont on comprendra par la suite qu'il s'agit d'une écriture cursive de l'ancienne Égypte, le démotique, une simplification des hiéroglyphes. Le texte grec révèle que ce décret religieux, rendu en l'honneur d'un souverain ptolémaïque, devait être affiché dans tous les temples d'Égypte, en grec, en hiéroglyphes et dans la langue locale. On possède donc, pour la première fois, un document bilingue grec-égyptien ! Les savants de Bonaparte sont persuadés qu'il peut leur permettre de déchiffrer l'écriture de l'Antiquité, mais tous leurs efforts n'y suffiront pas.

Lors de la défaite de l'armée française, en 1801, la pierre de Rosette a été saisie par les Anglais, qui l'ont transportée au British Museum. Des estampages de cette stèle ont cependant été envoyés à diverses universités d'Europe, et les plus grands esprits de l'époque tentent, à partir de ce document, de déchiffrer les hiéroglyphes. Parmi eux, le diplomate suédois Johan David Akerblad, le médecin anglais Thomas Young, l'orientaliste français Silvestre de Sacy… et désormais Jean-François Champollion. Son frère aîné l'a incité, dès juillet 1807, à étudier la pierre de Rosette : « Ne te décourage pas sur le texte égyptien, c'est ici le cas d'appliquer le précepte d'Horace : une lettre te conduira à un mot, un mot à une phrase et une phrase au tout, le tout tient donc à peu près à une lettre ; travaille toujours, jusqu'à ce que je puisse vérifier ton travail par moi-même. »

La stèle étant brisée et le texte hiéroglyphique incomplet, c'est sur l'écriture démotique que portent les premiers travaux. Silvestre de Sacy a isolé dans cette inscription des groupes de signes qui correspondent aux noms propres grecs. Et Akerblad a réussi à leur donner une valeur phonétique en établissant un début d'alphabet. Jean-François Champollion, lui, se penche sur les hiéroglyphes et, en août 1810, devant l'Académie de Grenoble, suggère que ces signes ont un caractère phonétique : pour transcrire des noms grecs, les hiéroglyphes devaient nécessairement produire des sons. En 1813, il progresse encore d'un pas : grâce à son étude approfondie du copte, il peut affirmer que les Égyptiens négligeaient beaucoup les voyelles et très souvent ne les écrivaient pas.

Jalousie ? Désir d'évincer un concurrent en puissance ? Silvestre de Sacy déconseille au jeune homme de s'escrimer sur la pierre de Rosette. Mais Champollion se garde bien de suivre l'avis de son ancien professeur, dont il a appris à se méfier.

Le jeune chercheur n'est pas tendre pour ses concurrents. Dans sa correspondance, il les traite d'ignares et les affuble de sobriquets. Sacy est « le jésuite » ou « le rabbin », Étienne Quatremère est « Polycarpe », et Désiré-Raoul Rochette « le tyran du Bosphore »... Par la suite, il s'en prendra avec virulence – et un peu de mauvaise foi – à Edme Jomard, responsable de la *Description de l'Égypte*, qui aura eu le malheur de se trouver sur son chemin.

Proscrit, en exil

Travailler d'arrache-pied ne lui interdit pas de s'amuser un peu. Son caractère facétieux transparaît dans *Bajazet*, une pièce de théâtre farfelue qu'il compose et fait jouer à Grenoble en 1814, à l'occasion du mardi gras. On y côtoie une belle princesse, un vizir occupé à sauver sa tête, un sultan atteint d'un torticolis mortel...

Les turqueries ne seront plus de mise quelques semaines plus tard, avec la chute de Napoléon. Figeac se rallie au régime des Bourbons. « Tu as très mal fait, lui écrit son cadet le 25 juillet 1814. Aucune considération ne devait t'entraîner à cela. Je ne te reconnais pas. » Mais, quelques jours plus tard, changement complet de ton : Jean-François fait preuve d'un étonnant réalisme, pour ne pas dire du plus grand cynisme. « Mets-toi le plus que tu pourras dans les bonnes grâces de M. de Choiseul, conseille-t-il à son aîné. Rappelle-toi que les comtes et les ducs ont besoin d'un bras droit et qu'ordinairement ils ne font rien par eux-mêmes. Tu peux être cet homme-là, le démiurge de M. de Choiseul... Quand la fortune ne s'offre point de bonne grâce, il faut la violer. Apprends que lorsqu'on monte dans la voiture d'un ministre, on doit aller coucher dans son hôtel. » Les rôles sont inversés : c'est le cadet qui conseille, encourage et fixe le cap. Il va lui-même publier son nouveau livre, *L'Égypte sous les pharaons*, avec une dédicace à Louis XVIII.

Là-dessus, Napoléon quitte l'île d'Elbe et remonte à la conquête de la capitale. Figeac, qui lui est présenté lors d'une halte à Grenoble, devient l'un de ses collaborateurs. Rallié lui aussi à l'Empereur, Jean-François va animer la Fédération bonapartiste grenobloise et remplacer son frère à la direction des *Annales de l'Isère*. Las ! Au bout de cent jours, Napoléon est définitivement écarté du trône, et ceux qu'on surnomme « les Champoléon » vont payer cher leur engagement. Jean-François est chassé des *Annales* pour avoir pris à partie « les calotins » et porté « un toast à la République ». Il passe alors pour un dangereux activiste, soupçonné de comploter contre les autorités. Découragé, ne croyant plus à l'Université, il écrit à son aîné en novembre 1815 : « Je veux embrasser l'état de notaire. » L'a-t-il vraiment envisagé, pour s'assurer une sécurité financière ? On a peine à l'imaginer. En tout cas, il n'en reparlera plus.

Les deux frères sont exilés à Figeac, leur ville natale. Ce n'est qu'une demi-punition. La vie y est plutôt agréable, et le cadet des Champollion ne manque pas d'y partager les plaisirs de la jeunesse locale : excursions, chahuts nocturnes, flirts… Plus sérieusement, avec son aîné, il entreprend des recherches archéologiques sur le site gaulois d'Uxellodunum. Les Champollion se lancent aussi dans une nouvelle forme d'enseignement, importée d'Angleterre : l'enseignement mutuel, selon la méthode lancastérienne, qui favorise la mixité, emploie de nouveaux outils pédagogiques et permet aux écoliers les plus doués d'assister le maître. Jean-François y fait merveille. Plusieurs écoles gratuites verront le jour dans l'Isère, grâce à ses efforts et malgré l'opposition du clergé.

Figeac, qui obtient l'autorisation de s'installer à Paris au printemps 1817, va devenir le principal collaborateur de Bon-Joseph Dacier, secrétaire perpétuel de l'Académie des inscriptions et belles-lettres. Jean-François, lui, regagne Grenoble et réintègre ses fonctions de bibliothécaire. Contre l'avis de son frère aîné, il épouse la fille d'un gantier, Rosine Blanc. Les autorités continuent de le tenir à l'œil. Le préfet d'Haussez, son grand ennemi, l'accusera même, en mars 1821, d'avoir prêté la main à une tentative d'insurrection.

« Je tiens l'affaire ! »

Toutes ces péripéties ne l'ont pas empêché de poursuivre ses recherches égyptologiques. Le 19 août 1818, il a lu à l'Académie des sciences et des arts de Grenoble un mémoire sur *Quelques hiéroglyphes de la pierre de Rosette*. Un médecin londonien, Thomas Young, un surdoué de son espèce, ne chôme pas non plus. L'Anglais avance même plus vite que lui : dans un article de l'*Encyclopædia Britannica*, publié en 1819, il pressent l'existence de hiéroglyphes phonétiques et la parenté des trois écritures égyptiennes.

Mais Champollion ne va plus cesser de marquer des points. En mai 1821, il établit que l'écriture hiératique est une simplification de l'écriture hiéroglyphique. En août 1821, il démontre que le hiératique et le démotique dérivent des hiéroglyphes ; il présente des tables de correspondances entre ces trois écritures qui procèdent donc d'un seul et même système. Nouvelle avancée en décembre 1821 : en réexaminant la pierre de Rosette, il constate que le nombre des hiéroglyphes (1 419) excède celui des mots grecs du texte (486). Ce qui l'amène à conclure que chaque hiéroglyphe ne peut pas représenter une idée, sans pour autant correspondre à un son.

Dès lors, plus rien ne l'arrête. On dirait qu'il moissonne tout ce qu'il a semé depuis des années. Étudiant la copie d'un cartouche de Cléopâtre, il comprend que ce nom grec a été transcrit en hiéroglyphes phonétiques. Puis, l'examen des cartouches de deux pharaons, Ramsès et Thoutmès, lui permet de conclure que des hiéroglyphes phonétiques sont associés à des signes idéographiques.

Le fameux « *eurêka* » date du 14 septembre 1822. Ce jour-là, à Paris, Jean-François fait irruption dans le bureau de son frère aîné pour lui crier dans un souffle : « Je tiens l'affaire ! » Et il perd connaissance. Qu'a-t-il découvert ? Tout simplement, si l'on peut dire, que l'écriture hiéroglyphique peint « tantôt les idées, tantôt les sons d'une langue ».

Il rédige alors, avec l'aide de Figeac, la fameuse *Lettre à M. Dacier*, qu'il lira le 27 septembre 1822 devant l'Académie des inscriptions et belles-lettres. Cet exposé fait sensation. Silvestre de Sacy n'est pas le dernier à saluer le génie du déchiffreur. Des compliments parviennent de toute l'Europe. Le duc d'Orléans lui rend un hommage solennel lors d'une séance à la Société asiatique, et Louis XVIII lui fait remettre une boîte en or.

Mais, dans la *Lettre à M. Dacier*, Champollion n'a exposé qu'une partie de sa découverte : la manière dont les noms des souverains grecs et des empereurs romains étaient transcrits dans la langue égyptienne. Pour tirer des conclusions plus générales, il a besoin de procéder encore à certaines vérifications. Ce ne sera que deux ans plus tard qu'il pourra enfin publier un *Précis du système hiéroglyphique* et le résumer ainsi : « C'est un système complexe, une écriture tout à la fois figurative, symbolique et phonétique dans un même texte, une même phrase, je dirais presque dans le même mot. »

Champollion démontre de manière magistrale que cette écriture comporte, en réalité, trois sortes de signes. Les premiers sont des idéogrammes, ou signes-images ; les deuxièmes, des phonogrammes, ou signes-sons ; et les troisièmes des déterminatifs, qui ne se lisent pas, mais permettent de fixer la catégorie des mots qui les précèdent. Grâce à sa découverte, le déchiffreur va pouvoir explorer peu à peu toutes les dimensions de cette écriture qui omet les voyelles, ne sépare ni les mots ni les phrases, mais compte des masculins et des féminins, des singuliers et des pluriels, des pronoms, des suffixes, des adjectifs qui s'accordent en genre et en nombre... De quoi occuper toute une vie.

Les trésors de Turin

Une magnifique collection d'antiquités a été rassemblée par le consul de France en Égypte, Bernardin Drovetti. Louis XVIII a refusé de l'acheter, sous prétexte qu'elle était trop chère. Ces chefs-d'œuvre, finalement acquis par le roi de Sardaigne, sont entreposés à Turin, capitale de son royaume. Champollion obtient d'en établir le catalogue, grâce au soutien du duc de Blacas d'Aulps, un pair de France devenu son protecteur.

Il se rend donc sur place et tombe sur une caverne d'Ali Baba. Plus de 8 200 objets sont entassés dans un palais de Turin, dont une centaine de grandes statues et de précieux papyrus. Jean-François ne sait où donner des yeux, lui qui n'a travaillé jusqu'ici que sur des fragments ou des copies. Et encore ne voit-il qu'une partie du butin, la plupart des caisses restant à déballer. Ce séjour de plusieurs mois lui permettra, entre autres, de reconstituer la notation numérique des anciens Égyptiens. Il rendra compte de ses travaux dans trois *Lettres* au duc de Blacas.

Champollion le républicain, considéré par certains comme un ennemi de la foi chrétienne, est bien reçu à Rome. On le charge même d'établir le catalogue des papyrus de la Bibliothèque vaticane. Les autorités catholiques manifestent en effet le plus grand intérêt pour ses travaux depuis qu'il a établi qu'un tableau astronomique égyptien ne datait pas de 8000 ans avant Jésus-Christ, comme l'affirmaient des spécialistes, mais était beaucoup plus récent. De quoi conforter l'Écriture sainte, selon laquelle le monde n'a été créé que depuis 6000 ans… Le pape Léon XII reçoit le Français, lui dit que ses découvertes ont rendu un grand service à la religion et… propose de le nommer cardinal. L'intéressé, très embarrassé, fait remarquer que « deux dames [son épouse et sa fille] ne seraient pas d'accord », et on en reste là.

Accusé par les laïques d'avoir cherché les bonnes grâces du clergé, le déchiffreur des hiéroglyphes se fera critiquer un peu plus tard par des hommes d'Église pour avoir situé la perfection des arts égyptiens autour de 2300 avant Jésus-Christ, époque trop voisine du Déluge. « Les uns crient parce que je ne fais point la civilisation égyptienne assez ancienne, et les autres parce que je la fais remonter trop haut », remarque-t-il.

Des jaloux et des rivaux contestent sa découverte. C'est le cas, par exemple, de l'abbé Lanci, orientaliste romain, auteur d'une brochure assassine. Ou du philologue allemand Gustav Seyffarth, dont Champollion doit démonter l'argumentation dans sa troisième *Lettre à M. le duc de Blacas*. Pour sa part, Thomas Young s'est montré beau joueur, dans une certaine limite : tout en félicitant le Français, il se considère comme celui qui a fait franchir un pas décisif à la recherche. Champollion a répondu à cette assertion dans l'introduction de son *Précis du système hiéroglyphique*, mais pendant longtemps encore le docteur Young sera présenté au British Museum comme le découvreur de l'écriture égyptienne.

Malgré les manœuvres d'Edme Jomard, qui brigue le poste, Jean-François Champollion est nommé, en mai 1826, conservateur du futur Musée égyptien du Louvre. Il y déploiera toute son intelligence en inaugurant une conception nouvelle de la muséographie : ce ne sera plus seulement une exposition d'œuvres d'art, mais une présentation de la vie quotidienne, avec un souci pédagogique affirmé. Encore faut-il disposer d'un fonds. Le déchiffreur persuade Charles X d'acheter une deuxième collection de Drovetti, ainsi qu'un lot vendu à Livourne par Henry Salt, le consul d'Angleterre en Égypte. Le musée du Louvre pourra presque rivaliser avec celui de Turin.

Mais le rêve de Champollion est de se rendre dans la vallée du Nil. Il aimerait visiter un à un tous les sites antiques, dessiner les inscriptions qu'ils contiennent et recueillir le maximum d'informations sur la vie publique et privée des Égyptiens au temps des pharaons. Trente ans plus tôt, les jeunes ingénieurs et architectes qui accompagnaient Bonaparte en Égypte avaient fait un travail remarquable, mais en aveugles : ils copiaient des milliers de hiéroglyphes sans en connaître la signification. Jean-François, lui, peut pénétrer dans les temples muni de la clé qu'il a découverte.

En arpentant la terre promise

Charles X et le grand-duc de Toscane acceptent de financer une expédition d'une douzaine de membres. Dirigée par Champollion, elle sera composée d'un inspecteur des Beaux-Arts, François Lenormant, de l'orientaliste Ippolito Rosellini, d'un architecte, d'un naturaliste, ainsi que de plusieurs peintres et dessinateurs. Âgé de trente-sept ans, Jean-François va pouvoir enfin découvrir la terre des pharaons.

La mission franco-toscane embarque à Toulon le 31 juillet 1828, malgré la tension qui règne en Orient. Neuf mois plus tôt, pour secourir la Grèce, des navires français, britanniques et russes ont détruit la flotte turco-égyptienne à Navarin. Le vice-roi d'Égypte, Mohammed Ali, risque de ne pas réserver le meilleur accueil au déchiffreur des hiéroglyphes. Champollion sera-t-il empêché de fouler sa terre promise ? Il reçoit, au contraire, un excellent accueil à Alexandrie. Avec une souplesse très orientale, Mohammed Ali a bien voulu admettre que les canons français cherchaient à détruire la flotte turque, et non la sienne. La mission franco-toscane se voit offrir toutes les autorisations nécessaires, ainsi qu'une escorte et deux bateaux pour remonter le Nil.

Champollion est, de son propre aveu, « comme un coq en pâte ». Il exulte. Tout ce qu'il voit autour de lui l'enivre et l'enchante. Ses *Lettres d'Égypte*, véritable journal de voyage, sont truffées de mots grecs ou arabes, de hiéroglyphes et de petits dessins pris sur le vif. L'Antiquité et le présent y sont intimement mêlés. C'est une Égypte vivante qui s'offre au lecteur, avec ses bruits, ses odeurs et ses couleurs. Il ne s'agit pas du regard d'un touriste ordinaire, mais de celui d'un spécialiste qui vient vérifier ses connaissances sur le terrain.

L'*Isis* et l'*Athyr* mettent cinq jours d'Alexandrie au Caire. Cinq jours de bonheur au cours desquels Champollion découvre des scènes de la vie villageoise immuables depuis des siècles : celles-là mêmes qu'il avait étudiées sur des gravures, des dessins ou des bas-reliefs. Il rencontre des fellahs, parle avec eux, note la forme de leurs tatouages... Il constate surtout leur grande misère, et ne cessera de le vérifier, le cœur serré, tout au long de son séjour. Ce peuple de chair et de sang semble le toucher autant que les vestiges de pierre.

La mission franco-toscane arrive au Caire en plein Mouled al-Nabi (fête de la naissance du Prophète). La grande place de l'Ezbekeyya, inondée par les eaux en cette saison, connaît une animation exceptionnelle. Champollion se trouve « fort bien » dans cette ville aux innombrables mosquées, mais beaucoup de merveilles antiques l'appellent dans les environs, à commencer par les pyramides de Guiza.

Tout au long de sa remontée du Nil, il va vérifier le travail accompli par les savants de Bonaparte. S'il rend hommage à « l'extrême exactitude » du travail de deux jeunes ingénieurs de l'expédition française, Prosper Jollois et Édouard de Villiers du Terrage, il ne perd pas une occasion de tourner en ridicule les travaux d'Edme Jomard, l'auteur le plus prolifique de la *Description*. Celui-ci s'est opposé à son élection à l'Académie des inscriptions et belles-lettres. Au cours d'un nouveau vote, qui interviendra en mars 1829, pendant le voyage en Égypte, le déchiffreur des hiéroglyphes sera de nouveau battu, cette fois par un juriste nommé Pardessus. L'apprenant par le courrier, il commentera amèrement : « J'ai été mis par-dessous Pardessus. »

Le 20 novembre 1828, la petite troupe arrive à la hauteur de Thèbes, et c'est l'éblouissement : « Ce nom, écrit Champollion, était déjà bien grand dans ma pensée : il est devenu colossal depuis que j'ai parcouru les ruines de la vieille capitale, l'aînée de toutes les villes du monde. Pendant quatre jours entiers, j'ai couru de merveille en merveille. » Ce n'est qu'une visite de reconnaissance. La mission a prévu de pousser jusqu'en Nubie pour redescendre ensuite le Nil et revenir alors, calmement, sur chacun des lieux visités. Elle va se rendre ainsi à Esna, à Edfou et à Kom Ombo, pour arriver le 4 décembre à Assouan. Là, Champollion subit une attaque de goutte. Plusieurs hommes doivent le porter pour la visite de l'île de Philae, qui le déçoit profondément : « Les portions d'édifices construits et décorés sous les Romains sont du dernier mauvais goût, écrit-il, et quand j'ai quitté cette île, j'étais bien las de cette sculpture barbare. »

Rien de tel à Ibsamboul (Abou Simbel) : devant les deux temples creusés dans le roc et couverts de sculptures, sa plume retrouve la même ivresse qu'à Thèbes. Deux heures et demie d'exploration, dans une chaleur étouffante, lui permettent de fixer le travail à venir. « Ce sera une rude campagne ; mais le résultat en est si intéressant, les bas-reliefs sont si beaux, que je ferai tout pour les avoir, ainsi que les légendes complètes. » En attendant, la mission franco-toscane pousse jusqu'à Ouadi Halfa, dernier point au sud de l'Égypte et terme de son voyage. Champollion compte déjà six cents dessins en portefeuille, mais estime que le travail « commence réellement aujourd'hui ».

C'est de Ouadi Halfa, le 1er janvier 1829, qu'il envoie sa deuxième *Lettre à M. Dacier*. Lettre à la fois solennelle et chaleureuse, qui est un cri de victoire, une réponse à ses détracteurs. En parlant de « *notre* alphabet », il associe à sa découverte le secrétaire perpétuel de l'Académie qui l'a soutenu : « Je suis fier maintenant que, ayant suivi le cours du Nil depuis son embouchure jusques à la seconde cataracte, j'ai le droit de vous annoncer qu'il n'y a rien à modifier dans notre *Lettre sur l'alphabet des hiéroglyphes*. Notre alphabet est bon : il s'applique avec un égal succès, d'abord aux monuments égyptiens du temps des Romains et des Lagides, et ensuite, ce qui devient d'un bien plus grand intérêt, aux inscriptions de tous les temples, palais et tombeaux des époques pharaoniques. »

La descente du Nil a commencé. Malgré sa santé fragile, Champollion ne se ménage pas. De retour à Abou Simbel, le 5 janvier, à peine remis d'un nouvel accès de goutte, il se rend jusqu'au grand temple, en début d'après-midi, soutenu par deux domestiques. Il se déshabille presque entièrement pour pénétrer dans cette fournaise, d'où il ressortira deux heures plus tard, ruisselant de transpiration, après avoir copié des bas-reliefs et vérifié le travail exécuté par ses collaborateurs. Deux autres heures lui seront nécessaires pour reprendre tout à fait ses esprits, emmitouflé dans des habits chauds, au fond d'une barque, sous un vent violent et glacé…

À Thèbes, il va opérer cette fois de véritables fouilles et séjourner près de six mois. « Une seule colonne de Karnac, s'exclame-t-il, est plus monument à elle seule que les quatre façades de la cour du Louvre ! » Il ne se désintéresse pas pour autant du temple voisin de Louqsor, et notamment de ses deux obélisques, qui l'avaient tant ému lors de sa première visite. Ces monolithes, à la gloire de Ramsès II, sont bien supérieurs à ceux d'Alexandrie, que Mohammed Ali a offerts, l'un à la France, l'autre à l'Angleterre. Ne pourrait-on pas, écrit Champollion, laisser aux Anglais les pauvres obélisques d'Alexandrie (« Ils me font pitié depuis que j'ai vu ceux de Thèbes ») et prendre un de ceux de Louqsor ? Son désir sera exaucé quelques années plus tard.

Du 23 mars au 8 juin 1829, la mission franco-toscane campe sur l'autre rive du Nil, dans la vallée des Rois. Champollion s'évanouira plusieurs fois au cours de ce séjour épuisant, en plein désert, sous un soleil de plomb. Il habite, pendant tout un temps, dans le tombeau de Ramsès IV, qui a l'avantage d'être frais et assez bien éclairé. Dans une autre tombe, celle de Séthi Ier, il organise, le 2 avril, « une fête mangeante » à l'occasion de l'anniversaire de sa fille, Zoraïde. La tentation est trop forte de ne pas emporter un souvenir. On fait détacher deux bas-reliefs. L'un finira au Louvre, l'autre à Florence. Cette « prise », tout à fait dans les mœurs de l'époque, n'empêchera pas Champollion, à son retour au Caire, de remettre à Mohammed Ali une *Note pour la conservation des monuments de l'Égypte*. Dans ce texte, il énumère tous les sites antiques récemment détruits, et tous ceux pour lesquels le vice-roi devrait « ordonner qu'on n'enlevât, sous aucun prétexte, aucune pierre ou brique, soit ornée de sculptures, soit non sculptée ».

Manque de cohérence ? Il faut se replacer dans le contexte. Champollion se méfie du désintérêt des Égyptiens pour leur patrimoine pharaonique et sait que Mohammed Ali ne voit dans les temples ou les pyramides qu'un réservoir de pierres, un matériau de construction pour des édifices modernes. Le Français estime que les obélisques de Louqsor seraient mieux préservés à Paris que sur les bords du Nil. Il ne fait pas partie de ces étrangers qui pillent allègrement le patrimoine égyptien dans un but mercantile. Son souci est de mettre des pièces antiques à l'abri, de permettre à des savants de les étudier, et au public européen de les admirer. Il achète ainsi au Caire quelques pièces somptueuses qui iront enrichir le musée du Louvre, comme le sarcophage en basalte vert de Djedhor ou la statue de bronze incrusté d'or de Karomama.

La mission franco-toscane n'était pas à la recherche d'antiquités et ne disposait pas de crédits suffisants pour en acquérir. Elle ne rapporte, en réalité, que peu d'objets en Europe. Mais sa moisson de dessins et de notes est immense. Un prodigieux travail a été accompli. Du lazaret de Toulon, où il subit la quarantaine sanitaire obligatoire et abîme un peu plus sa santé dans l'humidité et l'inconfort, Champollion écrit le 27 décembre 1829 à l'un de ses correspondants : « J'ai dépouillé, pour ainsi dire, tous les monuments de l'Égypte et de la Nubie, depuis les Pyramides jusques à la seconde cataracte… J'ai amassé du travail pour une vie entière. »

« *Trop tôt !* »

Cet hiver 1829 est particulièrement rigoureux en France. La Seine gèle à Paris. Champollion souffre du foie, des poumons, de diabète, de la goutte, de migraines incessantes... Il s'est épuisé en Égypte et y a été victime de parasites du Nil. À son frère, qui lui prépare un logement à Paris, il demande, avant toute chose, « de bons épais tapis de pied ».

Le printemps lui sera plus clément : en mai 1830, après deux échecs, il est finalement élu à l'Académie des inscriptions et belles-lettres, malgré l'opposition de ses adversaires. Il a été soutenu par quelques grands noms de la science – Arago, Cuvier, Fourier, Geoffroy Saint-Hilaire et Laplace –, qui jugeaient son exclusion grotesque.

Le conservateur du Musée égyptien du Louvre va vivre douloureusement les journées révolutionnaires de juillet 1830. Cloué au lit par une nouvelle attaque de goutte, il apprend que des émeutiers – dont il partage pourtant les idées – ont forcé les portes de l'établissement, brisé des vitrines et emporté plusieurs centaines de précieux objets. On n'en récupérera qu'une partie.

Une chaire d'archéologie au Collège de France a été créée pour lui. L'égyptologie accède ainsi officiellement au rang de discipline scientifique. Jean-François Champollion prononce sa leçon inaugurale le 10 mai 1831, en présence de l'un des fils de Louis-Philippe et d'un parterre d'ambassadeurs. La maladie l'empêchera cependant de donner plus de deux cours, et il partira se reposer à Figeac, sa ville natale.

« Mlles Champollion, libraires ». Le petit magasin où il a humé, enfant, l'odeur des livres, est exploité désormais par deux de ses sœurs. L'une d'elles le surprendra le soir, à sa table de travail, en train de poser des questions à haute voix, comme s'il interrogeait un Égyptien d'un autre temps... Sa *Grammaire* avance, page après page. Il en dessine lui-même les signes hiéroglyphiques, avant de les livrer à la lithographie. Une œuvre colossale dont il ne viendra pas à bout et que son frère éditera à titre posthume. « Voilà ma carte de visite pour la postérité », lui aurait-il déclaré en lui remettant le manuscrit.

Une seconde tentative d'enseignement au Collège de France, en décembre suivant, tourne court. Dès lors, Champollion ne quitte plus son appartement parisien. « La mort me guette à Babel », confie-t-il à des amis. « Enchaînez-moi, enchaînez-moi, ne me laissez pas partir ! » Le 12 janvier 1832, il s'écroule, à demi paralysé. Des soins lui permettent de se rétablir et même de travailler un peu, mais la rémission ne dure pas : la mort l'emporte le 4 mars suivant, à quarante et un ans. Ses funérailles auront lieu à l'église Saint-Roch, à Paris, où il avait suivi des cours de copte. Conformément à sa demande, il sera enterré près de Joseph Fourier, au Père-Lachaise.

Très affecté, son compagnon de voyage en Égypte, Ippolito Rosellini, le qualifie de « nouveau Colomb ». Quant à Chateaubriand, il écrit à Figeac : « Les admirables travaux de votre frère, éclairés de vos propres lumières, auront la durée des monuments qu'il vient de nous expliquer. »

Le déchiffreur des hiéroglyphes est mort trop tôt. À en croire le fidèle Figeac, il se serait frappé la tête, lors de la crise du 12 janvier, en s'écriant : « Trop tôt ! Il y a encore tant de choses là-dedans. » Mais l'essentiel est fait : grâce à lui, on peut désormais « lire » la civilisation pharaonique, comprendre ses croyances religieuses, découvrir sa médecine, sa littérature... Des générations de chercheurs vont s'y plonger. L'Égypte ancienne, que Champollion a sortie de son mutisme, n'arrêtera plus de nous enchanter.

Robert SOLÉ

Avertissement

L'abondante correspondance de Jean-François Champollion, longtemps conservée au château familial de Vif (Isère), a été dépouillée par ses principaux biographes, à commencer par l'universitaire allemande Hermine Hartleben qui a consacré sa vie à déchiffrer l'œuvre du déchiffreur des hiéroglyphes.

Les textes sélectionnés dans ce livre sont tirés, pour l'essentiel, soit de la correspondance de Champollion, soit de ses publications scientifiques. La transcription des noms de lieux en Égypte a été conservée telle quelle (Kourna, Ibsamboul...). En revanche, certains mots ou expressions ont été modernisés (« monuments », par exemple, au lieu de « monumens »), et les fautes d'orthographe corrigées.

Les lettres et documents, souvent très longs, ne sont pas reproduits dans leur intégralité. On a pris la liberté de ne pas indiquer les coupes, pour éviter d'alourdir la lecture.

Les lettres ne portant pas la mention du destinataire sont celles qui étaient adressées par Jean-François Champollion à Figeac, son frère aîné.

Chronologie

1790. 23 décembre : naissance à Figeac.

1799. Retiré de l'école, il est confié à dom Calmels.

1801. Il rejoint son frère à Grenoble.

1802. Il fréquente l'école de l'abbé Dussert et l'École centrale. Apprend l'hébreu.

1803. Première approche de l'arabe, du chaldéen (araméen) et du syriaque.

1804. Élève au Lycée impérial.

1807. Étudie l'arabe et le copte. 1er septembre : il donne lecture de son *Essai de description géographique de l'Égypte avant la conquête de Cambyse* à l'Académie des sciences et des arts de Grenoble. 13 septembre : il commence son séjour à Paris, où il va étudier l'hébreu, l'arabe, le persan, le copte, le syriaque et le chaldéen au Collège de France et à l'École des langues orientales.

1808. Nommé membre correspondant de l'Académie des sciences et des arts de Grenoble.

1809. Mars : il travaille sur une copie de la pierre de Rosette. Complète sa *Grammaire* copte.

1810. 30 mai : il prononce le discours d'ouverture de son cours d'histoire à la faculté des lettres de Grenoble, où il a été nommé professeur adjoint d'histoire ancienne. 7 août : dans une communication devant l'Académie des sciences et des arts, il suggère que les hiéroglyphes ont un caractère phonétique.

1811. Il publie à Grenoble l'introduction de *L'Égypte sous les Pharaons.*

1814. Publie *L'Égypte sous les Pharaons* avec une dédicace à Louis XVIII.

1815. Rallié à Napoléon, il devient, pendant les Cent-Jours, l'animateur de la Fédération bonapartiste. Chassé des *Annales de l'Isère* qu'il dirigeait à la place de son frère, il voit sa chaire d'histoire supprimée.

1816. Assigné à résidence à Figeac avec son frère, il l'aide à entreprendre des recherches archéologiques sur le site gaulois d'Uxellodunum. Ils s'occupent ensemble d'enseignement mutuel.

1817. 21 octobre : il retourne à Grenoble.

1818. 18 juin : il retrouve sa fonction de bibliothécaire. 19 août : il présente à l'Académie des sciences et des arts un mémoire sur *Quelques hiéroglyphes de la pierre de Rosette.* 30 décembre : il épouse Rosine Blanc.

1821. Sa participation à la révolte étudiante antimonarchique de Grenoble lui fait perdre son poste de professeur d'histoire au lycée. Il quitte Grenoble. 20 juillet : il s'installe à Paris, chez son frère. 27 août : dans un mémoire sur l'écriture hiératique qu'il lit à l'Académie des inscriptions et belles-lettres, il souligne l'étroite parenté des trois écritures égyptiennes. 23 décembre : il vérifie par un calcul le caractère phonétique des hiéroglyphes. Il publie à Grenoble *De l'écriture hiératique des anciens Égyptiens.*

1822. Août : il lit son mémoire sur l'écriture démotique à l'Académie des inscriptions et belles-lettres. 14 septembre : il découvre que l'écriture égyptienne peint « tantôt les idées, tantôt les sons d'une langue ». 27 septembre : il lit devant l'Académie des inscriptions et belles-lettres la *Lettre à M. Dacier* qu'il a rédigée avec son frère.

1823. Janvier : rencontre avec le duc de Blacas d'Aulps.

1824. Publie son *Précis du système hiéroglyphique des anciens Égyptiens*. Juin : il commence l'étude de la collection Drovetti au musée de Turin. Première *Lettre à M. le duc de Blacas*. Il reconstitue la notation numérique des Égyptiens.

1825. Séjours dans plusieurs villes italiennes. 15 juin : chargé d'établir le catalogue des papyrus de la Bibliothèque vaticane, il est reçu par le pape Léon XII.

1826. Il est chargé par le roi de France d'évaluer la collection Salt. 2 avril : à Livourne, il tombe amoureux de la poétesse Angelica Palli, qu'il surnomme Zelmire. 14 mai : il est nommé conservateur du Musée égyptien du Louvre.

1827. Février : échec de sa candidature à l'Académie des inscriptions et belles-lettres. Décembre : inauguration du Musée égyptien du Louvre.

1828. 31 juillet : il embarque pour l'Égypte à la tête d'une expédition franco-toscane. 24 août : il est reçu à Alexandrie par Mohammed Ali. 20 septembre : il arrive au Caire. 18 octobre : il part pour la Haute-Égypte. 19 novembre : il arrive à Thèbes. 31 décembre : à la hauteur de la deuxième cataracte, il écrit à M. Dacier pour lui confirmer la valeur de son alphabet.

1829. Mars-septembre : nouveau séjour à Thèbes. Octobre-novembre : entretiens avec Mohammed Ali à qui il remet un mémoire sur la conservation des monuments égyptiens.

1830. 4 mars : retour à Paris. 7 mai : il est élu, après deux échecs, à l'Académie des inscriptions et belles-lettres.

1831. 12 mars : le roi Louis-Philippe crée pour lui une chaire d'archéologie égyptienne au Collège de France. 10 mai : leçon inaugurale. Il part se reposer et travailler à Figeac. 13 décembre : malade, il ne peut achever son troisième cours au Collège de France.

1832. 4 mars : il meurt à Paris. 6 mars : funérailles au Père-Lachaise.

1

L'insatiable lycéen (1804-1807)

À l'âge de treize ans, Jean-François Champollion est admis au Lycée impérial de Grenoble. Il rend compte scrupuleusement à son frère de ses succès et de ses échecs scolaires. Mais ces courts billets, généralement non datés, retiennent surtout l'attention par les activités parallèles auxquelles se livre l'adolescent : avec le même sérieux, il collectionne les plantes et les insectes, étudie l'arabe et le copte, traduit la Genèse, rédige au passage « un petit traité de numismatique hébraïque », tout en s'attaquant à un dictionnaire… et réclame pour cela une foule d'ouvrages à son mentor. Cependant, la discipline de l'établissement lui est insupportable. « Je veux partir d'ici », supplie-t-il, et il finit par obtenir satisfaction.

1804, Lycée impérial de Grenoble

Mon très cher frère*,

J'ai eu du malheur à cette composition. Je n'ai pas bougé pas plus qu'un rocher. Ce n'est pas les fautes que j'ai faites à ma version. Je n'ai fait aucun contresens : mais c'est des fautes d'orthographe. J'en ai eu sept : voilà pourquoi je n'ai pas eu ma bonne place. Sans cela !... Je te prie de demander à M. Lacroix si ce que je dis n'est pas vrai.

La fête de M. le Censeur a été belle : à 8 heures, nous lui avons député les sergents-majors, un sergent, un caporal et un élève. Ils lui ont fait un compliment en acrostiche et on lui a offert une pendule qui nous a coûté 10 louis, des huiliers, et deux salières en argent. Je pense que c'est assez. Ensuite nous avons été à la messe. En son honneur nous avons été à la promenade jusqu'à midi et demi. M. le Censeur, M. Lacroix et M. Jamet nous ont fait l'honneur de dîner avec nous. Nous avons été régalés. 1. Un bouilli excellent ; 2. une sauce de pois ; 3. une sauce de je ne sais quoi qui était fort bon ; 4. un dessert de belles cerises ; 5. une pogne en confitures et au sucre. Nous avons été ensuite à la promenade à la maison de campagne. Nous avons eu à goûter 1. Du jambon ; 2. du saucisson ; 3. une tourte ; 4. une pogne comme celle du dîner ; 5. ensuite nous nous sommes bien amusés. Et pour tempérer notre joie, après avoir été grillés par le soleil, nous avons été accueillis en nous en allant par une pluie fine qui nous a tout mouillés comme des rats.

---

* On trouvera en fin d'ouvrage une présentation des destinataires des lettres de Champollion et des principales personnalités citées.

J'ai quelque chose à t'annoncer mon très cher frère qui me fait bien plaisir à moi. Je ne doute pas que cela ne te fasse de même. Lorsqu'on a donné la composition, M. Lacroix m'a dit que j'étais le dernier ; mais lorsqu'on m'a appelé le premier, ça m'a piqué le cœur. M. le Censeur est venu ; il m'a fait bien des compliments ; il m'a touché la main et tiré l'oreille.

Quant à mes habits, tu te plains toujours qu'ils sont en mauvais état : tu as raison. Ce n'est pas à moi, mon cher frère, que tu dois t'en prendre : c'est à M. Housset, et à ses subalternes. 1. Mon anglaise est en bon état, quoique raccommodée. 2. Ma veste, je l'ai mise sur le lit du domestique (c'est l'usage) pour la faire porter au tailleur ; il ne l'a pas encore portée : je vais demain lui porter moi-même : elle a un trou au coude et est bien étroite. 3. Mon habit n'est pas déchiré, mais il est dans un tel état que bientôt il sera comme la veste et les culottes d'un arlequin, c'est-à-dire que les pièces de différentes nuances qu'il y a font un effet très pittoresque ; il est aussi extrêmement étroit. On ne veut pas m'en faire d'autre. 4. Ma culotte a été emportée par M. Rouvier ; elle a disparu ; je l'ai demandée souvent ; je vais aller vers les chefs pour la ravoir. 5. Mon gilet est en bon état. 6. Mes pantalons de crêpons je les ai envoyés au tailleur pour faire mettre deux boutons ; on me les a rapportés dans un état horrible ; je ne sais qui s'est amusé à les gâter : ce n'est pas ma faute je te jure : il faut des pièces. Nécessairement je vais faire mes plaintes au censeur, qui, à coup sûr, de peur de dépenser 4 sous, aimera mieux me voir aller tout nu. Tout le reste est en bon état excepté quelques paires de bas, et justement les meilleurs, que les lingères ont trouvé à propos de couper en bas, de manière qu'il n'y a plus de pied. Voilà l'état où je suis, je ne te déguise rien.

Je te prie d'avoir la bonté (si tu veux) de m'envoyer mon herbier car j'ai beaucoup de place ; ainsi que *Linncei amenitates acaderreicae*, pour le classer par familles. Je te promets que j'en aurai bien soin, ainsi que de l'herbier. Sois-en sûr d'ailleurs, on ne pourra pas y toucher (si cela était permis) puisque je le fermerai toujours sous clé. Fais-moi ce plaisir je te prie.

Il s'est passé beaucoup de choses ici. Hier M. le Censeur a cassé la musique et rangé ses compagnies ; il donnait des coups de canne et de poing, à tort et à travers. Nous avons digéré cela patiemment. Les musiciens ont refusé de quitter leurs plumets ; enfin le censeur les leur voulait arracher, ils les ont mis en pièces, et ont pris des vestes salies et déchirées. Le soir, à la maison de campagne, tout le monde a pris de petits bâtons. Quand on a retourné au lycée, on s'est arrêté sur les remparts et on a rempli ses poches de pierres. On est allé souper et on a fait un train d'enfer. Le censeur craignant une révolte nous est allé faire notre prière dans les salles d'étude et nous a mené coucher. À 9 heures et demie on a lancé des pierres aux vitres des dortoirs après avoir éteint les lumières : on a toutes cassé les vitres. Le censeur est venu et a fait un discours qui n'a servi qu'à animer de plus en plus. Quand il s'est retiré on a cassé encore les vitres et les pots de chambre que l'on lançait contre les croisées. Le censeur ne savait que faire ; il a été à la garnison et placé des soldats dans le dortoir, la baïonnette au bout du fusil, pour embrocher le premier qui aurait bougé. On n'a plus brisé mais on criait à rompre la tête. On n'a pas dormi de toute la nuit. Je ne sais à quelle extrémité on se portera ; mais je ne m'en suis pas mêlé.

Je t'envoie, mon très cher frère, deux insectes mâle et femelle que l'on m'a apportés. Ce sont deux nasicornes, espèce de coléoptères bien rares. Je te prie de les mettre en sûreté… Je t'ai envoyé tout ce que j'avais, excepté une boîte où il y avait des chrysalides : je te l'enverrai ce soir, avec une autre où sont des chenilles que je nourris. Elles sont superbes. Je te prie de dire à Pierre, ou à Rif, d'aller chercher un peu de l'herbe sur laquelle elles sont, pour leur donner à manger, car celle qu'elles ont est sèche… Tu m'enverras ce soir les volumes de Pluche qui parlent des insectes, *Spectacle de la nature* : donnes-en trois ou quatre. Si tu peux te procurer le *Traité élémentaire d'Histoire naturelle* de M. Millin [Aubin Millin de Grandmaison, archéologue et conservateur du cabinet des Médailles à la Bibliothèque impériale] (3e édition) tu me ferais bien plaisir.

Je me suis fait inscrire pour le dessin : je crois qu'il commence aujourd'hui ; envoie-moi mon cartable avant onze heures… Voudrais-tu que je prisse l'ornement ? Cela me serait fort utile, principalement à toi ; si tu voulais faire copier des urnes, des sarcophages, des vases, etc., tu n'aurais pas besoin d'avoir recours à d'autres mains que les miennes… Veux-tu que j'apprenne le paysage, qui suit le lavis ? Ou si tu veux que je continue les têtes à l'estampe ? Ou bien consens-tu que je fasse un jour une tête, et l'autre un paysage ? J'attends ta volonté qui sera la mienne.

Tu me ferais un bien grand plaisir de m'envoyer le 38e volume de la *Bibliothèque des amateurs*. Je voudrais voir et copier l'ancien alphabet hébreu et syriaque, de même que la figure que prennent les lettres arabes à la fin et au milieu d'un mot ; ainsi que d'autres alphabets de l'Orient que je ne serais pas fâché de connaître…

Nous avons eu hier une drôle de scène à la classe. C'est M. Durand qui nous l'a faite. Il y avait sous nos fenêtres un homme qui chantait la *Bourbonnaise*. Il la chantait d'une voix si ironique que nous ne pouvions nous retenir de rire. M. Durand crut que nous rions de lui, il se lève, se met dans une colère affreuse et nous dit que s'il était notre maître il nous ferait mettre à genoux au milieu de la cour ; et il nous dit qu'il avait produit plus de trente élèves aux Joséphistes (il lève le chapeau) et il nous en fit l'énumération. Ensuite, descend au milieu de la salle, et mettant ses deux poings sur ses hanches : Sachez, Messieurs, nous dit-il, que je ne suis ni un… (il dit deux gros mots que je ne veux pas mettre ici).

J'ai lu les *Entretiens de Phocion* ; il me semble que ce que dit M. l'abbé Mably dans la préface, qu'il a extrait et traduit cet ouvrage d'un certain manuscrit grec de la bibliothèque du couvent du Mont-Cassin, doit être regardé sur le même pied que sa préface du *Voyage d'Anténor en Grèce*. Qu'en penses-tu ? Crois-tu qu'il soit vraiment traduit du grec ? Qu'il soit vraiment antique ? Qu'il soit un ouvrage de Phocion ? Plutarque n'en parle pas dans la vie de ce grand homme. Pour moi j'en doute fort. Je suis persuadé que c'est un trait de politique de notre auteur pour faire goûter son ouvrage. Il se servait de tant de couleurs que ce ne serait pas miracle…

Je traduis le quatrième chapitre de la Genèse parce que je veux avoir et connaître d'après l'original les générations du genre humain, parce que j'en aurai peut-être besoin dans la suite. Je suis arrêté par une difficulté ; soit que la Bible que tu m'as envoyée se soit trompée ; car je ne puis pas bien distinguer dans le premier verset du chapitre IV si c'est un *ruviar* ou bien un *nun* final. Je te prie de chercher dans ton grand dictionnaire in-folio lequel est le bon, ainsi que la signification du mot que je soupçonne être *concepit* car il a la mine d'un parfait radical, d'autant plus que le sens semble me l'indiquer (*Adam cognovit heuam* et ensuite vient *peperit* et *Kin*, dont on a fait Caïn, je ne sais pourquoi).

Je te prie d'avoir la bonté de m'envoyer le 1er volume du *Magasin encyclopédique* ou celui des *Mémoires de l'Académie des inscriptions et belles-lettres*, parce qu'il ne faut pas toujours lire des choses sérieuses comme Condillac…

On m'a prêté un drôle de livre hier qui m'a beaucoup amusé. Tu en seras étonné ; mais, comme dit Ésope à l'Athénien qui le reprenait de ce qu'il jouait aux noix avec de petits enfants : il ne faut pas toujours tenir l'arc bandé car il se romprait bientôt. Il faut donner quelque relâchement à son esprit. Pour en revenir à mon livre, il avait pour titre *Histoire des chiens célèbres*. On y remarque principalement le chien d'Ulysse, qui le reconnut avant de mourir. Il y a aussi un certain Mustapha qui met le feu au canon pour venger son maître qui avait été tué.

J'aurai bientôt fini mon dictionnaire ; voudrais-tu avoir la bonté de demander à M. de la Valette le premier volume de la *Bibliothèque orientale* ? C'est un livre que je veux lire et qu'on ne saurait trop consulter, pour marcher d'un pas sûr dans ce dédale de dynasties de l'Orient. Et d'ailleurs ce n'est que là qu'on se familiarise avec les noms orientaux et qu'on meuble sa mémoire de connaissances tout à fait nécessaires à quelqu'un qui est destiné à faire une étude particulière des Orientaux... J'ai lu dans le *Mécanisme des langues* la dispute de MM. Falconnet et Frenet sur la signification du mot *Dunum*. Le premier prétend voir que *Dunum* signifie lieu élevé, ce qui ne convient pas mal à *Exellodunum* ou Capdenac, car tu sais qu'il est situé sur une hauteur ; et le deuxième dit que cela signifie un lieu habité. Pour m'en éclaircir, j'ai cherché sur les racines hébraïques et j'ai trouvé que Dome signifiait ville : témoins *Médine*, ville d'Arabie ; et *Dinas* en bas-breton signifie ville. Dans le grec je trouve que *Dinè* signifie gouffre. Falconnet prétend aussi que *Dunum* signifie montagne. Dans les clés chinoises, je trouve *CHAN-I*, *HAN-I*, *TA-I* qui n'ont aucune analogie avec *Dunum*, qui signifie montagne. Je voudrais savoir à quoi m'en tenir et je pense que cette dispute peut t'intéresser, si tu publiais ta dissertation sur Capdenac, ainsi que les notes que tu pris sur les lieux. Qu'en penses-tu ? Qui est-ce qui a tort ? En tout cas, consulte tous les dictionnaires d'étymologie, et surtout le celtique in-folio au mot *Uxellodunum*.

J'ai fait un petit traité de numismatique hébraïque d'environ 20 pages, où se trouvent quelques notions de l'ancien alphabet hébreux. J'ai aussi continué mon commentaire sur Isaïe. J'ai trouvé dans tes livres plusieurs ouvrages qui m'ont fait bien plaisir ; entre autres : *Reinferdi opera philologica ; Relandi antiquitates hébraïcae ; Historia plantavina Bibliae ;* et *Lensden*. Pour les livres de la Bible j'ai un peu négligé les *Sylves* ; mais je traduis à leur place une grammaire harmonique des langues orientales.

Je t'avouerai que depuis quelque temps je ne suis pas dans mon assiette ordinaire : mon *humeur noire* me regagne ; enfin je ne suis pas à mon aise : je dépéris, et je le sens, je crois que si je n'avais pas ici quelqu'un qui me fait passer le temps, un ami qui me soulage, je ne vivrais pas longtemps…

Mon très cher frère, ne pourrais-tu pas me retirer du lycée ? Je me suis fait violence jusqu'à présent pour ne pas te déplaire, mais cela me devient tout à fait insupportable. Je sens que je ne suis pas fait pour vivre resserré comme nous le sommes. La plupart s'en vont ; je ne fais que perdre mon temps. Si je fais le devoir de latin, ce n'est que pour ne pas m'attirer des punitions ; je n'y ai aucun goût depuis longtemps. Les langues orientales, ma passion favorite, je n'y travaille qu'une fois par jour ; je ne puis souffrir mes camarades, excepté un qui m'est bien cher, mais il est malade ; je ne puis le voir. Nous nous aidons mutuellement à supporter notre misérable existence ; maintenant il est chez ses parents, il jouit du moins de leurs tendres embrassements. Pour moi, sombre, délaissé, je ne jouis de ta vue qu'une fois la semaine. Je sens que je ne suis pas bien, je ne sais quoi me pèse sur la poitrine ; je crois y avoir un abcès, mais je ne veux pas aller à l'infirmerie ; il n'y a personne, tous ceux qui sont malades se sont prudemment retirés chez leurs parents : on y est mal servi ; couché sur un lit on reste seul. Si l'on a besoin de quelque chose, il faut attendre jusqu'à la prochaine visite du médecin qui, à toutes les maladies, aurait-on mal aux doigts du pied, ordonne de la tisane pectorale. Si je reste longtemps ici, je ne te promets pas de vivre.

J'avais un ami que j'ai aimé de tout mon cœur et que j'aimerai toujours. Il m'aimait autant que je l'aimais, il m'aidait à supporter les peines et les duretés qu'on exerçait envers moi. Toujours ensemble, on ne nous voyait jamais éloignés l'un de l'autre ; il faisait tout mon plaisir et c'est lui qui m'a soutenu jusqu'à présent. Ils viennent de le changer de division, exprès pour me désoler... Ma tête n'est plus à moi ; je suis furieux. Quand mon supplice finira-t-il ?

Je suis seul avec mes livres hébreux, ce qui ne me fâche pas beaucoup, mais je sens que cela ne fera qu'augmenter ma misanthropie ; et mon humeur peu sociable prend chaque jour de nouvelles forces.

Tu m'as fait entrevoir que tu me retirerais du lycée... et que tu tâcherais de me faire entrer dans le collège où l'on apprend le grec, l'hébreu, l'arabe, le chaldéen et le syriaque... L'entrée à l'école spéciale des Langues orientales me procurera mon admission à la Bibliothèque impériale. Ce ne sera pas l'un des moindres avantages de ma place. Alors je pourrai m'adonner totalement à l'étude de l'arabe, du syriaque, de l'hébreu, du chaldéen, du persan, etc.

Tâche de me retirer d'ici, je t'en supplie, ou je serai bientôt le plus malheureux des hommes. Excuse. Je n'ai rien voulu te déguiser ; je t'ai ouvert mon cœur. Tu y as lu. Tu sais ma maladie ; portes-y remède, et sois à jamais assuré de l'amour et de la reconnaissance de ton humble et respectueux frère.

2

Au cœur de Babel
(1807-1809)

Le 1er septembre 1807, Jean-François, âgé de dix-sept ans à peine, donne lecture de son Essai de description géographique de l'Égypte avant la conquête de Cambyse *à l'Académie des sciences et des arts de Grenoble. Douze jours plus tard, son frère l'installe à Paris, où il va étudier l'hébreu, l'arabe, le persan, le copte, le syriaque et le chaldéen au Collège de France et à l'École des langues orientales. Le jeune linguiste travaille d'arrache-pied, passant d'une discipline à l'autre du matin au soir, mais il se sent seul et pauvre : « Pas d'habits pour sortir, et pas un sol pour m'habiller. » L'énigmatique pierre de Rosette commence à occuper son esprit. Déjà, il ne « rêve que copte et égyptien ».*

1807

16 octobre

Mon très cher frère,

L'air de Paris me mine, je crache comme un enragé et je perds ma vigueur. Ce pays-ci est horrible, on a toujours les pieds mouillés. Des fleuves de boue (sans exagération) courent dans les rues, et sur ce je m'ennuie à mourir. Pour me distraire je vais me promener Dieu sait comment, et je bâille tout le long : *sic status rerum* !

Je suis seul. Dans l'état où je me trouve, quoique environné de personnes d'un commerce agréable, d'objets relatifs à mes goûts, je ressens un vide affreux. L'étude et le travail seuls absorbent mon esprit et mes pensées, portent un peu de calme dans mon âme. Ce sera là mon unique remède et ma seule occupation.

24 octobre

Mon très cher frère, depuis que tu m'as quitté, je n'ai reçu qu'une de tes lettres. Tu ne m'as point écrit de Lyon ni même de Grenoble. Je suis d'un ennui et d'une mauvaise humeur si grande que je pleure comme un enfant. Tu sais que les lettres sont un grand soulagement quand on est éloigné des personnes qu'on aime.

27 octobre

L'ennui et le dégoût m'accablent. C'est surtout le soir, quand je suis seul chez moi et que je me repose un instant, que mes pensées viennent m'assaillir. Il m'arrive quelquefois que les larmes me viennent aux yeux : mais je me mets à travailler tout de suite et m'absorbant tout entier dans mon occupation je parviens à être plus tranquille…

Octobre

Mes données à peu près : d'abord 93 francs pour ma chambre et ma nourriture : 9 à 10 francs de blanchissage ou autres menus détails, soit 103 francs ; deux bains à 36 sols, 3 francs 12 sols, soit 115 francs ; le reste pour la chandelle, l'huile, les lettres, et pour faire le garçon économiquement ; à bien prendre, le tout ne passera guère 130 francs : le *nec plus ultra* sera 140 francs. Cependant, quand il y aura souliers, bottes, façon d'habits, tu seras assez raisonnable pour me les déduire.

Je travaille beaucoup avec dom Raphaël [Raphaël de Monachis, moine syrien d'Égypte qui séjournait à Paris à cette époque] et je *raque* déjà très joliment l'arabe ; je fais des verbes, je traduis des dialogues, je fais des thèmes.

Je suis le cours de syriaque, d'hébreu et de chaldéen au Collège de France. J'ai déjà gagné les bonnes grâces de M. Audran notre professeur : « Vous êtes jeune, vous avez du courage, nous pourrons faire quelque chose d'utile. » Ce sont ses paroles. Je suis le plus fort de son cours, presque tout composé d'abbés et de curés à la tête dure. Ils sont tous âgés. Comme c'est moi qui suis le plus fort, je fais la leçon lorsque M. Audran ne le peut pas.

Je n'ai pas un moment à moi. Je travaille fort avant dans la nuit. Je suis régulièrement les cours de MM. de Sacy et Langlès. M. Audran me témoigne beaucoup d'amitié. Le but de notre travail est la confection de la grammaire syriaque qu'il a entrepris de faire. Nous nous entendrons ensuite pour faire une grammaire comparative des langues arabe et hébraïque qui ne sont évidemment qu'un seul et même idiome à quelques différences de dialectes près.

27 décembre

Le *lundi*, à huit heures et quart, je pars pour le Collège de France, où j'arrive à neuf heures : tu sais qu'il y a beaucoup de chemin : c'est place Cambrai près le Panthéon. À neuf heures, je suis le cours de persan de M. de Sacy, jusqu'à dix. En sortant du cours de persan – comme celui d'hébreu, de syriaque et de chaldéen se fait à midi –, je vais de suite chez M. Audran, qui m'a proposé de me garder chez lui les lundis, mercredis et vendredis, depuis dix heures jusqu'à midi. Il reste dans l'intérieur du Collège de France. Nous passons ces deux heures à causer langues orientales, à traduire de l'hébreu, du syriaque, du chaldéen ou de l'arabe. Nous consacrons toujours une demi-heure à travailler à sa Grammaire chaldéenne et syriaque. À midi, nous descendons et il fait son cours d'hébreu. Il m'appelle *le patriarche de la classe*, parce que je suis le plus fort. En sortant de ce cours, à une heure, je traverse tout Paris, et je vais à l'École spéciale suivre à deux heures le cours de M. Langlès, qui me donne des soins particuliers. Le *mardi* je vais au cours de M. de Sacy à une heure à l'École spéciale. Le *mercredi* je vais au Collège de France à neuf heures. À dix heures je monte chez M. Audran. À midi je vais à son cours. À une heure je vais à l'École spéciale pour (deux heures) le cours de M. Langlès ; et le soir, à cinq heures je suis celui de dom Raphaël, qui nous fait traduire les fables de La Fontaine en arabe. Le *jeudi* à une heure, le cours de M. de Sacy. Le *vendredi* je vais comme le lundi au Collège de France, et chez M. Audran. Le *samedi*, chez M. Langlès à deux heures. Je voulais aussi suivre le cours de turc chez M. Jaubert qui est excellent ; mais comme cela me fatiguait trop de courir tant, j'ai remis cette fatigue à l'année prochaine.

Je n'ai pas le sol. À peine puis-je me faire décrotter et payer le port des lettres que je reçois… Je te prie en grâce de m'expédier de l'argent pour payer les quatre mois que nous devons à Madame Mécran [sa logeuse], car je commence à m'apercevoir que je suis devenu véritablement Parisien à la manière aisée dont je l'ai éconduite les cent mille fois qu'elle est venue m'inviter à lui lâcher mes dix-huit francs. Je crains saisie, procès, prise de corps, etc. Je vais épargner autant que possible pour ne pas t'être à charge. Je ne prétends point te causer la moindre privation. Les sacrifices que ton amour fraternel fait pour moi ne doivent point t'être payés en te causant du désagrément. J'aimerais mieux aller finir ma vie dans le lieu obscur dont tu m'as tiré.

Si ma correspondance avec mes amis m'a fait beaucoup dépenser je vais restreindre désormais cette correspondance qui se bornera désormais à quatre ou cinq lettres par mois, sans les tiennes.

Mes culottes ne peuvent plus me servir ; elles sont râpées à force de les brosser et surtout trop étroites pour ce que j'ai grandi et grossi. J'ai bien besoin d'un frac et d'une anglaise pour l'hiver. En vérité je n'ose aller chez personne ; aussi je reste chez moi… Qui veux-tu que je fréquente ? Quand on veut habiter Paris et vivre avec les Parisiens, il faut faire comme eux. Je ne dis point qu'il faille dépenser pour les spectacles, les bals, et autres choses de cette force : mais il faut avoir une tenue et je n'en ai pas. Ce n'est pas avec des gros bas de coton aux jambes, un gilet noir et toujours un vieux habit à la provinciale qu'on va en société. Voilà pourquoi je ne vois ni ne peux voir personne.

J'ai reçu le paquet d'habits. L'anglaise est très jolie, les culottes encore plus. Le gilet vaut trente sols sur les boulevards, ce qui aurait pu t'épargner trois francs dix sols de port. Je ne te dis rien sur tes bas de soie noire, ils sont passables pour porter le soir chez M. Millin, où personne ne vous regarde les jambes, ou bien à mettre le jour en allant faire visite aux Quinze-Vingts. Voilà les *grandes occasions* auxquelles je les réserve.

Si je savais que je fusse la cause de la moindre gêne pour toi, j'aimerais mieux aller m'ensevelir pour jamais dans ma ville natale et soulager mon père autant qu'il me serait possible en renonçant à jamais à des espérances bien chères à mon cœur. Crois-tu que j'oublie un seul instant ce que ta tendresse a fait pour moi ? Crois-tu que je n'aie pas toujours gravé au fond de mon cœur toutes les bontés et les soins paternels que tu as eus… ? D'autant plus que les soins que tu m'a prodigués ne vont bientôt plus m'appartenir et qu'un être qui te touchera de plus près que moi peut-être va les réclamer… Je n'ai pas fait de vaines dépenses, du moins à mes yeux.

1808

J'ai un mépris mêlé d'horreur pour la sale capitale de la France. Que faire au milieu de ces vampires littéraires ? Au milieu de ces tripots dégoûtants où l'esprit de parti suffit pour avoir de l'esprit et arriver à la chaise curule ? Plus j'y réfléchis, plus je m'attache à nos montagnes. On y trouve des jaloux, des ennemis même, cela est vrai, mais du moins l'opinion éclairée en fait justice ; et à Paris il n'y a d'autre opinion que celle des partis.

Vous êtes un sot si le parti succombe, un Newton s'il triomphe. Point de terme moyen parce que l'impartialité ne peut exister là où l'on ne juge que la couleur des habits : mais assez sur toutes ces ordures… Je suis convaincu, par le sentiment que j'ai de mon caractère, que la capitale ne me convient pas. Né dans l'Inde, j'aurais certainement été un derviche contemplatif. Je hais le mouvement et n'aime à me trouver que dans un cercle extrêmement restreint.

Les mercredis, je vais chez M. Millin assister aux soirées. Il y a beaucoup de monde, entre lequel se trouvent cinq à six princes allemands, espagnols, français, etc., des ducs, etc., et beaucoup de têtes un peu montées. On s'assied, on lit, bientôt une conversation sur un point de science, d'antiquité, ou de beaux-arts s'engage. Chacun prend un parti, et l'on est à se débattre jusqu'à onze heures du soir et même plus tard… Voici l'ordre. On entre à huit heures après avoir été annoncé. On salue, on va dire un mot au maître de la maison. Ensuite on se groupe avec les autres, ou bien on lit les ouvrages nouveaux. À onze heures et demie on sert le thé, le punch, etc. ; et je vois que la plupart de nos savants ont aussi bon gosier que bonne langue. À minuit et demi ou une heure on est libre de se retirer. Ce qu'il y a de drôle et ce qui prouve que la science nous rend égaux entre nous, hommes, c'est qu'on y voit cinq à six princes, des ambassadeurs, ducs, etc., qui font une assez triste figure dans un coin du salon où Leurs Excellences bâillent tout à leur aise. Le jeune prince de Wurtsbourg se mêle de parler et le fait avec beaucoup de retenue et de justesse d'esprit. C'est la seule Éminence qui soit passable. Pour les autres, chargés de cordons d'Ordres, etc. Elles attendent le thé, boivent, et filent.

15 février

La carrière des sciences est très éprouvée et ne mène à rien en ce moment. On ne fait que la guerre.

21 mars

Chaque jour me convainc que c'est le plus mauvais parti à prendre que celui des sciences. Le fusil est plus vénéré que la lyre d'Apollon et une trompette de cavalerie a plus d'avantages que le plus cher favori de Clio ou de Melpomène.

31 mars

Les chaires d'arabe, d'histoire, d'hébreu n'existent point. On a autre chose à faire. Je n'ai pas resté ici deux mois que j'ai su que mon étude des langues orientales ne me servirait de rien. D'ailleurs, ai-je l'habitude d'enseigner ? Ai-je fait les études nécessaires pour faire cette carrière aussi lâche qu'ennuyeuse ?

Fais-moi passer la grammaire chinoise ; cela me distraira un peu : j'en ai bien besoin... Je sais ma grammaire persane sur le bout du doigt... L'étude du zend et du pchéleri me procure d'heureux moments. J'ai la satisfaction de pouvoir lire des choses que personne ne connaît, pas même de nom. Et qui plus est je suis le seul qui comprenne quelque chose à cela, si ce n'est que mon docte maître M. de Sacy sait le lire et voilà tout.

J'ai sué sang et eau à débrouiller l'éthiopien et j'y suis parvenu. J'ai étudié ses rapports avec l'hébreu et avec l'arabe et je suis à même de le traduire avec beaucoup d'aisance... Je te prie de m'envoyer le dictionnaire éthiopien de Ludolph [Job Ludolf, orientaliste allemand]. Je ne doute point que je n'y trouve beaucoup de mots coptes égyptiens...

13 juin

Je n'ai pas un grand respect pour la Commission d'Égypte [Commission des sciences et des arts, créée en 1798 pour faire partie de l'expédition de Bonaparte]. Elle pourra nous donner de forts beaux dessins, mais ses explications ne seront purement que de l'eau de boudin.

15 août

J'ai fait un assez grand pas dans cette étude : 1. j'ai prouvé par des rapprochements que tous ces papyrus appartiennent à un même système d'écriture. 2. que j'ai la valeur de toutes les lettres par l'inscription de Rosette, qu'elles sont absolument les mêmes. 3. que j'ai déchiffré le commencement du papyrus gravé dans Denon, planche 138* qui en copte veut dire mot pour mot : « Dis : Repose en paix, ô Égyptien, remplis ta dernière destination, échappe aux ténèbres du tombeau et de la mort. »

Tu vois par là que cela s'annonce de façon assez satisfaisante et que si cela continue je vais donner un grand coup de pied à Quatremère [Étienne-Marc Quatremère de Quincy, orientaliste] et aux prétendus égyptophiles qui remplissent nos musées et notre Institut.

* « Manuscrit trouvé dans l'enveloppe d'une momie (planche 138) », in *Voyage dans la Basse et la Haute Égypte* de Dominique Vivant Denon.

Septembre

Mon très cher frère,

Je t'ai parlé d'obélisques, de papyrus, de médailles, de pierres gravées, je te parlerai encore des Étrusques que j'étudie depuis quelque temps. Mais, comme le grand nombre de choses pourrait t'effrayer, je vais te dire la manière dont j'envisage et comment je m'occupe de chacune en particulier.

1. Les obélisques. Je n'ai jamais prétendu étudier spécialement les obélisques. Tout ce qu'en ont dit les Kircher [Athanase Kircher, jésuite et physicien allemand], Jablonski [Paul-Ernest Jablonski, orientaliste allemand], Warburton [William Warburton, théologien anglican], etc. ne servent qu'à prouver qu'on n'y entend et qu'on n'y entendra jamais rien. Mr le chevalier Zoëga [Jörgen Zoëga, archéologue danois], qui a produit un grossissime in-folio sur cette matière, a avoué à quelqu'un, que je connais, qu'il n'avait pas fait un seul pas dans cette étude malgré ses recherches immenses, il est aisé de s'en convaincre à la lecture de l'ouvrage.

2. Les papyrus. Voici encore un point bien obscur et bien embarrassant. J'ai lu une ligne et demie, j'ai fait un alphabet basé sur un monument très connu ; j'ai trouvé un sens clair analogue à la circonstance et dans un style convenable. Et je n'en suis pas plus avancé pour cela. Je ne puis aller plus loin ; des groupes m'arrêtent ; je les ai étudiés, médités des journées entières, et je n'ai rien compris. Il est vrai que, sans me flatter, j'ai été plus loin sur cette matière que tous les antiquaires passés, puisque je suis à même de prouver que tous les papyrus (en écriture cursive) sont tous du même alphabet très voisin, ce qu'aucun n'avait soupçonné jusqu'à présent. D'ailleurs je connais notre siècle et les savants de nos jours ! Si j'avais le malheur de pousser plus loin ma

découverte, j'aurais tous les savants présents et à venir sur le corps, des critiques, des censures et plus de repos. D'ailleurs je crois que l'étude de la haute archéologie, à laquelle je me livre, n'est point susceptible d'avoir des résultats, qu'on puisse soumettre au public assez imbécile dans ce moment. Car le moindre de ses résultats, choquant toutes les opinions reçues, ne peut être adopté que d'un bien petit nombre de personnes instruites, et encore faut-il qu'elles tiennent en quelque chose à notre personne. Quand je dirai que les Phéniciens n'étaient que les sujets des Égyptiens et leurs commerçants, qu'ils avaient la même religion qu'eux, et l'on ne me croira pas ; cependant j'ai des preuves irrécusables en main : des monuments, des papyrus en écriture phénicienne et dont les figures sont du style et de la philologie égyptienne !

3. De médailles. Quand je t'ai parlé de médailles, ce n'est que des Puniques et des Sassanides, voire même des Étrusques. J'en suis revenu où je les connais passablement. Je te demande quelle foi il faut ajouter aux explications de nos graves auteurs en matière de médailles puniques, phéniciennes ou carthaginoises. Là où l'un lit Anibâl (oubliant l'H qui doit faire partie nécessairement du nom), l'autre lit Palerme.

4. Les pierres gravées. J'étudie toujours avec un nouveau plaisir cette charmante partie de l'archéologie.

5. Les Étrusques m'occupent en ce moment. Langue, médailles, pierres gravées, monuments, sarcophages, etc., tout se grave dans ma tête, et pourquoi ? Parce que les Étrusques viennent de l'Égypte, voilà une conclusion qui ferait sauter au plancher tous nos érudits enfarinés des Grecs et des Latins. Cependant j'ai des preuves monumentales.

Si (comme tu l'écris) je suis une jeune tête qui se crée des systèmes imaginaires qui n'ont d'autres bases que des subtilités, pourquoi vouloir faire imprimer ma géographie égyptienne, pleine de ces mêmes sujets ? Traite-moi de fou, cela ne m'empêche pas d'étudier mon antiquité par les langues, d'aimer les étymologies et même, blasphème noir, d'avoir un profond respect pour le bas-breton.

Avec ton monde savant tu crois me terrifier. Mais sais-tu ce que c'est que ce monde savant ? Ce monde savant est comme le monde politique mené aveuglément par un chef qui mérite ou non de commander, par un chef dont on croit toutes les opinions parce qu'elles sont de lui jusqu'à ce qu'un autre plus fort, plus malin ou plus adroit vienne renverser ce système reçu, et en mettre un autre à la place. N'a-t-on pas cru longtemps que la terre était plate ? Le monde savant en ce temps-là le croyait.

Akerblad [orientaliste suédois] a avoué lui-même à l'abbé de Tersan de qui je le tiens que malgré son alphabet et ses belles découvertes il ne pouvait point lire trois mots de suite dans une inscription égyptienne.

J'ai encore examiné les *découvertes* de Guntherwahl [Gunther Wahl, orientaliste allemand] ; son alphabet égyptien, et la lecture prétendue de l'inscription n'ont pas le sens commun, c'est une rêverie tudesque...

10 octobre

Mon cher,

Est-ce bien toi qui m'écris la lettre que je reçois ? Si je ne suis point ponctuellement tes ordres par rapport à l'emploi de l'argent que tu envoies, c'est que je crois avoir des raisons, que tu ignores, pour en agir autrement sauf le respect que j'ai pour tout ce qui émane de votre Sublime Porte. En agissant ainsi, tu sembles me reprocher tout ce que tu as fait pour moi. Tu as fait beaucoup, je m'en souviendrai toujours et j'en serai reconnaissant, comme je le dois, mais je ne veux pas que tu te gênes en rien pour moi : tu ne me dois rien, je te dois tout !

1809

7 mars

Je travaille. Et je me livre entièrement au copte, les jours et les heures qui me sont inutiles à l'École spéciale. Je veux savoir l'égyptien comme mon français, parce que sur cette langue sera basé mon grand travail sur les papyrus égyptiens.

2 avril

Je ne crains point de rival dans ma conquête papyracée. Je ne redoute nullement Étienne Polycarpe Quatremère. C'est un envieux et rien de plus qu'un égoïste.

21 avril

Tu me conseilles d'étudier l'inscription de Rosette. C'est justement par là où je veux commencer.

Mon copte va toujours son train et j'y trouve vraiment de grandes jouissances car ce n'en est pas une petite que de parler la langue de mes chers Aménophis III, Sethosis, Rhamsès, Thoutmosis, etc.

Je ne rêve que copte et égyptien. J'ai fait 1. Une grammaire thébaine sahïdique la seule qui existe. 2. Une memphitique. 3. La concordance des deux dialectes.

4. J'ai transcrit la grammaire sahïdique en arabe, d'un manuscrit copte. 5. J'ai copié des textes. 6. J'ai fait la lettre A d'un dictionnaire sahïdique, il n'en existe pas. 7. J'ai parachevé sept lettres d'un dictionnaire memphitique par racines. Enfin je suis si copte que pour m'amuser je traduis en copte tout ce qui me vient à la tête ; je parle copte tout seul, vu que personne ne m'entendrait. C'est le vrai moyen de me mettre mon égyptien pur dans la tête. Après cela j'attaquerai les papyrus et grâce à mon héroïque valeur, j'espère en venir à bout.

Je vais faire l'essai de ta méthode pour lire le monument de Rosette. J'ai bien peur que nos efforts ne soient vains, par la raison que nos dictionnaires coptes renferment un nombre de mots trop borné pour espérer l'entière traduction de toutes les phrases grecques en mots précisément égyptiens. Cependant, vogue la galère !

La tentative sur le texte égyptien n'a produit aucun résultat… Les noms propres que j'ai lus comme Akerblad (quoique différant sur la manière de dégrouper les lettres simples) ne sont point en exacte concordance avec le texte grec… Ainsi la marche que tu m'as indiquée n'est point praticable, puisqu'elle est basée sur l'entière conformité des textes grecs et égyptiens.

Je suis poussé irrésistiblement par ma tête, mes goûts et mon cœur dans des chemins difficiles et hérissés d'aspérités qui se renouvellent sans cesse. Tel est mon destin, il faudra le subir quoiqu'il en coûte.

9 octobre, de Paris

J'ai passé la journée de jeudi tête à tête avec M. Fourier [préfet de l'Isère, chargé par Napoléon de rédiger l'introduction de la *Description de l'Égypte*]. Il me lut son mémoire astronomique. Il l'a fait précéder d'un exposé de l'état de l'Égypte sous les Pharaons, en 83 pages. J'ai plusieurs fois levé le chapeau, comme Piron, devant les idées que nous lui avons inculquées, mais dont il a tiré parti avec son esprit ordinaire. Je lui ai fait cependant corriger dix ou douze passages qui se sentaient des principes de la vieille école. Il les a changés avec la soumission la plus exemplaire. Je lui en sais un gré infini ; cela prouve que nous avons quelques lumières...

3

Enseignant et chercheur (1809-1814)

Retour à Grenoble où, à seulement vingt ans, Champollion est nommé professeur adjoint d'histoire ancienne à la faculté des lettres. Son discours d'ouverture, le 30 mai 1810, frappe par son audace et sa nouveauté. Le 7 août suivant, dans une communication devant l'Académie des sciences et des arts, contenant plusieurs affirmations erronées, il suggère que les hiéroglyphes ont un caractère phonétique. Et, dans la foulée, publie l'introduction de son ouvrage L'Égypte sous les Pharaons. *Il n'a pas suivi les conseils ambigus de son maître, Silvestre de Sacy, qui lui déconseillait de s'intéresser à la pierre de Rosette, et n'a pas de mots assez durs pour d'autres sommités parisiennes qui lui apparaissent comme d'hypocrites concurrents.*

1810

18 avril

À Antoine-Jean Saint-Martin, orientaliste, professeur au Collège de France

Silvestre de Sacy a écrit à mon frère aîné : « Je suis sensible au souvenir de votre frère et je l'engage à ne point abandonner la littérature orientale. Mais je ne pense pas qu'il doive s'attacher au déchiffrement de l'inscription de Rosette. Le succès dans ces sortes de recherches est plutôt l'effet d'une heureuse combinaison de circonstances que celui d'un travail opiniâtre qui met quelquefois dans le cas de prendre des illusions pour des réalités. » J'espère reprendre ce travail avec ardeur, quoique ce que M. de Sacy a écrit à mon frère ne soit pas propre à m'encourager.

30 mai

Leçon inaugurale à la faculté des lettres

L'intérêt de l'histoire serait presque nul si elle se bornait uniquement à conserver la mémoire des hommes qui ont fait le malheur des peuples et le souvenir du petit nombre de chefs qui les ont gouvernés selon les lois de la justice. C'est ainsi que le despotisme repousse les lumières et qu'il favorise l'ignorance pour établir plus sûrement une puissance usurpée. Placé au milieu de ces divers écueils, l'historien, retenu par la crainte, se trouve ou dans la nécessité de dénaturer les faits et célébrer comme des vertus et des actions héroïques, ce qu'un burin libre eût signalé comme des vices et des forfaits ; ou bien, s'il a le courage de glisser quelques vérités dans son récit, elles y sont perdues au milieu d'un océan de faussetés qui détruisent nécessairement le salutaire effet qu'elles devraient produire. Il en est résulté que l'histoire, et surtout celle des temps modernes, n'est souvent qu'un assemblage de faits présentés sous un jour faux, recueillis par l'incertitude et modifiés par la flatterie.

7 août

Mémoire sur les écritures anciennes des Égyptiens, lu devant la Société des sciences et des arts

Les hiéroglyphes étaient une écriture et non un système ornemental, contrairement à ce que prétendent certains. Les hiéroglyphes étaient la dernière forme apparue des diverses graphies égyptiennes, après le démotique et le hiératique. Il s'agissait de signes monosyllabiques qui exprimaient des sons, sans quoi ils n'auraient pas pu transmettre à la postérité les noms des rois égyptiens, des nations étrangères et des tribus. Le démotique dont les Égyptiens faisaient un usage quotidien était une écriture alphabétique, composée de 25 lettres. Les auteurs modernes ont confondu les hiéroglyphes avec une quatrième écriture, de nature symbolique, que l'on trouve dans les monuments égyptiens.

Il résulte de tout cela que, des quatre écritures des Égyptiens, l'une servait aux usages vulgaires et était employée dans le commerce ; la seconde, hiérogrammatique, servait à écrire les liturgies et était entendue de la classe instruite du peuple, ainsi que la troisième, la hiéroglyphique, qui n'était à proprement parler que l'écriture des monuments. La véritable écriture sacerdotale, qui n'était comprise que par les prêtres, était la symbolique dont ils ne communiquaient les principes qu'aux initiés et aux premières classes de l'État. Ce n'était point pour tromper le peuple ni pour le tenir en esclavage, mais pour lui cacher des vérités augustes qui étaient hors de sa portée. C'est par cette sage disposition, c'est en créant une religion pour le peuple et une autre pour les personnes éclairées que le gouvernement de l'Égypte n'eut point à sévir contre les innovateurs et que cette terre célèbre ne fut jamais teinte du sang du fanatisme.

1811

1er novembre
À Antoine-Jean Saint-Martin

Je vois avec plaisir que l'étendard de la guerre est levé et que le misérable Quatremère voit trembler dans ses mains le sceptre de l'Orient. Un Brutus tel que vous et un petit Cassius tel que moi sont plus que suffisants, à mon avis, contre un César aussi mince. Laissons paraître mon *Égypte* [*L'Égypte sous les pharaons*, qui sera édité en 1814]. Ce sera une excellente pomme de discorde jetée parmi nos adversaires. S'ils veulent bien la regarder comme un os à ronger, j'ai la ferme espérance qu'ils n'ont point les dents assez fortes pour le briser.

1812

28 juillet
À son frère

Tout ce que tu peux avoir fait pour mon livre est bien, très bien. Je m'en repose sur toi et ne saurais mieux faire. Au reste, ta main qui a créé et mis au monde le père a tout droit sur le fils ; mon bouquin te doit sa venue à la lumière, Dieu veuille qu'il prospère !

15 octobre
À Antoine-Jean Saint-Martin

Ma *Grammaire égyptienne* n'est point encore rédigée, mais le plan est complet. J'ai tellement analysé la langue copte ou égyptienne que je me fais fort d'enseigner la grammaire à quelqu'un dans un seul jour. Je commencerai par prouver que les mots de deux syllabes sont des mots composés de deux autres. Cette analyse complète de la langue égyptienne me donne incontestablement le fond du système hiéroglyphique et je le prouverai. Mais chut !

1813

11 février
À Antoine-Jean Saint-Martin

Dans les hiéroglyphes, il y a deux sortes de signes : 1. Les 6 signes alphabétiques indiqués ; 2. un nombre considérable mais déterminé d'imitations d'objets naturels.

À son frère

Le gouvernement s'attend à l'envahissement de l'Empire et fait tout pour exciter les peuples à se lever. Ils ont cru qu'en tuant l'esprit public, ils seraient plus sûrs. Ils l'ont détruit. Ils seront bientôt victimes de leur meurtre.

Octobre

Je suis de plus en plus convaincu que nos têtes à perruques n'avaient pas de bon sens en soutenant qu'un hiéroglyphe exprimait une idée. Quant à moi, je leur refuse déjà la faculté d'exprimer un mot entier.

1814

Mai

Je crois fermement que je suis né dans un mauvais moment et que rien de ce que je désire le plus ne réussira jamais.

21 mai

À Antoine-Jean Saint-Martin

Je travaille toujours mon inscription de Rosette et les résultats ne se succèdent pas aussi vite que je le désirerais. Les hiéroglyphes ? C'est la grande question. J'ai beaucoup d'idées mais je n'ose point m'y fier avant d'avoir obtenu quelques succès. J'espère que vous serez content de ma défiance en cette matière. On ne peut trop être en garde contre soi-même. J'ai déjà obtenu un résultat fort important. C'est la conviction qu'un hiéroglyphe seul, c'est-à-dire isolé, n'avait aucune valeur, mais qu'ils sont disposés par groupes que je distingue déjà avec facilité. Le système des hiéroglyphes est, comme celui de la langue égyptienne, entièrement syllabique.

Mai

À son frère

Voilà mon dictionnaire livré à la gent des loups dévorants, à la griffe de mes critiques ordinaires. Il faut que mon travail soit bien bon s'ils ne le qualifient pas de détestable. Au reste j'ai pris mon parti d'avance ; mes deux premiers volumes m'ont appris deux grandes vérités. La première qu'il faut marcher d'un pas ferme malgré les vociférations de la jalousie et de l'amour-propre blessé ; la seconde est la plus consolante, c'est qu'on arrive toujours au but avec de la bonne foi et la ferme conviction qu'on n'a rien à se reprocher au milieu des persécutions qui nous attendent à chaque pas.

4

Une pièce pour rire (1814)

Le futur déchiffreur des hiéroglyphes ne fait pas qu'enseigner et travailler, même s'il a ajouté à ses fonctions celles d'assistant de la bibliothèque de Grenoble et de secrétaire à la faculté des lettres. Après avoir été secrètement amoureux de sa belle-sœur, Pauline Berriat, il fréquente la fille d'un gantier grenoblois, Rosine Blanc. À vingt-quatre ans, c'est aussi un joyeux luron qui anime avec brio les soirées organisées par le préfet de l'Isère, Joseph Fourier, dans les salons de l'hôtel de Lesdiguières. Le caractère facétieux de Jean-François transparaît dans Bajazet, *une pièce qu'il a écrite et fait jouer à Grenoble en 1814, à l'occasion du mardi gras.*

Personnages :

BAJAZET, frère du sultan Amurat (prince des plus beaux, des plus parfaits et des plus amoureux).

ROXANE, sultane favorite du sultan Amurat (grosse mère, dont la figure rubiconde et sentimentale a un pied de largeur, et la taille trois mètres de circonférence).

ATALIDE, fille du sang ottoman (jeune princesse ornée de grâces, de malice et d'entêtement).

ACOMAT, vizir (occupé en toute occasion à conserver sa tête sur ses épaules).

GARDES.

(La scène est à Constantinople).

Acte I, scène 2
ROXANE, ACOMAT

ROXANE

Tombez-vous en faiblesse
Grand vizir, qu'avez-vous ?

ACOMAT

Ô coup dont la rudesse
Me perce l'estomac, le cœur et le cerveau !
Ah ! quel crêpe il faudra coudre à votre chapeau !

ROXANE

Attends donc..., que dis-tu ? Vizir prends la parole.

ACOMAT

Ce que je vous dirai ne sera pas très drôle.

ROXANE

Je suis prête, allons donc !

ACOMAT

Madame, votre époux

ROXANE

Eh bien !

ACOMAT

Votre mari…

ROXANE

Vizir ! Finirez-vous ?

ACOMAT

Le sultan…

ROXANE

Le sultan ! Que veux-tu donc me dire ?

ACOMAT

Amurat…

ROXANE

Amurat ! Mahomet quel martyre !

ACOMAT

Le grand Turc…

ROXANE

Pour le coup cela devient trop fort…
Parle ou sinon…

ACOMAT
Eh bien ! Le grand sultan est mort.

ROXANE
Ah ! cruel ! Je te vais faire couper la langue !

ACOMAT (se jetant à ses pieds)
Voilà donc quel sera le fruit de ma harangue…

ROXANE
Barbare ! tu n'as donc ni boyaux ni pitié !
Eh quoi ! sans ménager une tendre moitié,
Ne la préparant pas à cette triste épreuve
Oses-tu sans façon lui dire qu'elle est veuve,
Est-ce ainsi qu'on se joue avec les sentiments !
Je vois bien que jamais tu n'as lu de romans !

ACOMAT
Vous m'avez ordonné d'être bref…

ROXANE
Quelle audace !

ACOMAT
Je lirai des romans…

ROXANE
Eh bien ! je te fais grâce,
Relève-toi, vizir, puisque j'ai pardonné,
Conte-moi longuement le coup infortuné
Qui ravit sans retour un bon maître à l'empire,
À Roxane… un époux… parle avant que j'expire.
Et vizir sur le tout tâche de m'attendrir.
Ou bien devant tes yeux, tu vas me voir mourir.

La sensibilité me gonfle et m'assassine
Il faut l'évacuer… le sentiment me mine
Je perds mon embonpoint… parle donc.

ACOMAT

À l'instant
Où notre magnanime et sublime sultan
Quitta les murs sacrés du palais de Byzance,
Et que vers Babylone allant en diligence
Pour la dernière fois il vous fit ses adieux ;
Des larmes et des pleurs s'échappaient de vos yeux,
Malgré le mauvais temps vous prétendiez le suivre,
Vous voulûtes mourir, il vous força de vivre,
Oh ! Que vous aviez chaud dans ce fatal moment !

ROXANE

Ah oui ! C'était l'effet d'un noir pressentiment !
Il me faisait suer !

ACOMAT

Je le pensais, Madame.
Hélas ! Ce n'était point l'erreur d'une belle âme !
Ce noir pressentiment était le précurseur
D'un crime du destin qui l'égale en noirceur.
Écoutez en détail cette triste aventure :
Le sultan Amurat était dans sa voiture,
Il marchait en avant, sa garde le suivait.
Comme l'air était chaud, Sa Majesté buvait,
Non du vin (vous savez que notre loi divine
En a très sagement purgé notre cuisine,
Elle en a craint pour nous les dangereux fumets),
Mais de cet innocent et savoureux sorbet,
De sucre, de piment, de cannelle, d'orange,
De citron et de musc, rafraîchissant mélange.

Tant pour tromper l'ennui d'un voyage si long
Que pour se procurer un sommeil plus profond,
Il lisait un roman triste et mélancolique.

ROXANE

Ah ! quelle sympathie !

ACOMAT

Un gaz soporifique
S'échappe du volume à mesure qu'il lit ;
Le sultan le pompait ; son œil s'appesantit,
Il bâille malgré lui, puis se palpe et s'étire ;
Il bâille encore plus fort, tousse, crache, soupire,
Et se jette en ronflant dans les bras du sommeil ;
Le roman à ses pieds attendit son réveil.
Tout à coup la voix du sultan se fait entendre ;
Les grands auprès de lui s'empressent de se rendre,
Il beuglait comme un veau ; les ennuques surpris
Écoutent en tremblant ses redoutables cris...

ROXANE

Ah ! mon Dieu ! qu'est-ce donc qu'avait le pauvre sire ?

ACOMAT

Un gros torticolis !

ROXANE

Vizir ! vous voulez rire !

ACOMAT

Un gros torticolis, Madame.

ROXANE

Rien que ça !

ACOMAT

Ah ! C'était bien assez puisqu'il en trépassa !

ROXANE

Ouf !...

ACOMAT

Pour le secourir en cette conjoncture,
On tire le sultan du fond de sa voiture.
C'est en vain ! Car sa tête avant la fin du jour
Déjà vers son épaule a fait un demi-tour.
Rien n'arrête du mal l'extrême violence,
Le menton à grands pas vers la nuque s'avance,
Et les yeux éblouis par ce tour imprévu
Apercevaient alors ce qu'ils n'ont jamais vu ;
Il a le cou tordu, c'est une affaire faite !
Voilà ce que m'apprend, la dernière estafette.

5

Dans la tourmente politique (1814-1817)

Son frère se rallie à Louis XVIII. Jean-François le lui reproche… puis l'encourage à se montrer royaliste plus zélé. Lui-même publie L'Égypte sous les Pharaons *avec une dédicace au roi. Changement de cap lors des Cent-Jours : les deux Champollion sont bonapartistes, ce qui leur vaudra d'être chassés de l'Université. Ne craignant pas la provocation, Jean-François porte un « toast à la République ». Dégoûté, il veut « embrasser l'état de notaire ». Les deux frères, assignés à résidence à Figeac, entreprennent des recherches archéologiques et s'occupent avec succès d'enseignement mutuel. En avril 1817, l'aîné est autorisé à regagner Paris. Il laisse son cadet, vingt-six ans, se dépêtrer des problèmes matériels causés par leur père. Jean-François retourne à Grenoble en octobre.*

1814

15 juin
À son frère

Cher ami, tu as beau me rassurer sur l'état de l'Université, je le regarde comme infiniment précaire. Le clergé qui se montre tout-puissant n'abandonnera pas une proie qu'il dévore des yeux depuis plus de vingt ans. Quant à moi, mon sort est clair : comme Diogène, je tâcherai d'acheter un tonneau.

21 juin

Tout le monde ne rêve que décoration de la Légion d'honneur, excepté moi qui cependant aurais peut-être plus de raisons pour l'obtenir que beaucoup d'autres qui l'ont ou espèrent l'avoir. Le diable d'amour-propre les pousse et ils réussissent à force de courbettes et d'obstination. La plupart au reste sont aussi plats que le ruban qu'ils désirent avec tant de fureur.

30 juin

Sois persuadé que les bonnes espérances qu'on te donne ne sont autre chose que le calme plat qui précède ordinairement la tempête.

Les Parisiens sont toujours la plus lâche canaille de l'Europe. Comme les chiens, ils sont toujours prêts à fêter la première charogne venue.

25 juillet

Tu as très mal fait. Aucune considération ne devait t'entraîner à cela... Je ne te reconnais pas là, toi qui t'élèves si doctement contre le vice, l'orgueil et les prétentions. Telle est mon opinion et je suis bien aise que tu la connaisses. Nous ne sommes point d'accord sur cela. Je prévois avec peine qu'il en sera ainsi pour beaucoup d'autres choses. Nous nous ressemblons bien peu en idées, mon cher ami, et puisque, élevé par toi et auprès de toi, j'en diffère aussi essentiellement, il faut que ce soit dans la nature. Quoique nous recevions souvent nos impulsions en sens inverse, j'espère cependant que cela ne produira jamais ni discussions, ni froissement. Acceptes-en l'augure avec autant de plaisir que moi.

Juillet

Mets-toi le plus que tu pourras dans les bonnes grâces de M. de Choiseul [Auguste de Choiseul-Gouffier, diplomate, membre de l'Académie française]. Rappelle-toi que les comtes et les ducs ont besoin d'un bras droit et qu'ordinairement ils ne font rien par eux-mêmes. Tu peux être cet homme-là, le démiurge de M. de Choiseul, le *frà fa tutto* dont les grands ont toujours besoin. Le moment est favorable. Tu te trouveras sur un théâtre digne de toi. Ta tête peut conduire la galère d'un ministre. C'est ta vocation et tu ne respireras librement et avec facilité qu'à cette hauteur-là. Quand la fortune ne s'offre point de bonne grâce, il faut la violer. Apprends que lorsqu'on monte dans la voiture d'un ministre, on doit aller coucher dans son hôtel.

18 septembre
À Antoine-Jean Saint-Martin

Vous ne sauriez vous faire une idée du plaisir que j'éprouve en pensant que mes deux premiers volumes vont être lancés dans le public et le particulier. Je suis réellement soulagé d'un grand poids, les embarras sont terminés, il ne me reste plus qu'à cueillir les fleurs du métier. Ne seront-elles pas mêlées de quelque épine ?

Voilà la question. Quoi qu'il arrive, je n'en perdrai point pour cela la satisfaction que je sens d'avoir mis au monde deux gros enfants qui peuvent bien avoir quelque défaut, mais qui du moins donnent quelques espérances.

19 novembre
À Antoine-Jean Saint-Martin

Vous trouvez la lettre que je vous ai envoyée pour M. de Sacy trop maniérée ; le titre de baron que je lui donne vous paraît une malice de province. Que direz-vous cependant lorsque vous saurez que ledit personnage n'oublie point de signer tout au long *baron S. de S.* ? Voilà les hommes ; ils aiment les hochets et il faut caresser leurs faiblesses. Le titre de son élève que je porte ne me dispense donc pas de payer le tribut qu'un simple roturier doit à un baron, quelque nouvel éclos qu'il soit d'ailleurs.

Novembre
À son frère

Le marais boueux de l'Université est donc encore en stagnation, malgré les insectes qui voltigent à la surface ! Que veut-on faire de nous ? Que vais-je devenir ? J'aimerais mieux être mort que de me trouver dans la position où je suis, sans avoir la moindre idée de mon devenir. Cela me décourage et me donne un dégoût presque insurmontable pour les travaux les plus chers.

... Tels et tels, cruches pourries, bêtes à foin, ont 3 beaux mille francs pour ne rien faire et par la grande raison qu'ils ont 40 ans passés tandis que moi qui peux travailler à illustrer l'Université, je n'ai que 15 misérables cents francs. Je ne me sens pas né pour le rôle d'un pauvre diable et je veux vivre et non végéter dans ce monde. J'ai exercé ma patience jusqu'ici. Elle commence à me lasser. À la première occasion favorable, je jetterai la toque aux orties pour aller brouter dans un plus large pâturage.

1815

22 avril

À son frère

J'attends avec impatience le résultat de ton entrevue avec le brave et bon père La Violette [Napoléon] : j'attends beaucoup de lui. Si je me trompe, la philosophie est là pour nous consoler.

29 mai

Ton indécision n'arrangera pas tes affaires. Sors de la lice avec une couronne ou ne te mets pas au rang des combattants.

Tu sembles n'être allé à Paris que pour lire un mémoire à l'Institut ! Tu ne trouveras jamais un moment plus favorable. Les Gros [famille du peintre Antoine Gros] te connaissent, profites-en. Si tu reviens t'enterrer dans la petite ville, l'Empereur qui te voyant quelquefois depuis quatre mois te dit « Je vous connais bien, vous », te demanderait l'année prochaine et fort sèchement « Qui êtes-vous ? ».

1er juin

Nous sommes lents à nous mettre en action, nous autres Dauphinois, mais quand nous y sommes cela va bien. Si la Fédération [bonapartiste] va, c'est grâce à mes soins et malgré les clabauderies des Éteignoirs [les conservateurs et les bigots]. Nos Éteignoirs lèvent toujours la tête ; je crains bien qu'on ne finisse par les tondre.

3 juin, de Grenoble

J'ai vu les manuscrits coptes de la Bibliothèque de l'Arsenal et j'ai ri comme de juste. Il faut avouer qu'on est quelque fois bien bête dans la capitale. Mon cœur a palpité en ouvrant la caisse ; j'ai d'abord lu sur la feuille Manuscrit Copte et cela me charmait. Mais hélas c'est du slave ou du russe tout pur ! Qu'on est bête à Paris... quelquefois !...

18 juin

Il n'y a point de loi de succession pour le trône de France. Le peuple seul décerne la couronne ; il la donna autrefois à Hugues Capet et maintenant il l'ôte à ses descendants pour la confier à un plus digne ; son choix fait la seule légitimité, Napoléon est donc notre seul prince légitime.

25 juin

La seule règle de ta conduite, sauve-toi d'abord. Quant à moi, il en sera ce que Dieu voudra. J'ai émis une opinion parce que je l'ai crue bonne et la crois encore bonne. Si on te reproche le jacobinisme de ton journal [les *Annales de l'Isère*], dis hardiment que c'est moi qui l'ai fait, puisque c'est vrai. S'il leur faut une victime, je suis là. Je n'ai ni femme ni enfant : tout mon devoir se réduit à ma peau et ce n'est pas grand-chose. Je sens bien que cela te coûtera. Mais c'est égal. Sers-toi de moi comme d'une éponge. L'important est que tu sortes sain et sauf de la crise.

Juillet

Toast à la République

Comme un autre j'ai mes amours
Et puisqu'il faut que je m'explique,
Je porte et porterai toujours
Un toast à la République !
Que le ciel remercie les Rois
Pour le bien de la race humaine !
Nous dit d'une imprudente voix
Un esclave fier de sa chaîne.
Mais nous qui détestons les guerres
Et leur sanglante politique
Répondant à un sot discours
Portons un toast à la République

19 juillet, de Grenoble

À son frère

Je tâche de reprendre mes travaux ordinaires, mais le cœur n'y est pas. Je suis entièrement désespéré pour l'avenir. Je crois fermement qu'il n'en est plus pour moi. Voilà Silvestre [de Sacy] tout-puissant, Polycarpe [Quatremère] à l'Institut : c'en est assez pour me couper le chemin. Je travaillerai encore, mais pour le plaisir, sans en espérer rien de bon pour ma gloire ou pour ma fortune. Il faut renoncer à l'une ; quant à l'autre, ne point l'espérer.

21 juillet, de Grenoble

Ta lettre est venue fort à propos pour me donner du courage, parce que mon parti définitif est pris. Le rapport du jésuite [Silvestre de Sacy] est tel que je l'attendais : du venin caché sous du sucre ; ne pouvant attaquer le fond, il se rejette sur la forme. C'est une chenille qui, ne pouvant mordre et déchirer une plante, se contente de la couvrir de sa bave. Je ne suis point surpris de ce qui arrive. Toute la malice du rapport ne m'a point échappé. Il est le maître maintenant.

L'Institut a reçu mon plus mortel ennemi et tu sens aussi bien que moi combien ce succès de Polycarpe est terrible pour mes affaires. Je pense enfin qu'il est inutile de continuer une lutte dans laquelle nous devons succomber tôt ou tard ; l'esprit de parti régnera désormais en France avec plus de force que jamais ; la couleur du chapeau va décider de la bonté des productions de la tête. Tout est fini de ce côté-là.

Dans les temps où nous sommes, au milieu des épouvantables révolutions qui déchirent et déchireront encore notre malheureuse patrie, nous ne devons songer qu'à vivre physiquement. Le temps des projets de gloire littéraire est passé.

Tu t'es endormi sur des chimères. Lorsque tu as appris l'entrée de l'étranger dans Grenoble [9 juillet 1815], comment as-tu pu supposer que le journal t'appartenait encore ! Crois-tu qu'une certaine classe d'hommes ait oublié la manière dont il te fut rendu [par Napoléon]. La clique infernale qui règne sur Grenoble l'a restitué aux intrigants qui te l'avaient enlevé.

Puisque tu connais le nouveau préfet, il te reste l'espoir de le reprendre. Je dis l'espoir, non la certitude, parce que ce préfet sera entouré à son arrivée par des personnages qui t'habilleront de la belle manière. On ne te pardonnera jamais ni tes entrevues [avec l'empereur] ni ton ruban [de la Légion d'honneur] : ce ruban deviendra une corde pour toi. C'est un nouveau malheur. Si le préfet vient, mets-toi à sa suite, arrive aussitôt que lui et fais-toi réintégrer. Je doute cependant du succès. Je t'invite toujours à te laver sur moi.

12 octobre

Le moment n'est pas favorable pour s'occuper de rêveries littéraires. Je te fais le compliment d'en avoir le courage ; quant à moi, je suis si dégoûté de tout, que je ne donnerais pas deux liards de la gloire littéraire et de tout ce qui s'ensuit.

17 novembre

Nul doute que la faculté des lettres ne soit supprimée en masse. Cependant rien d'officiel n'est arrivé ; cela ne peut pas tarder. Dans tous les cas, Bilon, moi, toi et Berriat-Saint-Prix [jurisconsulte et homme de lettres] serons chassés… Nous sommes rasés.

Je veux embrasser l'état de notaire à Grenoble. Tu me diras que c'est d'évêque devenir meunier ; mais qu'importe si la mitre ne nourrit pas et qu'il y ait de la farine au moulin : ce n'est plus le temps de tenir au rang. D'ailleurs, je connais maints notaires plus estimés et plus considérés qu'un bloc de professeurs.

Le point essentiel est l'achat d'un office. Beaucoup de notaires n'obtiennent leur cabinet que par un mariage. Je suis assez bien avec l'amour pour qu'il me donne un coup de main dans cette affaire. Le papa Blanc est très convaincu que j'épouserai sa fille. Rosine et moi n'en démordrons point. M. Blanc a toujours dit qu'il n'y avait que deux états dans l'univers, celui de gantier et celui de notaire. L'état de notaire me donne :

1. La certitude d'un état solide et lucratif.
2. Celle de ne plus me trouver dans peu de temps à charge à ma famille.
3. D'accomplir un projet de mariage auquel je tiens par le cœur et par l'honneur.
4. De me trouver en peu de temps à l'abri des révolutions.

5. C'est enfin le seul état qui permette de commercer avec les Muses, sans que le commerce littéraire nuise au commerce pécuniaire. J'aurai les fleurs sans les épines.

D'où il résulte que pour moi, hors du notariat point de salut.

Des bruits courent toujours sur la Bibliothèque. On prétend que le jour nous n'y sommes jamais, et que la nuit il s'y tient des assemblées dangereuses. J'ignore d'où vient ce bruit absurde ; mais ce que je sais, c'est que toutes les nuits depuis huit jours l'allée de Saint-Prix et l'allée de Randon sont occupées chacune par deux gendarmes ; que deux suppôts de la police rôdent autour de la Bibliothèque.

1816

9 avril, de Figeac

À Augustin Thévenet, ami et négociant grenoblois

Me voici, mon cher ami, rendu à mes pénates après quinze ans d'absence. J'ai trouvé toute la famille aussi empressée de me recevoir que je pouvais le désirer. Ma satisfaction serait pleine et entière si je ne laissais tant de choses derrière moi. D'ailleurs par mes affections, ma manière d'être et mes goûts, je suis dauphinois dans l'âme. Figeac m'a semblé être un pays nouveau. Hors de la maison je ne rencontre aucune figure de connaissance. Tous ceux avec lesquels j'ai eu quelques relations sont morts ou dispersés.

Je suis donc seul avec les plus aimables souvenirs. Ils m'occupent constamment et, s'ils me font passer quelques heures pleines de consolation, ils ajoutent aussi à l'ennui qui m'accable en songeant à tout ce que j'ai perdu pour plusieurs mois peut-être. Regret du passé, dégoût du présent, espérance mêlée de crainte pour l'avenir, voilà l'histoire actuelle de ton ami !

25 avril, de Figeac
À Augustin Thévenet

Sois bien persuadé que le silence de ma part ne doit jamais être interprété aux dépens de mon cœur. Sans l'adorable police qui se croit obligée de surveiller ma correspondance je t'écrirais plus souvent que je ne le fais, puisque mes lettres ne contiennent rien, comme tu as pu t'en assurer dans la précédente, qui puisse alarmer le mouchard le plus chatouilleux.

J'ai cru devoir me priver d'écrire aussi souvent que je l'eusse voulu parce que ces Messieurs ne savent pas que les amis ont mille choses à se dire et croient qu'une correspondance suivie indique une tromperie, une conspiration, que sais-je ? Dans tous les cas, si leurs yeux de lynx ou de bécasse peuvent lire le contenu de la présente à travers le papier, je suis charmé qu'ils trouvent ici l'expression bien sincère du profond mépris avec lequel j'ai l'honneur d'être leur très humble et très obéissant…

Parlons un peu de nous. J'ai lu avec plaisir la petite romance que tu m'as envoyée. Au moment où je reçus ta lettre, j'avais déjà composé en partie une pièce en vers analogue à celle que tu m'envoyais. Le mètre et la coupe des vers étaient différents. Mais comme tu me fais l'éloge de l'air de la tienne, j'ai fait en sorte, en transposant et en changeant mes vers de mesure, qu'ils puissent être chantés sur le même air.

1er mai, de Figeac

À Augustin Thévenet

Je passe mon temps fort tristement comme tu peux bien le penser ; les heures sont d'une longueur assommante. Je bâille ou je jure toute la journée. Cela t'en dit assez pour présumer le triste état de mon cœur.

Je ne sais quand je pourrai revoir nos belles montagnes. Je ne les ai jamais trouvées plus pittoresques et plus charmantes que depuis que je ne les aperçois plus.

Mai

À Augustin Thévenet

Que dites-vous à Grenoble des vautours affamés qui se disputent la place de bibliothécaire ? La conviction que leurs démarches provoquent notre expulsion de ce poste ne saurait les arrêter. Pour monter, il faut ramper, c'est la maxime de ce temps-ci. La plus vile et la plus dégoûtante canaille de ce monde, c'est ce qu'on appelle les hommes de lettres.

19 novembre, de Figeac

À James Bougy

Vous serez curieux, sans doute, de savoir à quoi je passe mon temps, quoique vous puissiez facilement le deviner. Le mot « je bâille » contient toute mon histoire, dont les chapitres ne sont interrompus que par quelques épisodes dont le mot « je jure » fait à lui seul tous les frais.

Vous comprendrez mon cher James que je m'amuse prodigieusement. Si j'eusse trouvé un adverbe plus lent, plus long et plus lourd, je l'eusse certainement employé pour peindre d'après nature les douces jouissances qui m'assomment ici.

Le « papa » [le père de Rosine, sa future femme] a retiré la parole qu'il avait donnée. Tout est venu m'accabler à la fois. Je devais du moins m'y attendre. Je vous dirai même que cela n'a fait sur moi qu'un effet bien médiocre. Il est versatile et c'est en cela que j'espère le plus. À mon retour, il changera d'avis d'une manière ou d'une autre. La lune a des phases et la volonté de mon futur beau-père aussi. Il est bon, dans le fond… Du reste, il apprendra peut-être avec plaisir que je suis plus riche que je ne croyais. J'ai 750 francs de bonnes rentes sur la caisse de l'université. On m'a payé trois mois sur lesquels je ne comptais pas.

31 décembre, de Figeac

À Augustin Thévenet

Lorsque je te dirai, mon cher petit, que la dernière lettre que j'ai reçue de toi est sous la date du 13 novembre, tu concevras facilement que l'exilé est fort en colère de ton silence.

Il n'est point d'imprécation que je n'aye prononcee contre toi et sans mon aimable et gentille maman de Figeac [« Madame Adèle », sa maîtresse], qui a constamment pris ta défense et attribué charitablement à d'autres causes ta lenteur à m'écrire, j'ignore jusqu'à quel point j'eusse voulu pousser mon ressentiment. Tu es bien heureux d'avoir un tel avocat !

Je continue avec ardeur mes travaux littéraires. Ma *Grammaire* est à peu près terminée et mon *Grand Dictionnaire* prend déjà une ampleur digne de celui qui le compose. Tous les jours, il devient plus gros tandis que l'auteur marche en sens contraire.

1817

30 avril, de Figeac
À son frère

Si tu étais assez fort magicien pour tirer des mains de Jomard une gravure des textes de l'inscription de Rosette, cursif et hiéroglyphique, ce serait une victoire. Tu me l'enverrais pour charmer mes ennuis. Parle-lui encore des inscriptions coptes. Je ne puis croire qu'on n'ait copié que les misérables lignes dont je connais la gravure.

Voilà des commissions à n'en plus finir, mais tu es mon frère et je suis le tien.

1er mai, de Figeac
À son frère

Ne te baisse pas pour le voir [Silvestre de Sacy]. C'est un homme qui connaît notre position et, s'il avait un peu d'amour-propre, il eût sacrifié toutes les petitesses de parti pour la rendre moins cruelle. Il dépendait de lui de le faire et il ne l'a même pas tenté. C'est un jésuite, un tartuffe que je haïrais s'il en valait la peine. Il aurait besoin de furieux miracles pour me convertir à ses reliques, et il n'en fera pas. Je ne lui refuse ni talent ni savoir ni connaissances supérieures, mais je soutiens qu'il n'a point d'âme et, dès lors, ce n'est plus un homme, ce n'est qu'un bouquin ambulant. Au reste, son règne passera et donc, dans ce cas, le nôtre commencera.

6 mai, de Figeac
À Augustin Thévenet

Le départ de mon frère m'avait vivement ébranlé ; cette bonne et excellente maman [« Madame Adèle », sa maîtresse] dont je t'ai parlé quelques fois est aussi allée à la campagne. Je suis donc seul et j'ai eu tout le temps de me noircir l'imagination de tous les souvenirs amers du passé, des privations présentes et des craintes pour l'avenir.

Tout autre à ma place eût été découragé ; mais je sens que j'aurais dû l'être un peu moins, ayant un ami tel que toi, et étant aimé comme je le suis par une véritable et tendre amie comme celle dont on m'a séparé.

13 mai, de Figeac
À son frère

J'attendais de tes nouvelles avec d'autant plus d'impatience que j'espérais que ta lettre me dicterait la conduite à tenir pour éviter la scène infernale de voir un huissier envahir la maison. La chose est arrivée par la faute de celui que le ciel nous a malencontreusement donné pour père, et aussi un peu par la tienne. Il m'était réservé à moi qui n'ai pas la moindre idée des affaires d'en avoir tout le déboire et le dégoût. Je n'ai pas eu d'autre moyen pour empêcher la vente des meubles que de m'engager à payer d'abord 300 francs dimanche prochain et autant tous les mois jusqu'à extinction de la dette.

26 mai, de Figeac
À son frère

J'ai enfin trouvé, mon cher ami, le moyen de toucher de l'argent pour éviter les scènes affligeantes que nous préparait le patron [le père].

Pourvu qu'il mange, il ne s'occupe de rien. Cela me met souvent dans des fureurs. Je ne sais ce que je lui ferais. Un homme de cette trempe est au-dessous de la brute. C'est pour cela que tu aurais dû le brider avant de partir et le faire interdire.

16 juin, de Figeac

À son frère

Tu trouveras jointe à cette lettre une petite et douce épître du patron qui te demande de l'argent. Fais-moi le plaisir de laver un peu la tête à ce bon père qui, non content de me ruiner, veut encore épuiser tes finances.

29 juin, de Figeac

À son frère

Je voudrais bien savoir quels pas M. de Sacy, avec son immense érudition, a fait faire aux connaissances historiques. Il a traduit, traduit, retraduit et voilà tout ! Les deux seules choses vraiment utiles dont il ait accouché ce sont son dictionnaire et sa grammaire arabes.

Langlès a fait des notes, Visconti [Louis Visconti, architecte] des livres de gravures, Dacier [secrétaire perpétuel de l'Académie des inscriptions et belles-lettres] de l'esprit, Quatremère Ier des phrases. Quatremère II a cousu des passages arabes les uns aux autres… et les autres, rien du tout.

Voilà les flambeaux de l'Académie des inscriptions et belles-lettres. Ils jettent une lumière si vive qu'ils se cassent le nez à chaque pas qu'ils veulent faire. Ce pauvre corps aurait bien besoin qu'on l'attachât à une machine à vapeur qui le ferait aller, ne fut-ce qu'en ligne droite.

3 juillet

Le lancastérien* n'a pas encore commencé son cours de b. a.-ba : les bancs ne sont pas prêts, mais il espère l'ouvrir le 15 du courant. Il a reçu la caisse contenant

* Instituteur appliquant la méthode d'enseignement naturel inventée par l'Anglais Joseph Lancaster (1778-1838).

les crayons, ardoises et tableaux. Le préfet Chamisso prend le plus grand intérêt à la propagation de la méthode ; notre école de Figeac est célébrée dans les départements environnants ; déjà le préfet du Tarn écrit à celui du Lot qu'il se proposait d'envoyer à Figeac (en pension au collège) un sujet pour apprendre la méthode et la transplanter sur les bords du Tarn. On dit même que l'Aveyron se décidera (avec les siècles) à en essayer à son tour.

1er septembre, de Figeac
À son frère

Tu es d'avis que je regagne Grenoble avant la chute des neiges. Mille choses me portent également vers ce parti-là. Les agréments que je trouve dans la maison paternelle ne sont points faits pour me retenir à Figeac. Cependant d'autres choses aussi me forcent de réfléchir à deux fois avant de prendre la route. Lorsque je serai arrivé à Grenoble, avec quoi m'entretiendrai-je ? Sera-ce avec la demi-solde qui suffisait à peine pour payer ma pension ?

Je trouve au reste que tu ferais beaucoup mieux de rester à Paris que d'aller à Grenoble. Ce voyage-là ne peut avoir d'autre résultat que de réveiller les haines de la province et de te faire perdre de vue par les hommes de la capitale.

17 décembre, de Grenoble
À Jean Vayssié

Que pensez-vous de moi, Jean de mon cœur, à l'heure qu'il est ? Vous le croirez ou vous ne le croirez pas, je regrette souvent ces heures que la bourgeoisie de Figeac et les soi-disant hommes raisonnables perdaient à dormir bêtement comme tout le monde, et que nous employions si gaiement à nous jeter des pierres, à éteindre ou à poursuivre une lanterne, à chanter une tendre romance italienne, malgré le commissaire Foussard [commissaire de police de Figeac], ou à déraisonner, malgré le projet bien formel d'aller se coucher de bonne heure.

Oh ! le bon temps ! Maintenant il nous faut jouer les raisonnables, parler de ce qu'on appelle bon sens, sans trop savoir ce que c'est, et prendre gravement un air d'importance, moi sur une chaire, et vous à votre bureau de percepteur, receveur ou je ne sais quoi…

6

Au travail, malgré tout (1818-1821)

À Grenoble, Champollion a retrouvé sa fonction de bibliothécaire. Le 30 décembre 1818, il épouse Rosine Blanc, malgré l'opposition de son frère, qui n'assiste pas au mariage. Son travail sur la pierre de Rosette avance, et il est convaincu que le hiératique est une simplification des hiéroglyphes. La « prétendue clef » que Thomas Young affirme avoir trouvée lui apparaît comme « une ridicule forfanterie ». Quant au préfet d'Haussez, qui continue à le surveiller de près, c'est « un traître ». En 1821, pour avoir participé à la révolte antimonarchique des étudiants, Champollion perd son poste de professeur d'histoire au lycée. « Aucune injustice ne peut plus m'atteindre », déclare-t-il en décidant de quitter Grenoble et de s'installer à Paris.

1818

7 avril

Je viens de recevoir ma nomination de commissaire pour faire la recherche de tous les titres et pièces relatifs au marquisat de Saluces et à Carmagnole réclamés par le roi de Sardaigne, qui peuvent se trouver dans les archives de la Chambre des Comptes.

Je suis très fâché qu'on ne puisse avoir un calque du texte hiéroglyphique de Rosette ; cela me coupe bras et jambes. Je connaissais le n° du *Journal du Caire* où il est question d'une deuxième inscription semblable à celle de Rosette ; je sais même qu'il en existait une troisième à Ménouf dans le delta et c'est probablement celle dont veux parler Dubois-Aimé [ingénieur, membre de la Commission d'Égypte] ; cependant elle est si fruste, si usée que je doute qu'il ait pu en tirer quelque parti. Je regretterai toujours que les monuments écrits aient été si indignement négligés par MM. de la Commission d'Égypte lorsqu'ils se trouvaient sur les lieux. Cela retardera peut-être la science de deux ou trois siècles.

15 avril

À Jean Vayssié

Vous présumez que je suis fort occupé depuis mon retour, et vous avez deviné juste. J'en ai par-dessus la tête :

1. La direction d'une école d'enseignement mutuel que j'ai fait établir dans notre ville malgré les cris des Éteignoirs ; ce qui n'a pas empêché qu'il y ait aujourd'hui trois cents élèves, et que le maître auquel j'ai donné la place ne soit excellent ;

2. L'éducation de mon neveu Ali, aussi diable, aussi étourdi qu'à l'ordinaire. Je lui enseigne le latin, et ce n'est pas une petite affaire ;

3. Je passe la moitié de mes journées à remuer les vieux papiers dans les archives du Parlement, pour trouver de vieux actes qui intéressent l'histoire du Dauphiné. Le reste du temps est employé à voir mes amis, et à peine ai-je une demi-heure pour faire deux doigts de cour à qui de droit.

Donnez-moi donc des nouvelles de Figeac. Je sais que vous avez dansé comme un démon chez M. de Saint-Félix. Y avez-vous fait quelque conquête ? Ou plutôt vous a-t-on ravi le tendre cœur que je vous connais ?

19 avril
À son frère

Je suis bien aise que M. Fourier [membre de l'Académie des sciences depuis 1817] prenne au vif mes aperçus hiéroglyphiques ; je crois que cela en vaut la peine. Il est hors de doute qu'avec la gravure de la Commission, je viendrai à bout de placer sous chaque hiéroglyphe le mot français correspondant et même le cursif égyptien ; le grec va sans dire. Je ne m'avance pas trop en disant cela, puisque ce travail est aux trois quarts terminé ; je sais où commence et où finit l'inscription hiéroglyphique par rapport au cursif et au grec. Je prouverai qu'il en manque les deux tiers au moins. Il n'y a dans mon affaire ni charlatanisme ni mysticité ; tout est le résultat de la comparaison et non d'un système fait d'avance. J'ai déjà retrouvé les articles, la formation des pluriels et quelques conjonctions, mais cela ne suffit point pour déterminer de sitôt le système de cette écriture. Les résultats de mon travail ont déjà renversé toutes les idées que je m'étais faites des hiéroglyphes. Mais je ne puis en finir sans la gravure de la Commission.

Publier ma grammaire copte ? Ce n'est ni le moment d'y songer, ni le plus pressé. D'ailleurs les fonds manquent et je ne suis pas d'avis de contracter des dettes dans l'abominable temps où nous vivons ; il faut songer à notre avenir physique et la gloire viendra quand elle pourra. Si j'avais les moyens de faire imprimer quelque chose, ce serait incontestablement mon travail sur les hiéroglyphes ; cela est piquant et pourrait réveiller la curiosité du monde littéraire qui me paraît très endormi.

15 octobre

Il ne faudrait pas se jeter pieds et poings liés dans cette maudite littérature, c'est la plus abominable carrière. Il y a longtemps que j'en suis convaincu et que tu devrais l'être. Tout cela est bon pour délassement ; mais se sacrifier à la science pour l'avantage de gens qui ne vous en savent aucun gré, c'est une folie.

12 novembre

Je n'ai jamais songé à me fixer dans ce grand théâtre (qu'est Paris). J'aime mieux être le premier dans mon village que le second à Rome. Je suis d'ailleurs convaincu par le sentiment que j'ai de mon caractère que la capitale ne me convient pas ; à Grenoble, je suis connu, j'ai des amis, une réputation ; mon rang est fixé et je n'ai point à m'en plaindre. J'ai vécu trop longtemps loin de Paris pour qu'en y arrivant je ne fusse pas obligé de recommencer à me bâtir une vie et un rang convenables. Je ferai ici et peut-être mieux qu'à Paris les travaux que j'ai projetés... Que tu songes à te fixer à Paris, toi, cela est naturel ; il y a longtemps même que tu aurais dû y penser ; tu es né pour les affaires, le mouvement, la manipulation des grandes choses ; tu travailles avec ténacité, et tu sais le monde par cœur. Notre manière d'envisager les choses est bien différente, tu vois du positif dans la vie et moi, philosophe oriental renforcé, je n'y trouve que des apparences ; de là vient que je place naturellement au rang de mes réalités ce que tu regardes comme des illusions et, s'il faut dire le mot, comme des extravagances.

1819

8 mai

L'Anglais [Thomas Young] ne se connaît pas plus en égyptien qu'en malais ou en mantchou dont il est professeur. Les découvertes du Dr Young annoncées avec tant de faste ne sont qu'une ridicule forfanterie. La découverte si vantée de la prétendue clef me fait pitié… Je plains en conscience les malheureux voyageurs anglais en Égypte obligés de traduire les inscriptions de Thèbes, le *passe-partout* du docteur Young à la main !

1820

21 juillet

Si on pousse l'infamie jusqu'à nous ôter pour la seconde fois une place à laquelle nous avons tant de droits [à la tête de la bibliothèque municipale de Grenoble] pour en gratifier un infâme imbécile échappé des boues de la censure, il faut tomber en gens de cœur et que le public connaisse bien toute la scélératesse de nos soi-disant honnêtes gens. Pour moi, quoi qu'il arrive, on ne me déracinera qu'à coups de hache.

30 juillet

Le préfet est un traître et il me le paiera à la première occasion. Il n'y a que les montagnes qui ne se rencontrent pas.

28 août

N'invente pas qui veut une conspiration. Quoi qu'il en soit, personne n'a voulu y croire bien que le préfet, toujours aussi sot que dévoué aux ultras, se donne beaucoup de peine pour le présenter sous un aspect effrayant. Quelques journaux énergumènes ont parlé de 50 personnes dévouées au poignard des Catilina. Nos grands hommes de Grenoble qui se jugent tout aussi importants au moins que ceux de la capitale affectent une grande frayeur pour leur sûreté individuelle et avant-hier un agent ultra a dénoncé en grande audience de la Cour la découverte d'un épouvantable complot tendant à égorger spontanément ceux d'entre MM. du clergé et de la noblesse qui se considèrent comme les colonnes vertébrales de la Monarchie. Ce qui prouve qu'ils n'en croient rien c'est qu'ils n'ont point quitté la ville.

1821

Avril

Il résulte de mes rapprochements : 1. que l'écriture des manuscrits égyptiens de la seconde espèce n'est point alphabétique ; 2. que ce second système n'est qu'une simplification du système hiéroglyphique, et n'en diffère uniquement que par la forme des signes ; 3. que cette seconde espèce d'écriture est le hiératique des auteurs grecs et doit être regardée comme une tachygraphie hiéroglyphique ; 4. enfin que les caractères hiératiques (et par conséquent ceux dont ils dérivent) sont des signes de choses et non de sons.

8 juillet

La coupe d'amertume grenobloise est épuisée pour moi. Aucune injustice ne peut plus m'atteindre et je n'ai rien à perdre ici. Le Conseil académique a décidé le 23 juin qu'il y avait lieu à poursuivre et que les faits qu'on m'impute sont du ressort des tribunaux ordinaires. C'est là le dernier coup qu'ils osent me porter : me voilà donc entièrement désarçonné, il ne me reste plus que ma maladie qui s'obstine à me rester. L'univers entier me crie : partez, voyagez, distrayez-vous. Je pars, je voyagerai et il en sera ce que Dieu voudra pour le reste.

7

Lettre à M. Dacier
(27 septembre 1822)

L'air de la capitale, qu'il avait détesté une douzaine d'années plus tôt, l'inspire-t-il particulièrement ? Depuis son installation à Paris, Jean-François Champollion progresse à grandes foulées. Il établit que les trois écritures égyptiennes procèdent d'un seul et même système. Puis il découvre que des hiéroglyphes phonétiques sont associés à des signes idéographiques. Une avancée historique, même si le déchiffreur n'est pas encore en mesure de révéler l'ensemble de sa découverte. Avec l'aide de son frère, il rédige la Lettre à M. Dacier *qu'il lira le 27 septembre 1822 devant l'Académie des inscriptions et belles-lettres.*

Monsieur,

Je dois aux bontés dont vous m'honorez l'indulgent intérêt que l'Académie royale des inscriptions et belles-lettres a bien voulu accorder à mes travaux sur les écritures égyptiennes, en me permettant de lui soumettre mes deux mémoires sur l'écriture *hiératique* ou sacerdotale, et sur l'écriture *démotique* ou populaire ; j'oserai enfin, après cette épreuve si flatteuse pour moi, espérer d'avoir réussi à démontrer que ces deux espèces d'écriture sont, l'une et l'autre, non pas alphabétiques, ainsi qu'on l'avait pensé si généralement, mais *idéographiques*, comme les hiéroglyphes mêmes, c'est-à-dire peignant les *idées* et non les *sons* d'une langue ; et croire être parvenu, après dix années de recherches assidues, à réunir des données presque complètes sur la théorie générale de ces deux espèces d'écriture, sur l'origine, la nature, la forme et le nombre de leurs signes, les règles de leurs combinaisons au moyen de ceux de ces signes qui remplissent des fonctions purement logiques ou grammaticales, et avoir ainsi jeté les premiers fondements de ce qu'on pourrait appeler la *grammaire* et le *dictionnaire* de ces deux écritures employées dans le grand nombre de monuments dont l'interprétation répandra tant de lumière sur l'histoire générale de l'Égypte. À l'égard de l'écriture *démotique* en particulier, il a suffi de la précieuse inscription de Rosette pour en reconnaître l'ensemble ; la critique est redevable d'abord aux lumières de votre illustre confrère M. Silvestre de Sacy, et successivement à celles de feu Akerblad et de M. le docteur Young, des premières notions exactes qu'on a tirées de ce monument, et c'est de cette même inscription que j'ai déduit la série des signes démotiques qui, prenant une valeur syllabico-alphabétique, exprimaient dans les textes *idéographiques* les noms propres des personnages étrangers à l'Égypte.

C'est ainsi encore que le nom des Ptolémées a été retrouvé et sur cette même inscription et sur un manuscrit en papyrus récemment apporté d'Égypte.

Il ne me reste donc plus, pour compléter mon travail sur les trois espèces d'écritures égyptiennes, qu'à produire mon mémoire sur les *hiéroglyphes* purs. J'ose espérer que mes nouveaux efforts obtiendront aussi un accueil favorable de votre célèbre compagnie, dont la bienveillance a été pour moi un si précieux encouragement.

Mais dans l'état actuel des études égyptiennes, lorsque de toutes parts les monuments affluent et sont recueillis par les souverains comme par les amateurs, lorsqu'aussi, et à leur sujet, les savants de tous les pays s'empressent de se livrer à de laborieuses recherches, et s'efforcent de pénétrer intimement dans la connaissance de ces monuments écrits qui doivent servir à expliquer tous les autres, je ne crois pas devoir remettre à un autre temps d'offrir à ces savants et sous vos honorables auspices, une courte mais importante série de faits nouveaux, qui appartient naturellement à mon Mémoire sur l'écriture *hiéroglyphique*, et qui leur épargnera sans doute la peine que j'ai prise pour l'établir, peut-être aussi de graves erreurs sur les époques diverses de l'histoire des arts et de l'administration générale de l'Égypte : car il s'agit de la série des *hiéroglyphes* qui, faisant exception à la nature générale des signes de cette écriture, étaient doués de la faculté d'*exprimer les sons* des mots, et ont servi à inscrire sur les monuments publics de l'Égypte, les *titres*, les noms et *les surnoms des souverains grecs ou romains* qui la gouvernèrent successivement. Bien des certitudes pour l'histoire de cette contrée célèbre doivent naître de ce nouveau résultat de mes recherches, auquel j'ai été conduit très naturellement.

L'interprétation du texte *démotique* de l'inscription de Rosette par le moyen du texte grec qui l'accompagne, m'avait fait reconnaître que les Égyptiens se servaient d'un certain nombre de caractères *démotiques* auxquels ils avaient attribué la faculté d'exprimer des sons, pour introduire dans leurs textes idéographiques les *noms propres* et les *mots étrangers à la langue égyptienne.* On sent facilement l'indispensable nécessité d'une telle institution dans un système d'écriture idéographique. Les Chinois, qui se servent également d'une écriture idéographique, emploient aussi un procédé tout à fait semblable et créé pour le même motif.

Une comparaison préliminaire nous avait aussi fait reconnaître que, dans l'écriture démotique, ces deux mêmes noms (Ptolémée et Cléopâtre) écrits phonétiquement employaient plusieurs caractères tout à fait semblables. L'analogie des trois écritures égyptiennes dans leur marche générale, devait nous faire espérer la même rencontre et les mêmes rapports dans ces mêmes noms écrits *hiéroglyphiquement* : c'est ce qu'a aussitôt confirmé la simple comparaison du cartouche hiéroglyphique renfermant le nom de Ptolémée avec celui de l'obélisque de Philæ, que nous considérions, d'après l'inscription grecque, comme contenant le nom de Cléopâtre.

Le premier signe du nom de *Cléopâtre* qui figure une espèce de *quart de cercle*, et qui représenterait le K, ne devait point se trouver dans le nom de Ptolémée : il n'y est point en effet.

Le second, un *lion en repos* qui doit représenter le Λ est tout à fait semblable au quatrième signe du nom de Ptolémée, qui est aussi un Λ (Πτολ).

Le troisième signe du nom de Cléopâtre est une plume ou *feuille* qui représenterait la voyelle brève E ; l'on voit aussi à la fin du nom de Ptolémée deux *feuilles* semblables qui ne peuvent y avoir, vu leur position, que la valeur de la diphtongue AI, de AIOΣ.

Le quatrième caractère du cartouche hiéroglyphique de Cléopâtre, représentant une espèce de *fleur* avec sa tige recourbée, répondrait à l'O du nom grec de cette reine. Il est en effet le troisième caractère du nom de Ptolémée (Πτο).

Le cinquième signe du nom de Cléopâtre, qui a la forme d'un parallélogramme et qui doit représenter le Π, est de même le premier signe du nom hiéroglyphique de Ptolémée.

Le sixième signe répondant à la voyelle A de ΚΛΕΟΠΑΤΡΑ est un *épervier*, et ne se voit pas dans le nom de Ptolémée, ce qui doit être en effet.

Le septième caractère est une *main ouverte*, représentant le T ; mais cette main ne se retrouve pas dans le mot Ptolémée, où la seconde lettre, le T, est exprimée par un *segment de sphère*, qui néanmoins est aussi un T ; car on verra plus bas pourquoi ces deux signes hiéroglyphiques sont homophones.

Le huitième signe de ΚΛΕΟΠΑΤΡΑ, qui est une bouche vue de face, et qui serait le P, ne se trouve pas dans le cartouche de Ptolémée, et ne doit point y être non plus.

Enfin, le neuvième et dernier signe du nom de la reine, qui doit être la voyelle A, est en effet l'*épervier* que nous avons déjà vu représenter cette voyelle dans la troisième syllabe du même nom. Ce nom propre est terminé par les deux signes hiéroglyphiques du genre féminin ; celui de Ptolémée l'est par un autre signe qui consiste en un trait recourbé, et qui équivaut au Σ grec, comme nous le verrons bientôt.

Les signes réunis de ces deux cartouches analysés phonétiquement nous donnaient donc déjà douze signes répondant à onze consonnes et voyelles ou diphtongues de l'alphabet grec : A, AI, E, K, Λ, M, O, Π, P, Σ, T.

La valeur phonétique déjà très probable de ces douze signes deviendra incontestable, si, en appliquant ces valeurs à d'autres cartouches ou petits tableaux circonscrits, contenant des noms propres et tirés des monuments égyptiens hiéroglyphiques, on en fait sans effort une lecture régulière, produisant des noms propres de souverains étrangers à la langue égyptienne.

On ne peut point, en effet, considérer l'écriture *phonétique* des Égyptiens, soit *hiéroglyphique*, soit *démotique*, comme un système aussi fixe et aussi invariable que nos alphabets. Les Égyptiens étaient habitués à représenter directement leurs idées ; l'expression des sons n'était, dans leur écriture idéographique, qu'un moyen auxiliaire ; et lorsque l'occasion de s'en servir se présenta plus fréquemment, ils songèrent bien à étendre leurs moyens d'exprimer les sons, mais ne renoncèrent point pour cela à leurs écritures idéographiques, consacrées par la religion et par leur usage continu pendant un grand nombre de siècles. Ils procédèrent alors, comme l'ont fait dans des conjonctures absolument pareilles les Chinois, qui, pour écrire un mot étranger à leur langue, ont tout simplement adopté les signes idéographiques dont la prononciation leur paraît offrir le plus d'analogie avec chaque syllabe ou élément du mot étranger qu'il s'agit de transcrire. On conçoit donc que les Égyptiens voulant exprimer soit une voyelle, soit une consonne, soit une syllabe d'un mot étranger se soient servis d'un signe hiéroglyphique *exprimant* ou *représentant* un objet quelconque dont le nom, en langue parlée, contenait ou dans son entier, ou dans sa première partie, le son de la voyelle, de la consonne ou de la syllabe qu'il s'agissait d'écrire.

Quant à l'ensemble du système d'écriture phonétique égyptienne (et nous comprenons à la fois sous cette dénomination l'écriture phonétique populaire et l'écriture phonétique hiéroglyphique), il est incontestable que ce système n'est point une écriture purement *alphabétique*, si l'on doit entendre en effet par *alphabétique* une écriture représentant rigoureusement, et chacun dans leur ordre propre, tous les sons et toutes les *articulations* qui forment les mots d'une langue.

Tout ce que je viens d'exposer sur l'origine, la formation et les anomalies de l'alphabet *hiéroglyphique phonétique* s'applique presque entièrement à l'alphabet démotique-phonétique, dont la seconde colonne de la planche IV contient toute la série des signes, tirés de l'inscription de Rosette et du papyrus nouvellement acquis pour le cabinet du roi.

Ces deux systèmes d'écritures phonétiques étaient aussi intimement liés entre eux que le système *idéographique sacerdotal* le fut avec le système *idéographique populaire* qui n'en était qu'une émanation et avec le système *hiéroglyphique pur* dont il tirait son origine. Les lettres démotiques ne sont, en effet, pour la plupart, comme nous l'avons annoncé, que les signes *hiératiques* des hiéroglyphes phonétiques eux-mêmes.

Je pense donc, Monsieur, que l'écriture *phonétique* exista en Égypte à une époque fort reculée ; qu'elle était d'abord une partie nécessaire de l'écriture idéographique ; et qu'on l'employait aussi alors, comme on le fit après Cambyse, à transcrire (grossièrement il est vrai) dans les textes idéographiques les noms propres des peuples, des pays, des villes, des souverains, et des individus étrangers dont il importait de rappeler le souvenir dans les textes historiques ou dans les inscriptions monumentales.

J'oserai dire plus : il serait possible de retrouver dans cette ancienne écriture phonétique égyptienne, quelque imparfaite qu'elle soit en elle-même, sinon l'origine, du moins le modèle sur lequel peuvent avoir été calqués les alphabets des peuples de l'Asie occidentale, et surtout ceux des nations voisines de l'Égypte.

8

Des compliments et des espoirs (1822-1823)

Sa découverte vaut à Jean-François Champollion des compliments « plus hauts que les tours de Notre-Dame ». On lui laisse entendre de tous côtés que son élection à l'Académie des inscriptions et belles-lettres est acquise. À l'issue d'une séance à la Société asiatique, il a un bref échange avec Chateaubriand. Encouragé par ses succès, il décide de publier à ses frais un ouvrage illustré qui s'intitulera Le Panthéon égyptien, *et se dit persuadé que cette entreprise sera rentable. Pour lui, en tout cas, la période des vaches maigres est terminée.*

1822

15 octobre

À André Blanc, son beau-frère

Au moment où je terminais à l'Institut la lecture d'un fort grand mémoire composé en grande partie à Grenoble, mémoire qui parut fort important par lui-même, mon bon ange me conduisit à l'une de ces découvertes littéraires qui suffisent pour établir à perpétuité la gloire d'un savant. Je trouvai, en appliquant les principes établis dans mes précédents ouvrages communiqués à l'Académie, l'alphabet des hiéroglyphes qu'on a cherché depuis si longtemps ! Cette découverte que je fis connaître à l'Institut le 27 septembre produisit l'étonnement et força les applaudissements et l'approbation de tous ceux mêmes qui s'étaient tenus loin de moi par pur esprit de parti. Notre bon roi [Louis XVIII] fut informé de ma découverte par le sérénissime abbé Frayssinous, grand maître de l'Université. Deux jours après les journaux ont proclamé les choses et, ce qui ne m'a pas surpris, c'est que le *Drapeau blanc* a été un des premiers à en parler. Si par hasard vous avez lu ces articles, vous aurez pu voir par eux qu'on met réellement un grand prix à mes trouvailles.

La lecture que l'Institut a bien voulu entendre a eu un succès complet. Mes découvertes sur les hiéroglyphes ont été jugées incontestables à l'unanimité ; et j'ai reçu des compliments plus hauts que les tours de Notre-Dame. Mais ce qui m'a flatté principalement, c'est que l'Académie des belles-lettres de l'Institut a arrêté que son bureau demanderait, en son nom, au gouvernement qu'il fît imprimer à ses frais tous mes travaux sur les écritures égyptiennes. C'est un témoignage précieux d'estime de la part du corps ; auquel comme tu le conçois bien j'ai été infiniment sensible. J'attends la décision de M. de Corbières pour les frais des gravures. Le roi a déjà décidé que mes trois mémoires seraient imprimés gratis à l'Imprimerie royale.

Tout le monde me répète qu'une des premières places vacantes à l'Académie sera pour moi. Je commence à croire que cela pourrait bien être et que désormais, grâce à ce succès général, mes affaires vont prendre une tournure telle que ceux qui m'aiment peuvent le désirer. Il me tarde fort que cela arrive. Avec une position plus aisée que celle où je me trouve, mon esprit, plus libre et plus indépendant, pourrait tenter encore davantage qu'il ne peut le faire au milieu des incertitudes où j'ai vécu jusques à présent. Les obstacles et les préventions que j'avais à combattre viennent enfin d'être aplanis par le grand coup que j'ai frappé. Je suis en position de tout espérer.

1823

21 avril

Bref échange avec le vicomte de Chateaubriand, à l'issue d'une séance à la Société asiatique

— Celui qui voit le soleil se lever devant lui ne peut guère pleurer la nuit qui disparaît.

— Pourtant, Excellence, en ma qualité de vieil Égyptien, j'ai toujours la moitié de moi dans le passé.

— Vous parlez en hiéroglyphes.

— Je veux dire que mon cœur, tant qu'il battra dans ma poitrine, à côté du soleil que je salue avec gratitude, verra toujours briller les étoiles de la nuit qui m'ont éclairé, chacune avec sa lumière bien à elle.

24 juillet

À Claude Blanc, son beau-père

Vous aurez sans doute reçu le prospectus et l'annonce d'un nouvel ouvrage que je vais publier à mes frais, sous le titre de *Panthéon égyptien* ; ce sera un ouvrage de luxe et dont les exemplaires les plus communs coûteront 300 francs ; j'ai fait cette entreprise sans craindre d'y perdre, parce que dans le temps où nous sommes, les seuls ouvrages qui coûtent bien chers sont achetés et se vendent sans difficulté ; je n'expose rien, puisqu'il paraîtra par livraisons séparées de mois en mois, et que si j'y risquais d'y perdre la moindre chose, je serais le maître de l'interrompre. J'ai déjà assez de souscripteurs pour couvrir les frais de la première livraison, et vous avez pu apprendre par *Le Moniteur* que le roi lui-même a souscrit pour trois exemplaires. Je suis certain qu'à la 3e ou 4e livraison, je tirerai beaucoup de profit.

Je me suis donné assez de peine et je puis me flatter de m'être fait une réputation assez marquée pour ne pas craindre d'échouer si quelque poste avantageux devient disponible. L'avenir est pour moi et je ne puis tarder à recueillir le fruit de tous mes travaux avec du courage et de la modération en tout.

9

Le système hiéroglyphique (1824)

Dans son Précis du système hiéroglyphique, *Champollion rectifie et complète sa* Lettre à M. Dacier *: il démontre que l'écriture phonétique ne se limitait pas à la transcription des noms étrangers, mais qu'elle était l'âme du système. Les anciens Égyptiens employaient simultanément des caractères figuratifs, symboliques et phonétiques, qui exprimaient tantôt des idées, tantôt des sons. Le déchiffreur affirme avoir déjà fixé la valeur de plus de cent caractères phonétiques en usage dans la plupart des textes. Il en profite pour répliquer de manière cinglante à Thomas Young qui a contesté de manière anonyme la paternité de sa découverte et l'utilité de son alphabet.*

Lorsque je publiai, au mois de septembre 1822, ma *Lettre à M. Dacier*, le monde savant put se convaincre pour la première fois, et au seul examen des faits dont elle renferme l'exposé, que les anciens Égyptiens s'étaient servis de signes hiéroglyphiques purs, c'est-à-dire de caractères images d'objets physiques pour représenter simplement les sons des noms de souverains grecs ou romains, inscrits sur les monuments de Dendérah, de Thèbes, d'Esné, d'Edfou, d'Ombos et de Philae ; et dès cette époque, j'avais déjà acquis l'intime conviction que l'usage de ces infimes caractères phonétiques ou exprimant des sons remontait à un temps antérieur aux dynasties étrangères en Égypte.

Je me contentai toutefois d'énoncer brièvement ce fait capital, sans trop insister alors, parce qu'il aurait fallu, pour faire partager ma propre conviction, entrer à cet égard dans une foule de détails, présenter de nombreux rapprochements, et discuter des résultats multipliés tirés de la comparaison de divers textes entre eux, ce qui eût donné à ce premier ouvrage une étendue que ne comportaient nullement ni son plan ni la forme que j'avais adoptée pour le publier. Je m'étais réservé de prouver l'existence de l'écriture phonétique en Égypte aux plus anciennes époques de son histoire, par un travail spécial et tout à fait en rapport, quant à sa forme et à ses développements, avec l'importance même du sujet.

Les nouveaux aperçus que l'application de mon alphabet phonétique m'offrait chaque jour me montraient assez clairement, en effet, qu'au lieu de considérer, dans un nouveau travail, l'écriture phonétique seulement comme un moyen purement auxiliaire et non indispensable du système hiéroglyphique égyptien ; comme une écriture qui s'appliquait même avant Cambyse à la transcription seule des noms propres des peuples et des individus, étrangers à l'Égypte, mentionnés dans les plus anciens textes hiéroglyphiques, tandis que les idées et les noms nationaux y étaient exprimés toujours idéographiquement, j'avais au contraire à faire envisager cette écriture sous un rapport beaucoup plus étendu. L'écriture phonétique, dont le premier je publiais l'alphabet appuyé sur de très nombreuses applications, se découvrait déjà à mes yeux sous son véritable jour, c'est-à-dire, comme partie essentielle, nécessaire et inséparable de l'écriture hiéroglyphique ; en un mot, comme l'âme même de ce dernier système.

Mon alphabet hiéroglyphique était appuyé sur tant de faits et d'applications probantes, que je devais redouter, moins des contradicteurs, que des prétentions au partage de ma découverte. C'est aussi ce qui arriva, non pas en France mais à l'étranger ; et à cet égard, personne n'est plus disposé que moi à excuser des prétentions semblables, tout en les combattant, lorsqu'elles paraissent avoir leur source dans un sentiment toujours respectable, l'esprit national.

Un journal littéraire éminemment anglais, le *Quarterly Review*, donna le premier signal de ces prétentions. Son article est anonyme ; et l'auteur, tout en avouant et en répétant que mon alphabet, qu'il réimprime en l'abrégeant, met sans aucun doute chacun en état de lire les noms grecs et romains écrits en hiéroglyphes sur les monuments de l'Égypte, se hâte d'abord de prononcer magistralement, malgré cet avantage de lire et d'écrire avec la plus grande facilité tous ces noms qui se trouvent sur les monuments égyptiens, et même d'écrire avec mon alphabet des billets doux, comme il nous apprend que la coutume s'en est déjà établie parmi les petits maîtres de Paris, que cependant nous ne sommes pas avancés d'un seul iota dans la connaissance du sens d'un seul de ces caractères secrets ; ensuite, et à tout hasard, il me conteste la priorité de la découverte de l'alphabet hiéroglyphique, pour en faire honneur à son compatriote M. le docteur Young. Enfin, cet anonyme déclare, toujours de par lui, que l'écriture phonétique ne fut en usage en Égypte que du temps de la domination des Grecs et des Romains ; il va même jusqu'à se dire enclin à croire que la transcription des noms étrangers en hiéroglyphes est une invention des Grecs ; et qu'en conséquence mon alphabet n'est absolument d'aucune espèce d'utilité, ni pour les monuments antérieurs aux Grecs, ni pour l'intelligence des textes hiéroglyphiques, de quelque époque qu'ils puissent être.

Je me serais abstenu de répondre à ces assertions si hasardées de l'anonyme du *Quaterly Review* si je ne les avais vues reproduites en grande partie dans un nouvel ouvrage de M. le docteur Young, intitulé *An Account of some recent discoveries in hieroglyphical littérature, and Egyptian antiquities ; including the author's original alphabet, as extended by M. Champollion*, Londres, 1823, in-8°.

Obligé d'examiner à fond ce même ouvrage, en ce qui concerne la découverte de l'alphabet hiéroglyphique, je m'efforcerai de rester dans les limites de la plus stricte impartialité, surtout puisqu'il s'agit d'une personne qui a tant d'autres titres aux suffrages de l'Europe savante.

Je me hâte de déclarer la haute estime que je professe pour la personne et les travaux de M. le docteur Young, et de reconnaître qu'il a, le premier, publié quelques notions exactes sur les écritures antiques de l'Égypte ; qu'il a aussi, le premier, établi quelques distinctions vraies, relativement à la nature générale de ces écritures, en déterminant, par une comparaison matérielle des textes, la valeur de plusieurs groupes de caractères. Je reconnais encore qu'il a publié avant moi ses idées sur la possibilité de l'existence de quelques signes de son, qui auraient été employés pour écrire en hiéroglyphes les noms propres étrangers à l'Égypte ; enfin, que M. Young a essayé aussi le premier, mais sans un plein succès, de donner une valeur phonétique aux hiéroglyphes composant les deux noms Ptolémée et Bérénice.

Mais j'attends également de sa justice qu'il reconnaîtra à son tour, et avec la même franchise, qu'au moment où j'ai été admis à lire à l'Académie des belles-lettres (le 27 septembre 1822) mon Mémoire sur les hiéroglyphes phonétiques publié le mois suivant sous le titre de *Lettre à M. Dacier*, il n'avait encore 1° aucune idée fixe sur l'existence ni sur la nature générale de l'écriture phonétique hiéroglyphique ; 2° ni aucune certitude sur la valeur, ou alphabétique, ou syllabique, ou dissyllabique, qu'il avait attribuée à onze des treize signes hiéroglyphiques qui composent réellement les noms Ptolémée et Bérénice, les seuls que le savant anglais ait essayé d'analyser.

L'ouvrage que je soumets au public aura donc un but principal et un but accessoire.

Le but accessoire, qui se lie intimement au but principal, sera de comparer l'essai de lecture des deux noms hiéroglyphiques, *Ptolémée* et *Bérénice*, d'après M. le docteur Young, avec la lecture de ces mêmes noms qui résultent de mon alphabet des hiéroglyphes. On pourra se convaincre, par cette comparaison, de combien le système de lecture de ces noms par le savant anglais diffère du mien ; et le monde savant jugera, d'après les faits seuls, à qui appartient la découverte réelle de l'alphabet hiéroglyphique égyptien.

Le but principal est de démontrer, non contre l'opinion sans conséquence de l'anonyme du *Quarterly Review*, mais contre l'opinion bien plus imposante de M. le docteur Young lui-même :

1. Que mon alphabet hiéroglyphique s'applique aux légendes royales hiéroglyphiques de toutes les époques.

2. Que la découverte de l'alphabet phonétique des hiéroglyphes est la véritable clef de tout le système hiéroglyphique.

3. Que les anciens Égyptiens l'employèrent à toutes les époques, pour représenter alphabétiquement les sons des mots de leur langue parlée.

4. Que toutes les inscriptions hiéroglyphiques sont en très grande partie composées de signes purement alphabétiques et tels que je les ai déterminés.

5. Je chercherai à connaître la nature des diverses sortes de caractères employés simultanément dans les textes hiéroglyphiques.

6. Enfin, j'essaierai de déduire de toutes ces propositions une fois prouvées la théorie générale du système hiéroglyphique, appuyée sur de nombreuses applications : cette théorie sera tout à fait neuve, et certaine, j'ose le dire, puisqu'elle résultera des faits. Elle nous conduira d'abord à reconnaître le sujet et le contenu, souvent entier, d'un assez grand nombre d'inscriptions hiéroglyphiques ; et, par des travaux successifs qu'elle rend désormais possibles, conçus toutefois et dirigés d'après ses principes, elle nous donnera bientôt l'intelligence pleine et entière de tous les textes hiéroglyphiques.

Le système graphique égyptien était composé de trois espèces d'écritures : l'écriture hiéroglyphique ou sacrée ; l'écriture hiératique ou sacerdotale ; l'écriture démotique ou populaire.

L'écriture hiéroglyphique ou sacrée consistait dans l'emploi simultané de signes de trois espèces bien distinctes :

a) Des caractères figuratifs ou représentant l'objet même qu'ils servaient à exprimer ;

b) des caractères symboliques, tropiques ou énigmatiques, exprimant une idée par l'image d'un objet physique qui avait une analogie vraie ou fausse, directe ou indirecte, prochaine ou très éloignée, avec l'idée à exprimer ;

c) des caractères phonétiques exprimant les sons encore par le moyen d'images d'objets physiques.

Les caractères phonétiques se combinent entre eux pour former des mots, comme les lettres de tout autre alphabet, mais se superposent souvent et d'une manière variée, suivant la disposition du texte, soit en colonnes perpendiculaires, soit en lignes horizontales. Les voyelles médiales des mots écrits en hiéroglyphes phonétiques sont très souvent supprimées, comme dans les écritures hébraïque, phénicienne et arabe moderne.

J'ai déjà fixé la valeur de plus de cent caractères hiéroglyphiques phonétiques, parmi lesquels se trouvent ceux qui se montrent le plus fréquemment dans les textes de tous les âges.

L'écriture sacrée, tout à la fois figurative, symbolique et phonétique, fut en usage sans interruption en Égypte depuis le XIXe siècle avant l'ère vulgaire, jusqu'à la conversion totale des Égyptiens au christianisme, sous la domination romaine, époque à laquelle toutes les écritures égyptiennes furent remplacées par l'écriture copte, c'est-à-dire par l'alphabet grec, accru d'un nombre de signes d'articulation tirés de l'ancienne écriture démotique égyptienne.

Certaines idées sont parfois représentées dans un même texte hiéroglyphique, tantôt par un caractère figuratif, tantôt par un caractère symbolique, tantôt enfin par un groupe de signes phonétiques, exprimant le mot signe de cette même idée dans la langue parlée.

Deux nouveaux systèmes d'écriture dérivèrent avec le temps de l'écriture hiéroglyphique, et furent inventés pour rendre l'art d'écrire plus rapide et plus usuel. L'écriture hiératique ou sacerdotale n'est qu'une simple tachygraphie de l'écriture sacrée et en dérive immédiatement ; et dans ce second système, la forme des signes est considérablement abrégée. Les signes employés dans l'écriture démotique ne sont que des caractères simples empruntés à l'écriture hiératique. L'écriture démotique exclut à très peu près tous les caractères figuratifs.

L'écriture démotique, l'écriture hiératique et l'écriture hiéroglyphique ont été simultanément en usage, et pendant une longue série de siècles, dans toute l'étendue de l'Égypte.

10

Les trésors de M. Drovetti (1824-1825)

Champollion a demandé et obtenu de pouvoir cataloguer la magnifique collection de Bernardin Drovetti, consul de France en Égypte, acquise par le roi de Sardaigne et entreposée au musée de Turin. Colosses de granit, stèles, statues funéraires, bas-reliefs, papyrus… C'est un étourdissement. Le savant ne s'attendait pas à pareille richesse. Son séjour en Italie, au milieu de tant de trésors, lui permettra, entre autres, de reconstituer la notation numérique des anciens Égyptiens. Régulièrement, il informe son frère de ses découvertes et de ses soucis. De manière plus solennelle, il rendra compte du résultat de ses travaux dans des Lettres au duc de Blacas, *son protecteur.*

1824

15 février, de Paris

Au chevalier Lodovico Costa, secrétaire d'État sarde

Monsieur et cher ami.

J'ose espérer, quoique j'aie quitté Grenoble pour Paris, que vous ne m'aurez pas tout à fait oublié. J'ai, d'ailleurs, eu le soin, l'année dernière, de me rappeler à votre souvenir en vous envoyant, par les Affaires étrangères, ma *Lettre à M. Dacier*, contenant ma découverte de l'alphabet hiéroglyphique.

Cette brochure vous était adressée aux Archives royales à Turin. Depuis j'ai continué mes recherches égyptiennes avec le plus heureux succès ; j'ai pu enfin présenter à l'Institut l'ensemble de la théorie hiéroglyphique et de tout le système graphique égyptien. Mon ouvrage a été accueilli avec bienveillance, et le roi, sur la proposition formelle de l'Institut, en a ordonné l'impression à l'Imprimerie royale. Mon nouvel ouvrage paraîtra dans quelques jours, et voilà l'Égypte entière ouverte à l'érudition moderne. Tous mes résultats sont fondés sur les monuments dont ils donnent l'interprétation, et il n'y en a plus un de muet pour moi, pourvu qu'il porte un des symboles religieux ou quelque inscription égyptienne.

Vous devez penser avec quel empressement je les cherche et je les étudie. Vous trouverez dans mon ouvrage que je me propose de vous envoyer dans peu de jours l'indication du sujet et de l'époque de la plupart des obélisques publiés, de toutes les grandes statues connues, et l'époque des temples et des palais reproduits dans la *Description de l'Égypte*. Il n'y a point de cercueil de momie, de figurine ou d'amulette qui ne me fournisse un renseignement historique ou religieux.

Vous comprendrez, par là, avec quel empressement j'attendais à Paris la collection d'antiquités égyptiennes de M. Drovetti, qui est un musée tout entier et qu'on nous flattait toujours de l'espoir d'amener en France. On m'assure aujourd'hui que S. M. le roi de Sardaigne vient d'en faire l'acquisition. Elle ne sera donc pas perdue pour la science, puisqu'elle appartient à un souverain dont les ancêtres ont tant fait pour les lettres, et à un pays dont les savants leur ont rendu tant de services.

Ce serait un bien grand service que le catalogue descriptif et raisonné de cette collection magnifique, et votre souverain ne le refusera pas à l'Europe savante, qui le réclame de sa munificence : à Paris, à Londres, à Vienne, en Prusse, en Russie, on publie ce qui arrive d'antiquités égyptiennes. Le catalogue raisonné de la collection Drovetti, où chaque objet serait suffisamment décrit et expliqué pour que les savants n'eussent pas besoin de sa figure, deviendrait leur manuel et un guide bien important pour eux.

Les manuscrits des papyrus sont aussi d'un bien haut intérêt. Il y en a un certain nombre à Paris, que j'ai moi-même déroulés par des procédés très sûrs, et que j'ai fait rapprocher sur des cartons et relier pour rendre leur étude plus commode. Pensez-vous que votre gouvernement se décide à faire faire ce catalogue et cette classification d'une manière utile aux lettres ? Dans ce cas, j'irais volontiers passer quelques mois à Turin pour cet objet important. Je rédigerais ce catalogue d'une manière satisfaisante, j'ose l'espérer. Son impression ne serait pas une dépense pour votre gouvernement, puisque ce catalogue serait recherché partout ; je ne demanderais pour cela qu'une indemnité de mes frais de voyage et de séjour.

Permettez-moi d'ajouter que, m'étant occupé toute ma vie d'antiquités égyptiennes et ayant fait à ce sujet des travaux que l'Europe savante a bien voulu juger être de quelque importance, je crois être la personne la mieux préparée à classer et à cataloguer l'importante collection acquise par votre roi.

21 mai, de Grenoble
À son frère

Je comptais beaucoup travailler à Vif [le château familial, en Isère], mais le repos et le calme des champs ont détendu tous mes ressorts. Mes tintements sont revenus ; ils ne m'ont plus quitté, et j'ai un peu senti les fatigues du voyage. Je suis cependant assez bien pour remonter en voiture dans trois jours et pour trois jours. On a écrit hier pour arrêter une place dans la diligence de Lyon à Turin ; j'irai la joindre à Chambéry jeudi prochain.

8 juin, de Turin

Mes premiers pas dans Turin sont d'un très bon augure. En sortant de mon hôtel pour rendre visite à Costa que je ne trouvai point, j'entrai dans une belle cour ornée de colonnes et de portiques, sous lesquels je trouvai une foule de monuments antiques romains et au milieu d'eux une magnifique statue de granit rose, de huit pieds de haut, représentant, d'après l'inscription gravée sur son tablier et sur son montant postérieur, le roi Rhamsès le Grand (Sésostris). La collection Drovetti est déposée dans le magnifique palais de l'Académie, autour duquel je me suis donné le plaisir de pousser une reconnaissance.

Mes tintements m'ont quitté à Chambéry et ne sont pas encore revenus, ce qui est un aussi bon augure que la rencontre de Sésostris dans la cour de l'Université.

Juin, de Turin

Au comte Roget de Cholex, ministre de l'Intérieur à Turin

Monseigneur,

Je ne saurais retarder plus longtemps l'accomplissement d'un devoir que m'impose la bienveillante protection dont Votre Excellence veut bien honorer mes études. Je la supplie donc d'agréer l'expression de toute ma reconnaissance pour sa généreuse bonté qui me permet de puiser sans réserve dans cette masse inappréciable de trésors historiques, dont son amour éclairé pour les études solides vient d'enrichir cette capitale. Une pareille réunion de monuments égyptiens était un besoin généralement senti par l'Europe savante ; ainsi Votre Excellence, en créant ce magnifique musée, assure et hâte en même temps les progrès d'une science nouvelle qui doit étendre le domaine de l'histoire, en portant, à un point qu'on désespérait d'atteindre, nos connaissances sur les origines comme sur les premiers procédés de l'esprit humain et de l'antique civilisation.

Pourrai-je jamais oublier, Monseigneur, que c'est à vos bontés que je dois un libre accès dans une mine si féconde ? Je ne puis omettre d'user de l'obligeante permission que Votre Excellence a daigné m'accorder de lui soumettre mes observations et mes idées relativement à la conservation du musée et à l'ordre à établir dans la nombreuse série de monuments qui le composent. J'appellerai d'abord l'attention de Votre Excellence sur l'urgence de procéder à la restauration des statues.

Une assez grande partie de celles que possède le musée sont mutilées, mais M. Drovetti a eu le soin d'en recueillir les diverses portions. Il s'agirait préalablement d'en faire assembler les morceaux pour apprécier l'étendue des restaurations que le sculpteur devra exécuter, et, en second lieu, de préposer à ces restaurations une personne habituée au style des monuments égyptiens et qui pût diriger l'artiste avec connaissance de cause.

La plus importante partie de la collection est le recueil des manuscrits conçus soit dans les diverses écritures égyptiennes, soit en langue et en caractères grecs : c'est aussi l'objet qui exige le plus de soins et les précautions les plus promptes. La méthode qu'on a prise de les coller sur gaze me paraît d'autant moins convenable qu'elle est condamnée par une expérience de trente ans : les papyrus égyptiens acquis par le cabinet des Antiques de Paris, collés sur gaze, soit roulés, soit encadrés sous glace, sont aujourd'hui dans un état complet de dépérissement et n'existeront plus dans quelques années. La seule manière de conserver ces fragiles monuments, et d'en rendre en même temps l'étude facile et sans inconvénient pour leur intégrité, consiste à les coller sur un carton fin en même temps que ferme, ou sur un cartonnage que l'on confectionne pour cela. Comme la plupart des manuscrits égyptiens sont divisés par pages d'une étendue à peu près égale, ou en colonnes qu'il devient facile de diviser, on sépare avec soin chaque page, ou un nombre à peu près égal de colonnes, pour les porter sur des cartons séparés, d'une même grandeur, que l'on relie ensuite de manière à former un véritable volume.

Quant aux manuscrits coptes, l'état déplorable dans lequel se trouvent ceux écrits sur papyrus exigerait un examen attentif. Il serait indispensable de faire une copie exacte des plus importants d'entre eux, pour ne point être privé à jamais de ces textes, la plupart tirés des Livres saints, et qui se recommandent à l'attention des amis des sciences, comme ayant conservé jusques à nous le précieux dépôt de la langue écrite des anciens Égyptiens.

Les momies que renferme la collection exigent, à leur tour, des soins d'une autre nature. Il est nécessaire, en premier lieu, de vérifier si toutes les caisses renferment leurs corps, et surtout de s'assurer de l'état réel et du genre de l'embaumement de ces divers cadavres. Il existe en effet une espèce de momies préparées soit par injection, soit au moyen d'un baume liquide, qui ne résistent que peu de mois au contact de l'air de notre Europe, infiniment plus humide que celui des catacombes où ces corps ont reposé pendant tant de siècles. Les momies de ce genre entrent promptement en fermentation et répandent une odeur très fétide, dont s'empreignent tous les objets environnants. L'usage le plus convenable qu'il soit possible de faire de ces cadavres qui, fût-il même possible de les conserver intacts, ne seraient d'ailleurs d'aucune utilité ni d'aucun secours pour la science, me paraît être :

1. De conserver intactes celles de ces momies embaumées avec du baume noir et solide, s'il en existe dans la collection.

2. De développer les momies embaumées par injection en tenant note de la disposition des bandelettes et de toutes les particularités qu'elles pourront présenter. Ces procès-verbaux formeraient un corps de doctrines et un recueil de faits neufs et précieux pour l'avancement de nos connaissances sur l'embaumement en Égypte : le musée pourrait, d'un autre côté, s'enrichir des divers objets de costume et d'ornement, des papyrus, des scarabées et des amulettes qu'on rencontre souvent entre les diverses enveloppes de momies ou dans l'intérieur des cadavres embaumés.

3. Il faudra également mettre en réserve deux ou trois cadavres, pris parmi les mieux conservés, que l'on placera sous des cages de verre, comme au musée de Paris,

pour montrer à quel point les embaumeurs égyptiens parvenaient à perpétuer les restes mortels d'un individu. Ceux des cadavres qui seraient dépouillés de leurs chairs devraient être envoyés au Musée d'histoire naturelle pour entrer dans les collections soit d'anatomie, soit d'ostéologie comparée.

4. Un certain nombre de momies devraient également être partagées dans leur longueur, de manière à pouvoir extraire le corps sans déranger la disposition des bandelettes qui resteraient ainsi pour modèles et ne seraient plus exposées à une destruction prochaine.

Je me permettrai également de vous arrêter quelques instants, Monseigneur, sur la classification qu'il conviendra d'établir parmi ce nombre immense de monuments. Il ne saurait aucunement entrer dans les vues de Votre Excellence que le Musée royal égyptien fût, comme beaucoup de musées, une espèce de magasin, où les objets sont entassés sans ordre et placés sans relation les uns avec les autres. Les monuments égyptiens se prêtent bien mieux que ceux des Grecs et des Romains à une classification à la fois méthodique et scientifique. Chaque objet porte toujours une inscription originale qui indique sans incertitude et son but et sa destination. Rien de plus facile et de plus convenable à la fois que de suivre strictement ces indications, et de disposer ces morceaux selon qu'ils appartiennent à la classe des monuments religieux, des monuments historiques ou des monuments funéraires.

Le musée de Turin, ainsi classé, présenterait, pour la première fois, à l'Europe savante, une série méthodique de monuments, par le moyen de laquelle on prendrait successivement une idée juste et précise de la religion, du culte, des usages et de l'histoire même de cette vieille nation, à laquelle les peuples qui florissent de nos jours doivent le premier élément de leurs sciences et de leurs arts, ainsi que les premiers préceptes de leur état social.

Les trois salles où sont aujourd'hui déposées ces richesses archéologiques sont suffisamment spacieuses pour les contenir. Les grands monuments occuperaient le centre de chaque halle ; les bas-reliefs pourraient être rangés à diverses hauteurs contre les parois des murs, avec des intervalles ménagés pour placer des armoires vitrées, destinées à recevoir les objets de petite proportion.

14 juin, de Turin
À son frère

C'est le 10 de ce mois que je suis venu m'établir définitivement chez l'ami Costa, qui a mis une telle chaleur dans ses instances, qu'il m'a été impossible de refuser ; je n'ai qu'à me féliciter et de la maison et de la parfaite amitié des maîtres.

Le 9, j'eus une audience de M. le ministre de l'Intérieur, le comte de Cholex, des bontés duquel je ne puis trop me louer ; tout m'a été ouvert sur son ordre formel, et la protection déclarée qu'il m'accorde assure à mes travaux tout leur fruit et toutes les facilités imaginables. J'ai été entouré, à mon arrivée, des personnes que je désirais le plus connaître à Turin.

Dès le 9, je fis mon entrée dans le Musée égyptien, et, depuis ce jour, j'y ai passé la plus grande partie de mon temps. Tu es, sans doute, fort impatient d'en avoir des nouvelles. Je te dirai en une phrase du pays : *Questo è cosa stupenda*, je ne m'attendais pas à pareille richesse. Je trouvai la cour garnie de colosses en granit rose et en basalte vert. Un groupe de 8 pieds, représentant Amon-Râ assis et ayant à ses côtés le roi Horus, fils d'Aménophis II, de la XVIIIe dynastie, est d'un travail admirable ; je n'avais encore vu rien de si beau. Dans l'intérieur, encore des colosses : une superbe statue colossale de Misphra-Thoutmosis, conservée comme si elle sortait de l'atelier du sculpteur ; un monolithe de 6 pieds de hauteur, représentant Rhamsès le Grand assis sur un trône, entre Amon-Râ et Nêith, travail exquis. Un colosse de Mœris, basalte vert, d'une exécution étonnante ; une statue en pied d'Aménophis II ; une statue de Pthah du temps du même prince. Un groupe en grès, le roi Aménoftèp et sa femme, la reine Atari ; une statue de Rhamsès le Grand, plus grande que nature, travaillée comme un camée, basalte vert magnifique. Sur les montants de son trône sont sculptés, en plein relief, son fils et sa femme. Une foule de statues funéraires en basalte, grès rouge, grès blanc, calcaire blanc, granit gris, parmi lesquelles est un homme accroupi, portant sur la tunique quatre lignes de caractères démotiques. Au milieu de tout cela, plus de cent stèles de 4, 5 et 6 pieds de hauteur, un autel chargé d'inscriptions et une foule d'autres objets.

Ce n'est encore là qu'une partie de la collection : il reste à ouvrir deux ou trois cents caisses ou paquets. Quarante-sept manuscrits sont seulement déroulés ; la collection en renferme cent soixante et onze.

7 juillet, de Turin

Je ne sais en vérité où le temps passe. Je ne perds pas un moment et cependant les jours fuient, et j'ai encore devant moi une immensité de choses à faire. J'ai à peu près terminé l'étude et les copies des statues royales du musée Drovetti qui doivent former le sujet de ma première *Lettre à M. de Blacas* [duc de Blacas d'Aulps, collectionneur d'antiquités, protecteur et mécène de Champollion] ; je vais m'occuper sur-le-champ de sa rédaction.

On vient de déballer une porte en bois, de 7 à 8 pieds de hauteur, portant sur ses frises et sur ses montants une superbe inscription en hiéroglyphes sculptés en relief dans le creux et peints. J'en ai fait un dessin colorié très soigné. On a également décaissé une trentaine de petites stèles, d'un pied ou deux de proportion, parmi lesquelles j'en ai trouvé dix-huit à vingt portant non seulement des cartouches royaux, mais offrant les images de rois et de reines sculptées et peintes, et les couleurs d'une conservation parfaite. Je calque et je colorie les plus jolies ; ce sont de véritables bijoux.

4 août, de Turin

Je t'expédie aujourd'hui même, mon cher ami, les vingt premières pages, mises au net, de ma première *Lettre à M. le Duc.* Elle est entièrement consacrée aux rois et aux reines de la XVIIIe dynastie, et mon but principal, tout en décrivant ces statues de la collection, est d'en tirer sur-le-champ tout ce qu'elles offrent de moyens pour reconstruire en totalité cette dynastie, la plus importante de toutes. Il y a matière et le reste pour cela. J'y démontrerai l'accord des monuments avec la Table d'Abydos, et je donnerai enfin la concordance complète de la XVIIIe dynastie dans Manéthon [prêtre savant du IIIe siècle av. J.-C. auquel on attribue la liste des noms royaux de l'ancienne Égypte] et dans la Table royale. J'ai cru qu'en me proposant un but de cette importance, ma *Lettre* serait plus digne de l'illustre protecteur auquel elle est adressée qu'une simple lettre descriptive perdue à toujours dans les soporifiques colonnes du *Moniteur* ou dans les narcotiques numéros d'un journal littéraire. Je laisse tout cela à ta sagesse. Quelque parti que tu prennes à cet égard, la *Lettre* doit être accompagnée de deux planches que je supplie notre ami M. Dubois d'exécuter lithographiquement d'après les croquis que j'enverrai.

Tout le temps que je ne passe pas à mon bureau à rédiger mes lettres est employé à donner des coups de brosse sur les stèles et les inscriptions du musée. J'ai déjà fait plus de cent empreintes en papier des bas-reliefs et des textes hiéroglyphiques qui m'ont paru avoir quelque intérêt.

Il est très possible qu'on me charge définitivement de rédiger le catalogue du musée et de le classer comme doit l'être une aussi belle collection. Ce travail-là m'occuperait quatre mois environ, pour ne pas dire plus.

On aura bientôt terminé le décaissement général du musée, mais ce sont les papyrus qui ne marchent pas. J'en presse, le plus que je puis, le déroulement. Le plus important jusques à présent est un rituel funéraire hiéroglyphique de près de soixante pieds de long, écrit comme par un ange et contenant des scènes fort curieuses. Ce rituel est complet et m'a fait connaître l'ordre précis dans lequel il faut ranger les divers textes soit hiératiques, soit démotiques, que nous trouvons dans les papyrus des momies.

1er septembre, de Turin

Ma discussion avec le directeur est terminée comme je pouvais le désirer : les clefs du musée m'ont été remises et je suis libre d'y entrer à toute heure, puisque je les ai dans ma poche.

J'ai commencé l'examen des papyrus. Il y en a beaucoup de cuits, mais beaucoup aussi d'une belle conservation et d'une grande beauté : j'ai trouvé un rouleau de près de 2 pieds de haut, couvert de grandes pages en écriture hiératique. C'est un chef-d'œuvre de calligraphie ; les caractères ont plus d'un pouce de hauteur et sont tracés avec une élégance infinie. Le papyrus mince et fin, et fort malgré cela, ressemble à un véritable satin. J'ai déroulé déjà vingt-cinq à trente autres papyrus ; tous sont des parties plus ou moins complètes d'un grand rituel funéraire soit en hiéroglyphes, soit en hiératique. Je n'ai encore rencontré que deux pièces démotiques, un contrat que je crois du règne de Darius et une espèce de recueil de quittances ou autre pièce de compte.

11 septembre, de Turin

Je fais tirer cent épreuves pour moi de douze gravures des monuments principaux du musée, lesquelles doivent accompagner un mémoire de mon aide de camp, l'abbé Gazzera [secrétaire de l'Académie des sciences de Turin], intitulé : « Application du système de M. Champollion aux inscriptions hiéroglyphiques du musée de Turin ». Ce mémoire va paraître sous peu de jours. Je compte donc t'expédier les 100 exemplaires de gravures, que tu pourras faire joindre à 100 exemplaires de ma *Lettre*, en forme d'atlas, en mettant en tête une page ou deux que je t'enverrai et où l'on trouvera la désignation des monuments dont je parle de mon côté. Quoique ces planches lithographiées ne soient point exactement dans le style, elles peuvent suffire, toutefois, pour donner une certaine idée des principales pièces du musée. J'expédierai donc ces planches au premier départ de la diligence. Tu vois qu'il est urgent que ma *Lettre* paraisse vite.

Autre affaire : le libraire Pomba de Turin m'a fait proposer d'en exécuter une édition italienne. C'est Costa qui se charge d'en faire la traduction ; il est d'avis que la chose serait très convenable et que c'est une sorte de politesse à faire, bien due au gouvernement sarde, qui m'a ouvert son musée sans restriction. Il serait d'autant plus urgent de faire cette édition qu'en général les savants d'Italie sont très en arrière dans les études égyptiennes, et que la plupart d'entre eux, ayant épuisé leurs forces sur les manches de couteau et tauroboles romains, croient impossible d'arriver à la plus petite notion sur les hiéroglyphes. Ils ont bien entendu parler de ma découverte, mais ils n'ont pas pris la peine de lire, vu que la chose est jugée d'avance. C'est sous ce rapport qu'une course à Milan, à Florence et à Rome est indispensable. Ce sera une mission que je ferai, et j'espère que les convertis ne manqueront point. En imprimant quelque chose en italien, ils seront forcés de lire.

Je continue l'examen des manuscrits égyptiens du musée ; j'ai trouvé jusques ici trois ou quatre beaux rituels funéraires, soit hiéroglyphiques, soit hiératiques ; plusieurs sont admirablement écrits, mais ces 175 manuscrits, provenant tous des tombeaux de Thèbes, ne sont presque toujours que des copies des mêmes textes, ce qui est bien désolant. Je me console toutefois, en pensant que toutes ces éditions d'un même texte me fourniront à la collation une grande quantité de variantes, et que j'arriverai à former un riche tableau d'homophones : j'ai déjà décroché quatre ou cinq nouvelles valeurs phonétiques, et c'est ainsi que je parviendrai peu à peu à compléter le recueil des caractères de son. Mes notes pour la grammaire hiéroglyphique grossissent et prennent une ampleur convenable. Je n'ai qu'un regret, c'est de trouver la moitié au moins des papyrus que je développe et que j'ôte de leurs toiles ou étuis de baume dans un état de dépérissement tel que je n'ose les toucher.

16 octobre, de Turin

Le marché que tu as conclu avec Didot [Firmin Didot, éditeur et imprimeur] est parfait ; tâche que les 1 000 francs soient payables en mars prochain, époque où je compte marcher sur Rome et où les fonds seront nécessaires, à moins que d'ici là, puisque notre nouveau roi va si bien, il fût possible d'obtenir quelques milliers de francs pour faire plus à l'aise le voyage d'Italie et même celui d'Égypte qui devient de plus en plus urgent et que me pressent d'effectuer et M. Drovetti et son second, qui est à Turin, M. Pedemonte, qui veut absolument m'amener et me piloter, vu que la facilité de ce voyage tient à une mauvaise tasse de café qu'on peut d'un jour à l'autre administrer au Pacha. Je crois qu'il serait temps de prendre langue et de se fixer sur tout cela. L'affaire est délicate, mais je ferais de telles conquêtes, que cela vaut certes la peine de risquer sa peau, comme tant d'autres qui ne s'en trouvent pas plus mal.

30 octobre, de Turin

Il est décidé qu'on trouvera désormais dans toute l'Europe des musées égyptiens, exceptés à Paris. Les plus petits souverains acquièrent chaque jour des collections, et le plus mince de tous, le grand-duc de Toscane, vient d'acheter tout ce que Nizzoli [Giuseppe Nizzoli, chancelier du consulat d'Autriche au Caire] a rapporté. Voilà ce qu'on m'écrit de Florence. La coudée restera donc à côté de la Vénus de Médicis. Les monuments égyptiens abonderont partout, excepté en France, et cela par les fantaisies obstinées de trois ou quatre faquins dont la nouvelle étude dérange les idées et les intérêts, ce qui est tout un pour eux. Me voilà donc forcé d'aller faire une sieste à Florence où je ne comptais pas m'arrêter lorsque je passerai le Rubicon. Il reste encore à vendre dans cette ville la collection formée en Égypte par Ricci dont parle le pauvre Belzoni [Giovanni Battista Belzoni, explorateur italien, 1778-1823] dans ses voyages [*Voyages en Égypte et en Nubie*, 1821]. On me dit qu'il y a de belles choses, momies, vases d'albâtre, papyrus et une foule de petits objets. Mais ce qui me semblerait présenter un plus haut intérêt, c'est une grande quantité de dessins qu'on me dit très soignés, parmi lesquels se trouvent beaucoup de dessins de bas-reliefs et de peintures relatives soit à l'histoire, soit aux usages civils : potier, vitrier, musiciens, danseurs, cuisiniers et cuisine, un marché, chasseurs, grainetiers, constructeurs de barques...

On pourrait avoir tout cela pour une quinzaine de mille francs au plus, si cela pouvait convenir à nos grands hommes de l'Intérieur. Je pourrais aller à Florence voir les choses par moi-même et terminer si le rapport qu'on me fait est exact comme j'ai tout lieu de le croire : mais il en sera de cette collection, ainsi que de celle qui existe, à vendre, à Trieste, comme des collections Drovetti et Nizzoli : il n'y aura rien pour nous. Et vous verrez qu'il y aura bientôt un musée égyptien dans la capitale de la République de Saint-Marin, tandis que nous n'aurons à Paris que des morceaux isolés et dispersés.

Voici encore un nouveau sujet de joie et de douleur. J'ai continué et terminé le déroulement des manuscrits égyptiens du musée. Je m'attachais aux rouleaux les plus sains et les mieux conservés : je ne trouvais que des portions plus ou moins complètes du Rituel funéraire, soit pour homme, soit pour femme ; et toutes ces légendes pieuses me sortaient déjà par les yeux. Je me suis avisé, il y a trois jours, de visiter avec soin ce que j'appelais mon fumier, c'est-à-dire une vingtaine de paquets de papyrus aplatis, pliés en deux ou en trois, enveloppés dans des morceaux de toile, et pour la plupart dans un état pitoyable, ce qui m'avait décidé d'abord à les mettre de côté comme des incurables. Tous sont en écriture hiératique. Le premier que j'ai ouvert m'a présenté de suite le nom et le prénom de Sésostris, répété huit ou dix fois dans diverses places. Après 3 heures 1/2 de travail, je suis parvenu à rapprocher les cinquante morceaux dont se composait cette pièce, et je me suis convaincu qu'elle contient soit un morceau historique, soit un acte public du temps de Rhamsès le Grand : noms, prénoms et qualités de Rhamsès, fils de Sésostris, plus des fragments de trois ou quatre diplômes, admirablement écrits en grandes lettres hiératiques et commençant par des dates royales pharaoniques de Rhamsès le Grand, etc.

Voilà, j'espère, une belle conquête pour l'histoire et un bon argument contre ceux qui ne veulent point de collection égyptienne et surtout de papyrus. On n'objectera plus que les papyrus ne contiennent que des prières et Paternoster, qu'il est inutile de les entasser au cabinet du roi.

*

Première Lettre au duc de Blacas

Je vous devais, Monsieur le duc, le premier hommage de l'exposé des recherches dont ce musée m'a fourni la précieuse occasion ; veuillez me permettre de vous l'offrir dans une suite de *Lettres* dont le sujet doit embrasser les divers genres de monuments. L'histoire de l'art en

Égypte était inséparable de celle de ses rois ; les mêmes monuments témoignent à la fois pour l'une et pour l'autre. C'est seulement dans le Musée royal de Turin, au milieu de cette masse de débris si variés d'une vieille civilisation, que l'histoire de l'art égyptien m'a semblé rester encore entièrement à faire. Ici tout montre que l'on s'est trop hâté d'en juger les procédés, d'en déterminer les moyens, et surtout d'en assigner les limites.

L'ensemble des statues provenant de la collection Drovetti prouve, contre l'opinion générale, que les artistes égyptiens ne furent point tenus d'imiter servilement un petit nombre de types primitifs en donnant aux personnages qu'ils devaient représenter, soit dieux, soit simples mortels, cette figure de convention, et toujours la même, dont il a plu à un examen superficiel de supposer l'existence obligée.

Si l'on s'étonne de ne point remarquer dans les statues égyptiennes ces formes gracieuses ou sublimes que le ciseau des Grecs sut imprimer au marbre le plus précieux comme à la matière la plus commune, c'est qu'on oublie sans cesse que les Égyptiens cherchèrent à copier la nature telle que leur pays la leur montrait, tandis que les Grecs tendirent et parvinrent à l'embellir et à la modifier d'après un style idéal que leur génie sut inventer. Ainsi les têtes humaines de la collection Drovetti sont en général d'une très bonne exécution, et plusieurs d'entre elles d'un style grandiose, plein d'expression et de vérité. L'on n'observe dans aucune ce visage mal contourné, cette face presque chinoise que Winckelmann [archéologue, antiquaire et historien de l'art allemand, 1717-1768] regardait comme le caractère des statues véritablement égyptiennes. Il reste donc à expliquer comment il put arriver, et le fait est incontestable, que ces belles têtes, dont le travail est si fin et si soigné, se trouvent pour l'ordinaire placées sur des corps d'une exécution en général très faible et très négligée.

Cette singularité si frappante d'abord pour le curieux qui, pour la première fois, parcourt le musée de Turin, ne me paraît qu'une conséquence naturelle du principe fondamental qui présidait à la marche de l'art égyptien. Cet art, comme je l'ai avancé ailleurs, semble ne s'être jamais donné pour but spécial la reproduction durable des belles formes de la nature ; il se consacra à la notation des idées plutôt qu'à la représentation des choses.

La sculpture et la peinture ne furent jamais en Égypte que de véritables branches de l'écriture. L'imitation ne devait être poussée qu'à un certain point seulement ; une statue ne fut en réalité qu'un simple signe, un véritable caractère d'écriture ; or, lorsque l'artiste avait rendu avec soin et vérité la partie essentielle et déterminative du signe, c'est-à-dire la tête de la statue, soit en exprimant avec fidélité les traits du personnage humain dont il s'agissait de rappeler l'idée, soit en imitant de manière forte et vraie la tête d'un animal qui spécifiait telle ou telle divinité, son but était dès lors atteint ; les bras, le torse et les jambes, regardés comme des parties accessoires, étaient tout à fait négligés, parce qu'un fini précieux dans leur exécution n'eût rien ajouté ni à la valeur ni à la clarté réelle du signe.

Il sortira, je l'espère du moins, de cette masse imposante de statues, de stèles, de bas-reliefs, de tableaux peints une théorie de l'art égyptien fondée enfin sur des faits bien observés, et l'on appréciera, peut-être, avec un peu plus d'équité qu'on ne l'a fait jusqu'ici, les efforts persévérants d'un peuple qui, jetant les premiers fondements de la civilisation humaine, entra le premier dans la carrière des arts, et construisit de superbes temples à ses dieux, érigea de majestueux colosses à ses rois, dans le temps même que le sol de la Grèce et celui de l'Italie étaient couverts de forêts vierges encore, et n'étaient parcourus, de loin en loin, que par quelques hordes de sauvages.

Ainsi, ces respectables reliques de la plus ancienne nation policée de notre globe méritent déjà toute l'attention de l'Europe savante sous le simple rapport de l'art. Mais leur importance s'accroît bien plus encore si nous parvenons à connaître quel personnage représente chacune de ces statues et à fixer de manière très approximative les époques où vécurent les individus dont ces monuments devaient perpétuer la mémoire.

Désormais les antiquités égyptiennes ne seront plus recueillies seulement comme de simples objets de curiosité. Ces restes de l'existence d'un grand peuple prendront enfin le rang qui leur est dû, et formeront ainsi le premier anneau de la chaîne des monuments historiques.

6 novembre, de Turin

À son frère

Les huit jours qui se sont écoulés entre ma dernière lettre et celle-ci ont été employés, mon cher ami, à recueillir, avec une patience que mettaient à chaque moment à de rudes épreuves les désappointements les plus sensibles, quelques vieux débris de l'histoire égyptienne. Ce que j'ai sauvé du naufrage fera toujours regretter la perte, peut-être irréparable, de documents de la plus haute importance et qu'avec un peu de soin et d'intelligence les marchands auraient pu conserver intacts pour quelques siècles encore.

Je m'explique. Lorsque j'eus terminé le déroulement des papyrus historiques dont je t'ai parlé dans ma précédente lettre, j'appris par hasard qu'il existait, dans les combles, quelques débris d'autres manuscrits égyptiens, mais qu'il était inutile de les visiter. J'insistai cependant pour les voir, et il fut convenu qu'on les mettrait sur une table où je pourrais les examiner le lendemain. En entrant dans cette chambre, que j'appellerai désormais le columbarium de l'Histoire, je fus saisis d'un froid mortel en voyant une table de dix pieds de longueur, couverte de toute son étendue d'une couche de débris de papyrus, d'un demi-pied d'épaisseur au moins.

Pour maîtriser un peu ma peine, je supposais d'abord que je ne voyais là que des débris de quatre ou cinq cents manuscrits funéraires, et j'eus le courage de jeter les yeux sur les fragments les plus étendus et les moins informes : ma blessure se rouvrit alors et saigna bien cruellement, en reconnaissant *(sic)* que j'avais dans la main un débris de pièce daté de l'an XXIV du pharaon Aménophis-Memnon.

Dès ce moment, la résolution fut prise d'examiner un à un les débris grands et petits qui couvraient cette table de désolation. Je commençai l'ouvrage en procédant, mais avec moins de vitesse et surtout de gaieté, comme les paysans de nos pays en triant les noix dans les soirées d'automne. Ma pointe à calquer devint l'instrument principal de mon opération. Elle conduisait, de la table dans ma main, chaque morceau qui, regardé avec attention, et au recto et au verso, retombait dans la fatale caisse lorsqu'il ne présentait rien de notable.

Décrire les sensations que j'ai éprouvées en étudiant les lambeaux de ce grand cadavre d'histoire est chose impossible : l'imagination la plus froide en serait ébranlée. Comment se défendre d'un peu d'émotion en remuant cette antique poussière des siècles ? Je philosophai à outrance – aucun chapitre d'Aristote ou de Platon n'est aussi éloquent que ce monceau de papyrus. Ma table en dit bien plus que celle de Cébès [philosophe grec du Ve siècle av. J.-C., auteur du *Tableau*] : j'ai vu rouler dans ma main des noms d'années dont l'histoire avait totalement perdu le souvenir, des noms de dieux qui n'ont plus d'autels depuis quinze siècles, et j'ai recueilli, respirant à peine, craignant de le réduire en poudre, tel petit morceau de papyrus, dernier et unique refuge de la mémoire d'un roi qui, de son vivant, se trouvait peut-être à l'étroit dans l'immense palais de Karnac !

Dans ces restes si fragiles et si mutilés d'un monde qui n'est plus, j'ai vu, comme dans celui d'aujourd'hui, que du sublime au ridicule il n'y a qu'un pas, que le temps réduit au même niveau et entraîne sans distinction ce qu'il y a de plus grand et de plus petit, de plus grave et de plus futile, de plus triste et de plus gai : à côté d'un fragment soit d'un acte de Rhamsès le Grand, soit d'un rituel contenant les louanges de Rhamsès-Méïamoun, ou de tout autre grand pasteur des peuples, j'ai trouvé un débris de caricature égyptienne représentant un chat qui garde des canards, la houlette à la main, ou un cynocéphale qui joue de la double flûte. Ici un morceau de rituel funéraire sur le dos duquel l'intérêt humain avait écrit un contrat de vente, et là des débris de peinture d'une obscénité monstrueuse et qui me donnent une bien singulière idée de la gravité et de la sagesse égyptiennes.

Mais le papyrus le plus important, celui dont je regretterai toujours la mutilation complète, et qui était un véritable trésor pour l'histoire, c'est un tableau chronologique, un vrai « canon royal » en écriture hiératique, contenant quatre fois plus de dynasties que n'en portait la Table d'Abydos, dans son intégrité première. J'ai recueilli au milieu de la poussière une vingtaine de fragments de ce précieux manuscrit, mais des morceaux d'un pouce ou deux, au plus, et contenant toutefois les prénoms plus ou moins mutilés de 77 pharaons. Ce qu'il y a de plus remarquable dans tout cela, c'est qu'aucun de ces 77 prénoms ne ressemble en rien à ceux que porte la Table d'Abydos, et je suis convaincu qu'ils appartenaient tous aux dynasties antérieures. Il me paraît également certain que ce canon historique est du même temps que tous les manuscrits au milieu desquels j'en ai recueilli les débris, c'est-à-dire qu'il n'est point postérieur à la XIXe dynastie.

Voilà encore une de ces trouvailles capitales qui causent autant de regrets que de plaisir, et qui nous font voir (c'est le côté consolant) que nous devons tout attendre de recherches bien dirigées, dans le cas où notre gouvernement se déciderait enfin à dépenser quelque argent pour acquérir des antiquités égyptiennes. Mais je serais étonné qu'on fît la chose, pour la raison même qu'il serait honorable et convenable de la faire…

15 novembre, de Turin

J'ai enfin terminé, mon cher ami, le triage de mes noix, et, dans ce travail qui m'a occupé jusques à présent, j'ai été assez heureux pour retrouver un certain nombre d'autres fragments du canon royal hiératique : je dis canon royal, puisque plusieurs morceaux de cet inappréciable manuscrit prouvent qu'il était partagé en deux colonnes de prénoms royaux, suivis du nombre des années du règne exprimées en chiffres hiératiques de la manière suivante :

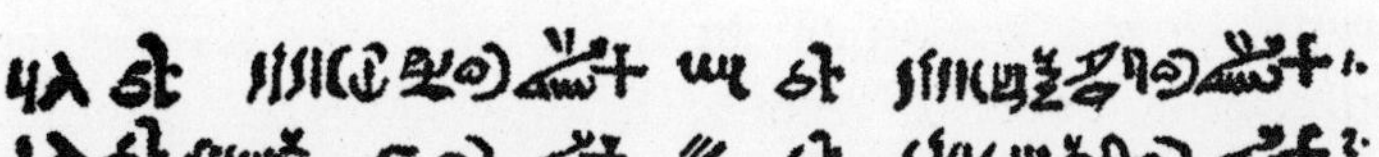

c'est-à-dire :

Mais, par malheur, ce ne sont que des fragments au nombre d'environ quarante, qu'il m'a été impossible de raccorder entre eux, malgré le soin et l'attention les plus soutenus. Cela prouve et l'étendue de ce papyrus dont il ne reste que la moindre partie, et l'abondance extrême de documents historiques qu'on eût pu en retirer, si les barbares ne l'eussent point mis en lambeaux. J'ai trouvé quelques noms royaux écrits à l'encre rouge au milieu des autres, tracés en noir ; je présume que c'était là les noms des chefs de dynastie. Tout ce que j'observe et que je puis dire en contemplant ces précieuses reliques ne peut que redoubler la douleur d'une telle perte peut-être irréparable à toujours : de tels trésors historiques peuvent ne point se retrouver deux fois, et j'avoue que le plus grand désappointement de ma vie littéraire est d'avoir découvert ce manuscrit dans un état aussi désespérant. Je ne m'en consolerai jamais, c'est une blessure qui saignera longtemps.

En définitive, j'ai recueilli parmi les débris de ce canon royal, qui était un véritable Manéthon en écriture hiératique, environ 160 à 180 prénoms royaux ; beaucoup sont entiers, mais beaucoup aussi sont tronqués, sans commencement et sans fin. Un certain nombre se suivent, ce qui sera toujours un moyen de classification chronologique. Le résultat le plus marquant de cette exhumation est, sans contredit, la preuve acquise que les Égyptiens, à une époque très reculée, puisque ce texte se trouve au milieu des débris d'archives qui ne descendent point au-dessous de la XXe dynastie, comptaient près de deux cents règnes antérieurs à la XVIIIe dynastie ; car dans tous ces fragments du canon il n'existe pas un seul cartouche semblable à ceux des rois de la XVIIe, de la XVIIIe et des dynasties suivantes. Quant aux conséquences à tirer de ce fait capital, c'est : 1. que Manéthon a suivi les idées égyptiennes en donnant trente dynasties, et 2. que l'opinion de l'excessive antiquité de la nation était en vigueur vers le XIIe siècle avant notre ère.

Une lettre de Florence m'annonce l'arrivée au lazaret de Livourne d'une énorme caisse de papyrus égyptiens appartenant à M. Salt [Henry Salt, consul général de Grande-Bretagne en Égypte et collectionneur]. Il paraît que ces manuscrits sont en vente ; on m'en enverra sous peu une notice en gros. Mais je la recevrai seulement pour enrager, car je suis bien sûr qu'on ne voudra rien faire à Paris pour acquérir les plus importants de ces papyrus. Je voudrais que les meneurs grands et petits restassent un jour ou deux dans le musée de Turin pour entendre les épithètes honorifiques dont les décorent tous les Français qui visitent la collection ; il n'en est pas un qui ne regrette ces monuments, ravis à la France par les microscopiques idées de nos géants politiques. C'est un concert perpétuel d'imprécations que j'ai le soin pieux de diriger à leur véritable adresse. Notre ambassadeur de Toscane est parti d'ici, le cœur navré de regrets.

23 novembre, de Turin

Je réponds, mon cher ami, à ta lettre du 13, numérotée 19 : j'espère que tu as reçu toutes celles où j'entre dans quelques détails sur mes trouvailles dans les détritus des manuscrits égyptiens que j'ai découverts dans une caisse, où l'humidité achevait de les ronger. Mon projet, bien arrêté, était de t'écrire lundi passé selon ma nouvelle habitude ; mais un paquet inattendu, et qui m'arrivait de l'Égypte par je ne sais qui, m'a jeté dans des recherches que je n'ai pas encore terminées, mais dont j'attends de beaux résultats, c'est-à-dire la connaissance pleine et entière de tout le système de numération et de notation du temps dans les trois écritures égyptiennes. Je puis t'annoncer que ces points-là sont décidément dans ma main ; il ne reste plus qu'à les ramasser, et c'est encore dans mon fumier de papyrus que j'en retrouve tous les matériaux. Aucun texte, soit hiéroglyphique, soit hiératique, soit démotique, ne m'embarrasse plus désormais ; je les déchiffre à plaisir, année, mois, quantième du mois. Ce beau coup de filet m'a été inspiré par la lettre ci-dessus mentionnée et venue d'Alexandrie. C'est le consul général d'Autriche, M. Anastasy, qui m'écrit, à la date du 7 septembre passé, qu'il a lu avec admiration (c'est le style d'usage quand on parle à un auteur) mon *Précis du système hiéroglyphique*, qu'il s'est empressé d'en faire des applications sur les monuments qu'il possède, et qu'il en est résulté, pour lui et pour M. Salt, l'Anglais, une conviction complète de la vérité de mon système.

1er décembre, de Turin

Je reçois ta lettre à l'instant, mon cher ami, et je n'ai que peu de temps pour y répondre courrier par courrier. L'amour de Letronne [Jean-Antoine Letronne, helléniste, professeur au Collège de France] pour la justice me paraît une bien singulière chose ; c'est encore une planche pourrie, et je suis charmé que nous apercevions le ver à temps. Il n'a qu'à se bien tenir avec son homme d'outre-Rhin [l'helléniste Charles-Benoit Hase] : tout est fini entre nous et lui. Remets ma lettre à Saint-Martin, je veux encore en avoir le cœur net avec celui-là.

Je ne puis, ne dois, ni ne veux t'envoyer la lettre de demande pour l'Académie. L'écrire, même dans le doute qu'il soit nécessaire de la remettre à son adresse, est une chose trop contraire à mon cœur et à mes résolutions. Je ne demanderai donc pas et je te répéterai de ne me compter pour rien dans tout cela. Déclare-leur donc que je ne veux de leur fauteuil que lorsque je pourrai aller m'asseoir au tapis vert à côté de toi. Sinon ? Non.

Je suis, d'ailleurs, convaincu qu'ils ne veulent ni de toi ni de moi, et qu'ils aimeraient mieux bourrer l'Académie de quelques douzaines d'*apoco* et de *cogne-têtu*, comme dit notre Vénérable [M. Dacier], que d'ouvrir la porte à des personnes qui osent avoir une opinion à eux. Si cela leur convient, *bene sit* ! Quant à nous, faisons notre devoir. Le mien est tracé bien clairement dans toute cette affaire. Et je ne me prêterai à aucune démarche qui ne soit conforme au vœu de mon cœur qui heureusement est d'accord en tout avec le bon sens et la droite raison. Le tien est de faire valoir tes droits en agissant vertement et à découvert. Marche donc en avant, et, si tu succombes, nous aurons du moins le plaisir de connaître nos ennemis. Ce sera à nous ensuite d'agir envers chacun selon leurs mérites. Il n'y a plus de ménagements à garder avec personne, et nous enverrons à tous les diables les intrigants et les intrigues. Tout le nœud de l'affaire est la succession de notre patron [Dacier], que ces avides canailles dévorent et se disputent déjà d'avance.

13 décembre, de Turin

L'Académie a définitivement prononcé son divorce avec nous. Puisqu'elle croit pouvoir se passer de nous et préférer un Plombard du Bas-Empire, il faut bien aussi croire à la possibilité de se passer d'elle. Ainsi donc, plus de communications avec ce corps des Immortels. Laissons-les méditer dans les hauteurs ineffables de sa Toute-Science, et suivons tranquillement notre petit bonhomme de chemin. Peut-être que quelques brins de gloire échappés à ces grands hommes et que nous ramasserons à l'aise pourront nous consoler de leur superbe dédain. Travaillons donc – quand même !

Quant à Jomard, dont la petite ruse hypogéo-microscopique a gâté toute l'affaire, c'est un homme mort. Tu peux en avertir ses connaissances et ses amis. Il ne m'a pas encore vu, pour parler son langage, que sous la forme du clément Osiris, avec un masque à tête d'ibis ou d'agneau. Je lui prépare une apparition soignée d'Osiris à masque de crocodile et d'hippopotame, et nous verrons comment il se trouvera de cette nouvelle théophanie. Il aura beau se couvrir et s'environner du voile sacré des mystères, je déchirerai l'enveloppe et je montrerai aux bons croyants que le GRAND-PRÊTRE n'est qu'un étranger sur la terre d'Égypte ; un pasteur, un Ykschos, qui, de sa propre autorité, s'est coiffé du pschent et prétend dominer sur les régions d'en haut et les régions d'en bas.

18 décembre, de Turin

Au comte Roget de Cholex

Monseigneur,

La prochaine arrivée de M. le duc de Blacas, qui désire vivement connaître à fond le magnifique musée égyptien que cette ville doit, en très grande partie, aux soins éclairés de Votre Excellence, me décide à recourir encore une fois aux bontés dont Elle m'honore pour la supplier de mettre un terme à certains froissements produits, j'ose le dire, sans qu'il y ait de ma faute, entre M. de Saint-Quentin [Giulio Cordero de Saint-Quentin, directeur du musée de Turin] et moi. Je suis honteux d'être réduit à ennuyer Votre Excellence de tels intérêts infiniment petits et si éloignés du cercle élevé de ses occupations ordinaires ; mais, comme la curiosité de M. de Blacas, auquel j'ai de si grandes obligations, pourrait souffrir de mes petits différends avec le directeur provisoire du musée, je me crois obligé de vous prier, Monseigneur, de donner sur-le-champ des ordres formels pour que tous les objets renfermés dans les armoires et hors de la vue du public soient dépliés enfin et exposés de la manière la plus convenable pour que M. de Blacas puisse les voir commodément.

Je vous prie d'ordonner, en même temps, que l'une des clefs de la salle où sont déposés les monuments d'un petit volume reste pour quelques jours au moins entre les mains du custode (M. Cantù) : il serait fort inconvenant, ce me semble, que M. de Blacas fût obligé, comme cela est arrivé au duc de Noailles et au marquis de Cavour, d'attendre vainement des heures entières l'arrivée de M. le directeur pour visiter cette salle.

Cette même clef est demeurée pendant quelque temps à ma disposition, grâce, Monseigneur, à la protection que vous voulez accorder à mes travaux, mais, depuis quelques jours, M. de Saint-Quentin a jugé à propos de me la refuser formellement : je ne puis croire qu'il agisse en cela d'après les ordres de Votre Excellence. J'ai passé près de deux mois à rassembler les diverses parties des papyrus égyptiens déchirés en lambeaux et dispersés sans ordre ; je puis me flatter de plus d'avoir, par un effort de patience, acquis pour le musée un certain nombre de pièces manuscrites de la plus haute importance et qui, sans moi, seraient demeurées à jamais perdues sous des débris informes dont je les ai tirées. Je pensais que ces services me donnaient en quelque sorte le droit de consulter ces mêmes objets et les autres aux heures qui pouvaient convenir à mes études. Mais M. de Saint-Quentin trouve nécessaire de m'asservir à la sienne, et je ne puis ni ne veux m'y conformer : j'attendrai donc que Votre Excellence décide encore cette nouvelle difficulté.

Si l'on m'empêche, enfin, de jouir de toutes les facilités qu'il avait plu à Votre Excellence de m'accorder, je me verrai forcé d'interrompre la publication de mes *Lettres à M. de Blacas*, qui eussent peut-être pu faire dignement apprécier le Musée royal en indiquant tous les divers genres de richesses qu'il renferme. Je laisserai donc ce soin à M. le directeur ou à tout autre qui croira être autant ou plus que moi en état de remplir cette tâche ; mais il me sera pénible de voir que le gouvernement de Sa Majesté sarde ait fait si libéralement l'acquisition de tant de précieux monuments sans qu'il en résulte pour lui-même toute la gloire qui pourrait lui en revenir, ni pour la science toutes les lumières qu'elle doit attendre d'une telle masse de monuments disposés et présentés d'une manière convenable.

24 décembre, de Turin

À son frère

Tu trouveras ci-joint en petits signes un tableau renfermant : 1. les noms des mois en démotique et en hiératique ; 2. les chiffres hiératiques, destinés à énumérer les choses en général et les années en particulier ; 3. les chiffres correspondants en démotique ; 4. les chiffres hiératiques pour marquer le quantième du mois ; 5. les chiffres démotiques correspondants. C'est le résultat de mon travail depuis un mois, où je ne fais que chiffrer véritablement, ayant été obligé, pour deviner la valeur de tous ces caractères, de suivre pas à pas et de vérifier la comptabilité tout entière d'un certain scribe Thoutmosis dont j'ai trouvé une grande partie de livres de recettes, depuis le 11 du mois de Paopi jusques au 13 Pharmouti de l'an XII du règne de Rhamsès V, de la XIXe dynastie. J'ai soumis mes calculs au brave et excellent Plana [Giovanni Plana, astronome et mathématicien italien], qui les a tous trouvés fort justes, ce qui m'a tellement enorgueilli, que je demanderai la première place vacante à l'Académie des sciences, puisque l'Académie des belles-lettres ne veut point de nous. Plaisanterie à part, j'ai fait un véritable tour de force en déterminant, sans qu'il puisse rester le moindre doute, la valeur précise de cette foule de signes qu'il fallait d'abord reconnaître et démêler comme chiffres. Les formes hiéroglyphiques ne pouvaient me guider, puisqu'à partir du nombre 5 il n'y a plus d'analogie entre les deux systèmes ; il a fallu, d'ailleurs, deviner qu'il avait plu à ces têtes carrées d'Égyptiens de marquer, par exemple, le quatorze d'un mois par les chiffres 10, 2 et 2, le quinze par 10, 3 et 2. Je fais toujours un grand signe de croix en actions de grâces à mon bon génie lorsque je considère les protocoles d'actes dont les premiers mots contiennent une charretée de chiffres entassés, chiffre de l'année, chiffre de l'ordre du mois, chiffre du quantième, le tout accumulé, appartenant à deux systèmes de numération différents et qu'il a fallu démêler. Enfin, la chose est faite et je la donne comme sûre et certaine.

Le premier résultat de ce travail est qu'aucune des dates de contrats démotiques données par le Dr Young et par moi n'est exacte. Il te sera facile maintenant, à l'aide du tableau ci-joint, de lire toutes les dates des contrats soit démotiques, soit hiératiques. Ne montre cela à aucun chacal noir, blond, jaune ou vert.

1825

7 janvier, de Turin

Je n'ai point écrit, attendant chaque jour de tes nouvelles et l'annonce précise de l'arrivée du duc : cette incertitude et ma tête un peu fatiguée des travaux passés, plus le froid qui me chasse des salles du musée, me rendant inhabile à des occupations sérieuses, je me suis mis à rédiger à force ma *Seconde Lettre*, laquelle, n'étant pas encore terminée, est cependant déjà plus étendue que la première. C'est un bien ou un mal : je n'en sais rien, mais je ne puis abréger sans omettre des choses très importantes. J'exhume d'abord la XVIIIe dynastie légitime ; après cela je corrobore les résultats exposés dans la *Première Lettre*, relativement à la XVIIIe dynastie, en citant textuellement les protocoles d'actes publics ou de registres de comptabilité en écriture hiératique, contenant les noms, les prénoms et les dates d'années d'une bonne partie de ces pharaons. Il en résulte qu'aucun de ces actes ne contredit, soit l'ordre adopté pour ces successions, soit les durées de règne assignées à ces mêmes princes.

J'établis ensuite la XIXe dynastie tout entière, et je donne l'indication des monuments de Turin ou d'ailleurs qui portent les légendes hiéroglyphiques de ces princes, et j'apporte également en preuve des actes hiératiques pour la plupart d'entre eux. Je passerai ensuite aux dynasties suivantes jusques et y compris les Lagides. Il y aura environ une trentaine de protocoles, soit pharaoniques, soit perses, soit lagides, à graver, et il faudra nécessairement que les planches soient d'un grand format ; mais, comme ce recueil de têtes d'actes présentera toujours un très grand intérêt, il n'y a pas de mal qu'on le donne avec tout le développement et tout le soin nécessaires.

Cette *Seconde Lettre* contiendra, de plus, les fragments du canon royal hiératique, et je tiens absolument à les graver tous. C'est moi qui ferais les calques sur les originaux, sur papier et avec encre lithographique ; on mettrait seulement sur pierre, et je serais sûr de faire du bel et du bon. Il ne serait pas mal de voir ce que Didot a projeté relativement à la suite de mes Lettres. Veut-il en devenir propriétaire ? Et quelles sont ses offres à cet égard ? Je serais bien aise qu'il traitât raisonnablement : car, d'après tout ce que tu me dis, il est probable que je ne dois compter que sur mes propres moyens pour parcourir le reste de l'Italie et voir les obélisques de Rome. Dans ce cas, j'aurai besoin de fonds et il faut penser à en faire. Il me reste encore 1 800 francs, et si le ministère ne veut pas m'aider, si le duc, se laissant circonvenir par les flibustiers, ne fait point ce qu'il me semblait avoir envie de faire, je me hâterai de pousser une pointe sur Rome le plus vite et le plus énergiquement possible ; je reviendrai ici terminer promptement mes recherches, et je rentrerai rue Mazarine, laissant le gouvernement sarde faire à son aise un magasin de la collection Drovetti au lieu d'en faire un musée, et nous tâcherons de nous passer des gouvernants présents, passés et futurs. Tout cela me démoralise, et je regrette souvent de n'avoir pas appris un métier plutôt que de m'être mis au service des neuf Pucelles. Ma bile commence à reprendre le dessus et le spleen me fait de fréquentes visites. Le passage du duc à Turin mettra un terme à tout cela, et je prendrai alors un parti définitif.

9 janvier, au soir

J'ai trouvé, avant-hier, M. le duc à l'Hôtel du ministre de France, où j'allais m'informer de sa future arrivée. Il est tombé ici comme un coup de fusil, sans être attendu de personne. Il m'a toujours paru le même : accueil parfait, offres de toute espèce et faites de la manière la plus délicate et la plus franche. J'ai tout refusé pour le moment. Il se rend à Naples sans s'arrêter, et j'ai besoin de faire des siestes à Florence et surtout à Rome : il est donc convenu que j'irai le joindre à Naples au mois de février.

28 février, de Turin

Je t'écris à la hâte encore, mon cher ami, ayant encore une foule de choses à faire avant mon départ qui aura lieu cette nuit, à trois heures du matin, comme je te l'avais déjà marqué. Je n'ai rien reçu de toi, ni notes, ni livres ; mais, enfin, les précautions sont prises pour que le tout m'arrive à temps à Rome, où je me trouverai rendu le 12, par la route que je t'ai indiquée. Au moment de mon départ, on me fait des offres tellement graves que je n'ai rien voulu décider, sans t'avoir préalablement consulté, toi et notre bon patron [Dacier], qui, j'espère, pourra donner son avis en cette circonstance. Le gouvernement de S. M. le roi de Sardaigne se propose d'envoyer un chargé d'affaires diplomatiques en Égypte, et le ministre a, dit-on, le projet de me proposer de faire ce voyage aux frais de Sa Majesté, et, comme, si j'acceptais, il est juste de penser à mon avenir, on m'assurerait des avantages à mon retour à Turin, en m'attachant le plus avantageusement possible au corps enseignant. Mais il ne s'agit de rien moins que de devenir transalpin. On voudrait mener promptement la chose et suspendre même mon départ pour Rome. Mais je persiste. Je serai plus libre dans mes réponses, dont je remets la rédaction à ta sagesse. Penses-y donc, consulte, et trace-moi une marche à suivre. Je t'écrirai plus au long là-dessus, aussitôt que j'aurai reçu à Rome ou à Naples des propositions plus formelles de la part des personnes qui ont conçu l'affaire.

Ma santé est bonne ; elle ne peut que gagner à des dix à douze jours de cahotement. Cela me réussit assez bien, parce que le résultat est de supprimer mes tintements. Adieu, mon cher ami ; sois sans inquiétude.

11

Pétition du Pharaon Osymandias
(22 décembre 1824)

Champollion ne cesse de se heurter – parfois avec mauvaise foi – au directeur du Musée égyptien de Turin, le chevalier de Saint-Quentin. Il lui reproche d'entraver ses activités et n'hésite pas à le dénoncer aux autorités. Pire : il l'accuse de l'avoir plagié dans une publication sur le système numérique des Égyptiens. Se saisissant du fait que le directeur a relégué dans la cour du musée une statue colossale de Séthi II (surnommé Osymandias), il fait imprimer une pétition fantaisiste, adressée au roi de Sardaigne, qui sera distribuée dans les rues de Turin. Ses talents de polémiste se confirment, une fois de plus, dans ce texte insolent.

De Turin

Sire,

Un vieux proverbe égyptien dit : *Pierre qui roule n'amasse pas mousse* ! J'en fais la triste et bien cruelle expérience. Quand, sur la proposition de M. Drovetti, qui me vantait la courtoisie et la civilisation de l'Europe, je consentis à quitter Thèbes, ma chère patrie, pour voir les contrées de l'Occident, je dus (puisque la course ne pouvait se faire autrement) me soumettre à être placé sur un vaisseau d'une manière fort incommode et très peu convenable soit à mon rang, soit à mon illustre famille. Une seule espérance adoucissait l'ennui de la traversée, celle des honneurs qui m'attendaient sans doute au milieu de peuples qui doivent en très grande partie les lumières dont ils se vantent à la vieille nation que j'ai longtemps gouvernée avec tant de gloire.

Je prenais donc en patience et le mal de mer et les dégoûts perpétuels dont m'abreuvaient mes compagnons de voyage, qui feignaient d'ignorer avec quel personnage ils avaient l'honneur de faire route.

J'arrive à Livourne, et on me loge dans une espèce de magasin. On m'y laisse plusieurs mois sans s'enquérir seulement si le local pouvait ou non me convenir, j'aurais cent fois perdu patience et tenté quelque coup d'éclat, car en ma qualité de conquérant je suis fort vif, quoique très posé en apparence, si mes compatriotes Thoutmosis et Aménophis, personnages assez flegmatiques de leur naturel, et renfermés dans la même cave que moi, ne m'eussent déterminé à m'y tenir en paix en attendant l'événement. Quant à Sésostris que j'y retrouvais aussi, le pauvre garçon était si malade et tellement brisé du voyage, qu'il avait double raison pour ne s'occuper que de lui.

Grâce à ces bons camarades, je ne suis point mort d'ennui, car Thoutmosis me contait les vieilles histoires de son temps, et Aménophis, qui sous le nom de Memnon s'est fait jadis une très belle réputation comme musicien, me chantait de temps en temps un de ces jolis airs, qui dans la plaine de Thèbes faisaient autrefois courir en foule à ses pieds les Grecs et les Romains.

Mais Sa Majesté peut se figurer quelle fut ma douleur lorsque je demeurai seul et que je vis partir successivement pour sa capitale, non seulement tous les Pharaons mes amis, mais encore trois ou quatre petits typhons qui eussent pu du moins charmer ma solitude par leur mine et leur caractère grotesque, quoique ce soit, au fond, du fort petit monde et des gens d'assez méchante compagnie. Je restai pétrifié de cet affront ; aucune plainte ne sortit de ma bouche, mais immobile et l'œil fixe je dévorais mon cœur, comme on disait autrefois dans mon pays. Bref, je ne repris quelque mouvement que le jour seul où l'on m'embarqua pour Gênes. C'est là que je dus encore faire une longue station, abandonné sans honneur près d'une des portes ; mais je me raidissais contre le malheur ; j'étais déjà endurci par les souffrances passées, et je sus, en attendant que Votre Majesté m'appel[ât] dans sa ville royale, supporter froidement les manques de respect d'un peuple grossier auquel ma figure ni mon costume n'en imposaient aucunement. Je fis plus, je conservai mon impassibilité, aucun mouvement de dédain ne sillonna même mon visage, lorsque un certain savant du pays accourut à moi prétendant me connaître et ne sachant pas voir sur mon front le diadème des rois et les insignes du fils aîné d'Amnon, osa publier que je n'étais qu'une espèce d'intendant ou sous-intendant et soutenir que je m'appelais Ozial, nom inconnu à l'Égypte entière, moi qui suis le roi du peuple obéissant, le soleil gardien des mondes, l'enfant du soleil, Osymandias !

C'est du milieu de telles tribulations qu'on m'entraîne enfin, couché sur un chariot grossier, sur lequel je me laissai placer sans la moindre résistance, pensant que c'était enfin la dernière des épreuves qui m'étaient réservées.

J'arrive à Turin dans ce triste équipage, et au lieu de me conduire directement dans le palais de Votre Majesté, on me fait mettre pied à terre dans la cour de l'Académie des sciences, où j'appris toutefois en arrivant qu'il avait été question de moi, et que même mon véritable nom avait été prononcé. Je supposai donc encore qu'il avait été jusque-là dans les intentions de Votre Majesté que j'eusse voyagé *incognito* ; mais du moment que mon rang était connu, je m'attendais d'un instant à l'autre à ce qu'on vînt me rendre les honneurs qui me sont dus.

Une foule d'individus m'environne en effet ; la cour brille de l'éclat des flambeaux... Mais on me passe sans respect une corde au cou, et bien malgré moi, car j'avoue que je faisais le pesant, on me mit droit contre un mur, et sur un grand piédestal, sans faire attention seulement que j'en avais apporté un avec moi, lequel ne m'a point quitté depuis mon départ de Thèbes.

Dans une posture aussi gênante, exposé à toute heure aux regards du public, auquel mes insignes *royaux* n'en imposent pas toujours, j'attendais depuis plusieurs mois que Votre Majesté mît un terme à mes souffrances. J'avais de plus le déplaisir d'apercevoir, grâce à ma haute taille, à travers les fenêtres voisines, mes anciens compagnons de voyage, dans une situation bien préférable à la mienne. Je voyais par exemple Moeris perché sur une espèce de théâtre, tout juste comme nos hiérogrammates [scribes] lorsqu'ils racontaient les métamorphoses d'Osiris au peuple assemblé dans les temples : plus loin Sésostris entièrement remis de ses blessures et se carrant au milieu d'une vaste salle sur un socle même de beaucoup trop élevé pour sa taille.

Je voyais de pauvres diables déjà fermés sous des centaines d'aunes de bandelettes et calfeutrés déjà très chaudement dans deux ou trois caisses, recouverts à ma barbe, par un surcroît de soins, d'une belle robe neuve de toile jaune bordée de galons verts. Je voyais enfin de mon observatoire incommode telle petite bourgeoise de Thèbes, que je n'eusse jamais honorée d'un simple regard, accueillie avec une galanterie raffinée et gracieusement fermée, je ne sais trop pourquoi, dans une petite maison de verre.

Mais ce n'est point assez ! C'est au milieu de ces mortifications si cuisantes pour mon amour-propre qu'on est venu, Sire, mettre le comble à tant d'outrages. Au lieu de me conduire dans un somptueux palais, maintenant que la température de ces contrées devient d'une âcreté jusqu'ici inconnue pour moi, on me laisse dans une basse-cour, exposé à toutes les rigueurs dans la solitude la plus complète ; et c'est là surtout ce qui me décide à recourir enfin à la justice et à la pitié de Votre Majesté. Au lieu de me garantir des injures de l'air, en me donnant un bel habit jaune bordé de vert, comme à quelques-uns de mes collègues, et même à certains chats et autres animaux, qui ne s'attendaient point à des attentions si délicates, on me couvre grotesquement sous des monceaux de paille. Je me hâte de profiter de l'instant où cette ridicule enveloppe ne me recouvre encore que jusqu'au menton, pour ouvrir enfin la bouche et me plaindre hautement de telle indignité. Quoi ! Le Pharaon qui conquit la Bactriane à la tête de 700 000 hommes, qui éleva le plus merveilleux édifice de Thèbes, ne sera plus désormais qu'un roi de paille, ou pour trancher le mot, qu'un roi empaillé ? Non, Sire, Votre Majesté ne le souffrira point : Elle connaît maintenant la longue suite de mes tribulations, j'en appelle à son équité ; c'est en roi qu'il faut qu'on me traite.

Ce mot dit tout ce que j'attends. Je demande aussi comme réparation indispensable que l'inventeur du costume ridicule dont on m'affuble soit lui-même empaillé, pour être déporté au Muséum d'histoire naturelle. Et ce sera justice.

12

Entre dévots et incrédules (1825-1827)

« Il est difficile d'être mieux accueilli à Rome que je ne l'ai été », écrit Jean-François Champollion à son frère le 22 juin 1825. Les autorités catholiques l'ont chargé d'établir le catalogue des papyrus de la Bibliothèque vaticane ; le pape Léon XII l'a reçu chaleureusement et lui a dit que, par ses découvertes, il avait « rendu un beau, grand et bon service à la religion ». N'a-t-il pas contredit des spécialistes qui dataient un tableau astronomique égyptien de 8 000 ans avant Jésus-Christ, alors que selon l'Écriture sainte le monde n'avait été créé que depuis 6 000 ans ? Mais, après avoir conforté les thèses de l'Église, ses recherches historiques vont la mécontenter, sans pour autant satisfaire les laïques : il identifiera quinze dynasties égyptiennes sur trente. « C'est trop pour les dévots et ce n'est pas assez pour les incrédules », constatera-t-il.

1825

12 mars, de Rome

À son frère

Me voici enfin, mon cher ami, dans la ville des Césars. La première fièvre est un peu passée, grâce aux courses forcées que j'ai faites hier sans m'en apercevoir, pour ainsi dire, depuis huit heures du matin jusques à la nuit. Entré dans Rome à six heures, il m'était impossible de dormir, quoiqu'un lit eût été une chose inconnue pour moi depuis Bologne, dont je suis parti le 7. Je n'ai jamais eu meilleures jambes. Les pieds, un peu enflés, ont fait leur service à merveille, et, sans autre guide que certains souvenirs topographiques, issus d'un vieux plan de Rome que j'avais examiné à Turin, sorti de mon hôtel, rue Condotti, je suis allé droit sur Saint-Pierre : vu que mon appétit était au comble, il fallait commencer par les plus gros morceaux.

Décrire l'impression que j'ai éprouvée en arrivant sur la place de cette basilique est chose impossible : nous sommes des misérables, en France ; nos monuments font pitié à côté des magnificences romaines. De Saint-Pierre, j'ai couru à la place Navone, où j'ai salué le troisième obélisque (Pamphile), ayant déjà vu, en entrant par la porte du Peuple, l'obélisque flaminien et celui de Psammétichus à Monte Citorio. De la place Navone, j'ai visité le Panthéon, puis, marchant vers le sud, je me suis trouvé au Campo Vaccino, près de l'arc de Septime-Sévère. J'ai admiré les colonnes des temples de la Concorde, de Jupiter Tonnant, les belles voûtes du temple de la Paix ; j'ai passé sous le bel arc de Titus, vu celui de Constantin, et je suis resté en extase devant le Colisée, dont j'ai parcouru l'enceinte au milieu de pèlerins en fort petit nombre et d'une foule de moines.

Revenant sur mes pas, j'ai grimpé, comme un vrai Gaulois, la rampe du Capitole. Les oies n'ont point crié, et je me suis trouvé au sommet, devant la statue équestre de Marc-Aurèle. Attiré par une statue de Rome dans la cour du musée Capitolin, je l'ai trouvée flanquée de deux colosses égyptiens, représentant Ptolémée Philadelphe et sa femme Arsinoé. En descendant le grand escalier du Capitole, j'ai salué les deux magnifiques lions égyptiens et gagné la Grande-Rue du Corso.

Rencontrant le palais de l'ambassadeur de France, j'y suis entré pour faire une visite au secrétaire d'ambassade, M. Artaud : je me suis trouvé en pays de connaissance et accueilli à bras ouverts, M. de Blacas ayant eu la bonté d'annoncer ma venue et de me recommander de la manière la plus pressante.

29 mai, de Rome

J'ai su, d'hier et par une dame (car les dames sont toujours de bons génies et je les ai toujours considérées comme nos anges gardiens), qu'il se formait contre moi une terrible conjuration : c'est la queue de Valeriani ressuscitée. Il s'agit de démontrer que je n'entends rien aux hiéroglyphes, et, ce qu'il y a de plus fort, que je ne sais plus le copte. Les conspirateurs m'environnent journellement ; ce sont ceux-mêmes qui, dans les salons de Rome, s'inclinent le plus profondément devant moi, pour faire la cour aux ministres étrangers qui me comblent de politesses.

22 juin, de Florence

Il est difficile d'être mieux accueilli à Rome que je ne l'ai été ; j'en suis parti comblé de toutes les manières, et je laisse après moi quelques bribes qui entretiendront mon souvenir dans ce singulier pays. Mgr Maï, le découvreur de palimpsestes, prélat et préfet de la bibliothèque du Vatican, homme plein d'esprit et de cœur, a mis entièrement à ma disposition tout ce qui pouvait m'intéresser et m'a prié de plus de faire une notice raisonnée des papyrus égyptiens du Vatican, dernièrement acquis par le Saint-Père. J'ai fait ce travail qui paraîtra incessamment en langue italienne, et c'est Maï lui-même qui a fait la traduction de mon manuscrit. On imprime, et ce petit volume sera accompagné de trois grandes planches.

Parmi mes bons amis de Rome je compte surtout Mgr Testa, prélat, secrétaire des brefs aux Princes, celui qui écrivit dans le temps contre le zodiaque de Dendérah. Il m'a reçu à bras ouverts et comme ayant porté le dernier coup à la bête. C'est un vieillard d'une gaieté charmante, homme d'esprit et fort instruit. Il m'avait absolument épousé et je lui rends de bien bon cœur toute l'affection qu'il m'a témoignée. C'est lui qui m'a engagé à voir le Saint-Père ; c'est aussi lui qui m'a présenté à Sa Sainteté, qui a daigné me recevoir quoique malade. Le tout s'est passé de la manière la plus aimable. Le pape, qui parle très bien français, a bien voulu me dire trois fois que j'avais « rendu un beau, grand, et bon service à la religion » par mes découvertes. Et cette décision de Sa Sainteté venait d'autant plus à propos que, dans le même temps, l'abbé Lanci, orientaliste romain, cogne-fêtu en inscriptions cufiques, publiait l'explication d'un bas-relief égyptien à propos duquel il attaquait tous mes travaux, voulait corriger mon alphabet et affirmait que tout ce que j'ai fait ne mène à rien.

Les hiéroglyphes sont en grand honneur à Rome. On m'a questionné, interrogé, et on a voulu absolument que je donnasse, chez M. le comte de Funchal, ambassadeur de Portugal, cinq ou six séances, dans lesquelles j'ai développé mon système et la marche de ma découverte. C'était une vraie mission que je prêchais là, et la grâce efficace a agi et j'ai compté autant de convertis que d'assistants.

1827

1er mars, de Paris

À Angelica Palli, poétesse de Livourne

L'Écriture sainte dit que le monde a été créé il y a environ 6 000 ans. Les philosophes soutiennent qu'il existe au contraire depuis des millions de siècles, et que la civilisation humaine a commencé depuis plus de 10 000 ans. Les incrédules donnaient pour preuve de cela deux monuments égyptiens représentant des zodiaques et deux tableaux astronomiques qu'ils croyaient avoir été sculptés, d'après les arrangements des signes, l'un il y a 6 000 ans et l'autre 8 000, ce qui attaquait l'autorité de l'Écriture qui n'accorde au monde qu'un âge de 6 000 ans. On se disputait vivement sur cela, lorsque ayant découvert l'alphabet des hiéroglyphes, je démontrai clairement que ces deux tableaux astronomiques ou zodiaques étaient modernes, puisque d'après les inscriptions qu'ils portent l'un n'a que 1 800 ans et l'autre 1 600 seulement. Les philosophes ou ceux qui se disent tels ont jeté les hauts cris contre moi en disant que mon système hiéroglyphique est une pure invention pour faire la cour au clergé et m'attirer les faveurs du pouvoir. Voilà donc les dits philosophes devenus mes détracteurs sans se donner la peine d'examiner si ma découverte est fondée ou non sur des faits incontestables. D'un autre côté, poursuivant mes études sur les monuments égyptiens, j'ai trouvé, avec mon même alphabet hiéroglyphique appliqué, qu'il existe réellement en Égypte des temples et des palais, chefs-d'œuvre d'architecture, qui ont été bâtis 2 300 ans avant Jésus-Christ, c'est-à-dire il y a 4 127 ans. Voilà qu'à son tour le clergé et les dévots se déclarèrent contre moi parce que cette époque de perfection dans les arts égyptiens est trop voisine du déluge. Les uns crient parce que je ne fais point la civilisation égyptienne assez ancienne, et les autres parce que je la fais remonter trop haut. On niait l'existence de 30 dynasties des rois que l'histoire donne aux Égyptiens : mes découvertes ont démontré invinciblement la réalité des 15 dernières : c'est trop pour les dévots et ce n'est pas assez pour les incrédules. J'ai donc contre moi les partis extrêmes et cela pour m'être tenu à la vérité seule.

13

Zelmire, mon amour
(1826-1827)

À Livourne, en avril 1826, Champollion a le coup de foudre pour Angelica Palli, qui a composé un poème en son honneur. Il la surnomme Zelmire, se fait lui-même appeler Zeid et lui adresse des lettres pleines de flamme, mais aussi d'amertume car elle ne semble pas partager ses sentiments. « Je vous ai connue et tout est changé », écrit l'amoureux transi. « Dois-je renoncer au plaisir de vous voir et de vous entendre ? » L'homme de science dévoile des aspects de sa vie privée. Dans l'une de ces lettres, il commente l'échec de son mariage avec Rosine Blanc qu'il appelle « Anaïs ».

1826

19 septembre

La détermination qui m'a ramené à Livourne naissait uniquement de l'espoir bien doux de goûter pendant quelques jours encore le plaisir de vous voir et de vous entendre.

Mes sentiments ont dû vous surprendre : ils ne sont d'accord ni avec ma situation ni avec la vôtre que tout ordonne de respecter. Mais pour naître, les mouvements du cœur attendent-ils l'impulsion du raisonnement ? Ils entraînent d'abord ; mais lorsqu'ils sont purs, ils trouvent bientôt, en eux-mêmes, une force qui les contient dans les limites posées par l'honneur, le devoir et même par les conventions sociales. Tel est le sentiment que vous m'avez inspiré.

En cherchant le bonheur, Zelmire, je me suis trompé comme tant d'autres. Il y a plus : j'ai enchaîné ma vie entière avec la conviction intime que la personne à laquelle je me liais ne pourrait jamais remplir mon cœur. Mais j'ai dû faire ce sacrifice de moi-même, par une délicatesse peut-être exagérée... Je consigne ici des détails que vous m'avez paru désirer de connaître.

Fort jeune encore, des relations de famille me firent fréquemment rencontrer Anaïs. Douée, à 16 ans, de tous les avantages extérieurs et d'un esprit cultivé, elle entrait dans le monde avec cette simplicité et cette défiance, fruit naturel d'une éducation reçue dans un établissement à peu près monastique. Son inexpérience et la naïveté de ses manières m'intéressèrent vivement. Je fixais l'attention d'Anaïs ; elle s'attacha à moi autant qu'il lui était donné de le faire. Je crus que l'âge développerait en elle les qualités, la manière de voir et de sentir que je souhaitais trouver dans la personne à laquelle seule j'aurais voulu consacrer mon existence. Il n'en fut point ainsi. Séduite par les formes et le mouvement de la société, Anaïs crut que le bonheur consistait à paraître heureuse, et pensa le trouver dans les jouissances de l'amour-propre et dans les succès de salon qui ne tournent qu'au profit de la vanité. C'est là l'écueil de presque toutes nos femmes françaises ; Anaïs ne l'évita point, elle vit le monde d'un autre œil que moi et plaça sa fidélité hors des affections vraies et dans un cercle où on ne l'a jamais rencontrée. Elle m'était attachée cependant, mais à sa manière ; mon refroidissement marqué ne l'empêcha point de manifester publiquement la préférence qu'elle m'accordait. Je fis tout, mais en vain, pour lui faire sentir le peu de convenance qui existait entre nos deux caractères.

Les conditions politiques de 1814 et 1815 s'opérèrent sur ces entrefaites ; je dus y prendre une part active. Mon influence sur les jeunes Dauphinois, amis de la liberté, et qui pour la plupart avaient été tour à tour mes condisciples et mes élèves, me mit en évidence dans ces temps de troubles. La défaite du parti libéral me livra sans défense à l'animosité de la faction victorieuse. Je perdis tous mes emplois ; bientôt après, on attenta à ma liberté et je subis un exil forcé de 19 mois à 120 lieues d'une ville [Grenoble] où l'on supposait ma présence dangereuse.

J'espérais que l'absence changeant les idées et les intentions d'Anaïs à mon égard, elle renoncerait à un projet d'union que rien ne rendait obligé et qui ne promettait le bonheur ni à l'un ni à l'autre. J'étais persécuté alors : elle trouva dans mon malheur un motif généreux de persister dans ses déterminations antérieures. Plusieurs prétendants, placés dans une position bien plus avantageuse que la mienne dans le présent et pour l'avenir, sollicitèrent sa main avec insistance. Contre le vœu de sa famille, Anaïs les refusa ; son père, homme violent et dur, irrité d'une telle opposition, la tourmentait chaque jour de ses reproches et l'accablait des marques de son mécontentement ; il la priva à très peu près de sa liberté. Enfin mon exil eut un terme ; Anaïs souffrait, elle était malheureuse à cause de moi. Pouvais-je balancer ? Mon devoir était tracé : un lien indissoluble nous unit. Elle a trouvé auprès de moi le repos et la tranquillité qui n'existaient plus pour elle dans la maison de son père.

Telles ont été, Zelmire, les circonstances qui décidèrent de mon sort.

Anaïs est aussi heureuse qu'elle peut l'être par son caractère et par ses idées. Pour moi, l'étude et mon complet dévouement aux travaux littéraires suspendaient, en m'absorbant tout entier, mes regrets de n'avoir pu réaliser les rêves de bonheur que j'avais formés. Je doutais même, déjà, de l'existence d'un être semblable à celui que mon cœur s'était complu de concevoir. Qui me consolera maintenant que je n'en doute plus ! Serait-ce l'espoir d'un peu de renommée ? Ce n'est là qu'un aliment de vanité un peu plus raffiné que les autres ; et vous le savez bien, on n'est heureux que par son propre cœur et non par l'opinion de ceux qui vous environnent. Je m'attacherai donc encore plus à l'étude, parce que, me dérobant à moi-même, elle donnera du moins but à mon existence.

Le jour où je vous vis pour la première fois, un sentiment inconnu m'attira vers vous ; et lorsques ensuite vous daignâtes parler de mes travaux, j'éprouvai la plus forte émotion que j'aye reçue de ma vie. C'est vous, Zelmire, qui m'avez rendu fier de ce peu que la science me doit ; c'est aussi de vous que j'ai reçu la plus flatteuse récompense de mes veilles.

Je tairai tout ce que mon cœur a ressenti depuis ce jour ; en le disant, je vous affligerais peut-être. Je ne me fais point d'illusions ; tout est contre moi, tout nous sépare ; mais du moins les liens de l'amitié nous sont permis encore. J'espère tout de ces douceurs consolatrices : Zelmire possède, je le sens, le don d'épurer tout ce qu'elle inspire.

En lui adressant mes adieux, je prie Zelmire de se rappeler quelque fois que loin d'elle il existe un homme qui lui a voué bien plus que de l'admiration ; qu'elle aura toujours dans Zeid un tendre et véritable ami qui bien souvent s'occupera d'elle, un ami enfin qui met au nombre des premières nécessités de son cœur l'espoir d'apprendre un jour qu'elle est heureuse. Les peines de la vie sont moins amères, dit-on, quand on sent qu'une vive et constante amitié les partage et se complaît à souffrir avec nous. Si Zelmire trouvait quelque douceur à entretenir une telle pensée, Zeid ne se plaindrait plus alors du triste destin qui ne montre, un instant, le seul être auquel il eût désiré vouer sa vie tout entière, que pour lui apprendre à le regretter sans cesse et l'en éloigner peut-être pour toujours.

21 septembre

Vous eussiez connu bien plus tôt mes plus intimes pensées si, environné pendant toute ma vie de personnes qui sentent autrement que moi, je n'avais contracté la triste habitude de renfermer au fond de mon cœur toutes les fortes impressions qui le pénètrent.

10 novembre, de Paris

Il était écrit de toute éternité sur le grand livre du sort que je ne recevrais jamais une lettre de vous qu'elle ne commençât par un reproche, ne contînt l'exposition d'une série de doutes et ne se terminât par quelque épigramme.

Au lieu de me plaindre, je vais vous demander pardon, les deux mains jointes et à deux genoux en terre, en me recommandant à votre clémence.

À force de flatteries et de condescendances adroites, auprès de tous les chefs que j'ai pu avoir en commençant ma carrière soit politique soit littéraire, je suis parvenu à me faire ôter cinq fois de suite les divers emplois qu'on m'avait confiés. Les méchantes langues disaient alors que je parlais trop haut et avais le défaut capital de ne jamais cacher ce que je pensais sur les personnes ni sur les choses. J'ai quatre fois été obligé de recommencer ma carrière sur de nouveaux frais. La cinquième, qui est la dernière (jusques ici, du moins), je pris le parti d'abandonner définitivement la province où les courtisans de ma sorte ne pouvaient tenir avec des opinions si contraires à celles qui triomphaient, et je me fixai dans la capitale, où j'arrivai ayant le projet bien arrêter de ne solliciter aucun poste du gouvernement, qui d'ailleurs était très fortement prononcé contre moi, et me regardait, je ne sais pourquoi, comme un ennemi déclaré. Je pensais alors à publier mes travaux littéraires encore en portefeuille. Traitant spécialement une matière sur laquelle tous les esprits de travers se sont donné rendez-vous depuis trois siècles, je sentis la nécessité de ne faire paraître mes ouvrages qu'avec l'approbation publique de notre premier corps savant [l'Institut], afin qu'à la lecture du titre de mes livres on ne fût tenté de m'envoyer aux Petites-Maisons avec les fous qui s'étaient antérieurement occupés de hiéroglyphes. Je lus donc tous mes manuscrits à l'Institut ; je le convainquis de mes découvertes : cela fit du bruit, et je me trouvais tout à coup des protecteurs là où mes habitudes et ma position m'auraient toujours empêché d'en chercher. Je fus appelé au Palais pour y recevoir un témoignage flatteur de la bienveillance royale ; le duc de Blacas, ami des lettres et très lettré lui-même, que huit jours auparavant je ne connaissais même pas de vue, s'est chargé de mon avancement ; ses amis ont pris mon parti avec lui, et je me suis trouvé parfaitement en cour, et sans faire d'autre effort que celui de conduire à bonne fin mes travaux littéraires. Voilà quelles ont été mes intrigues et mes manœuvres de courtisan ; et ce qui me fait croire que je ne le suis pas du tout, c'est que je suis pénétré de la plus vive reconnaissance pour ceux qui m'ont soutenu, aidé et défendu contre le déluge de dénonciations politiques et religieuses que mes ennemis ou mes jaloux (je dirai un Pater pour cette expression vaniteuse) ont fait pleuvoir sur moi lorsqu'ils ont vu monter si haut un homme qu'ils pensaient avoir écrasé.

Au moment où je vous écris dans mon cabinet, je suis interrompu à chaque instant par les questions que m'adresse ma jolie petite fille occupée auprès de la fenêtre à s'amuser avec un jeu d'échecs qu'elle tâche de mettre sur pied, sans se douter que c'est avec ces armes que vous avez si bien battu son père la seule fois qu'il ait osé se mettre en guerre ouverte avec vous. Mon enfant (et c'est le seul que j'aye et que j'aurai probablement) est âgée de trois ans ; comme vous, elle a un nom arabe : elle s'appelle Zoraïde ; elle est douce, bonne, et je tâcherai qu'elle le soit toujours ; je lui ai donné une *bonne* de Genève pour rester le maître de son éducation religieuse ; elle sera chrétienne, mais sans superstitions.

Vous voyez par là que je crois les pratiques religieuses fort bonnes, jusques à un certain point comme moyen d'éducation, surtout quand il s'agit de celle des femmes.

1827

25 janvier, de Paris

Pourquoi m'avoir caché le véritable état de votre santé ! Je ne puis vous en vouloir de cette réserve ; cependant elle me peine et les assurances que vous me donnez de toute absence de danger ne diminuent aucunement mes craintes. Dans les maux pareils à celui qui vous tourmente, les sangsues sont un remède souverain. Pourquoi refusez-vous de vous en servir ? Je ne vous ferai point l'injure d'attribuer cette répugnance à une crainte puérile, encore moins à une précaution de vanité. L'usage du remède ne laisse d'ailleurs aucune trace. Je n'insiste en faveur de ces vilaines petites bêtes que par une seule raison : c'est que j'ai sous les yeux journellement un exemple frappant de l'efficacité des sangsues pour le vomissement de sang, périodiquement renouvelé sans toux et sans atteinte à la poitrine. C'est le doyen de nos hommes de lettres, M. Dacier, mon conseiller et mon véritable père, qui dès l'âge de 12 ans a été sujet à des vomissements de sang plus ou moins forts, renouvelés plusieurs fois dans l'année et qui, grâce aux sangsues, est arrivé aujourd'hui à l'âge de 86 ans en conservant toute la fraîcheur de son esprit et toute la chaleur de l'âme et du cœur.

Plût au ciel que vous fussiez aussi bien portante que moi ! Ma goutte a cessé, malgré l'effroyable humidité de l'air parisien. Personne de ma famille n'est attaqué de ce mal des vieillards, qui, jadis, ne visitait jamais que les grands seigneurs ; aujourd'hui il plombe sur les hommes de lettres : c'est sans doute un effet de la révolution qui dit-on a tout renversé.

1er mars, de Paris

Soyez-en sûre, mon amie, je suis à vous plus que je ne sais le dire ; que m'est-il donné de le prouver comme mon cœur voudrait ! Je ne désire plus qu'une chose au monde qui m'a si cruellement trompé jusqu'ici, c'est que la conviction que vous avez pour toujours en moi un ami véritable dans toute l'étendue que votre cœur et le mien peuvent donner à ce titre calme peu à peu les chagrins qui vous dévorent, vous fasse oublier ce que vous avez perdu, vous réconcilie avec la vie, dont les premiers jours ont été agités, pour vous, de si terribles orages. Je voudrais être un lien nécessaire entre vous et l'existence. Pour moi, je ne désirerais plus rien si je ne trouve dans votre âme cette vive affection que la destinée place parmi les premières nécessités de la mienne.

2 avril, de Pont-Beauvoisin

Il y a un an aujourd'hui, et à cette même heure, que je vous ai vue pour la première fois. Pouvais-je prévoir en assistant à une séance académique, c'est-à-dire à l'une de ces réunions classées, avec assez de raison, par la malignité publique, au nombre des plus solennellement ennuyeuses, que j'y rencontrerais une personne qui devait à l'avenir occuper tant de place dans mon cœur et pour laquelle j'éprouverais de suite une sympathie entraînante ?

Le veille de ce jour, je ne tenais presque à rien dans ce pauvre monde : mes rêves de bonheur étaient comprimés au fond de mon cœur, sous le poids des expériences trompées de ma jeunesse entière… Je ne voyais rien autour de moi. La vie qui m'attendait me paraissait semblable au voyage d'un Arabe dans un désert immense, plane, uniforme, sans couleur comme sans limites ; comme le fils du désert, je n'espérais plus rencontrer sur ma route un doux ombrage, ni une source jaillissante et pure pour soulager les tourments d'une longue course. Je ne vivais plus – et je n'appelle point vivre l'habitude prise de concentrer toutes mes facultés sur une étude qui m'était chère parce qu'elle m'absorbait et me faisait oublier jusqu'à mon existence même. Je vous ai connue et tout est changé.

14

Conservateur de musée (1826)

Champollion a fait acheter par la France la collection égyptienne du consul britannique Henry Salt que le roi l'avait chargé d'évaluer. Elle prendra place dans le nouveau Musée égyptien du Louvre dont il est nommé conservateur en mai 1826. Cette nomination, obtenue malgré les manœuvres de Jomard qui briguait le poste, le console un peu de l'échec de sa candidature à l'Académie des inscriptions et belles-lettres. Le déchiffreur des hiéroglyphes trouve absurde de décorer les murs du Musée égyptien à la romaine ou à la grecque. Il y inaugure une nouvelle conception de la muséographie, en décidant de « classer dans un ordre méthodique les objets qui se rapportent à la vie publique et privée des anciens Égyptiens ».

27 avril, de Livourne
Au duc de Blacas

Monsieur le Duc,

Une indisposition de quelques jours m'a privé de l'honneur de répondre plus tôt à la lettre que Votre Excellence a bien voulu m'écrire le 3 de ce mois ; mais, malgré ce contretemps, l'inventaire de la collection égyptienne touche bientôt à sa fin, et je me convaincs toujours de plus en plus combien il était désirable que cette belle suite de monuments échût à la France, et vînt peupler les salles égyptiennes par trop désertes du Musée royal de Paris. Je jouis d'avance du bel effet que produira, dans une de ces salles, l'énorme sarcophage royal du pharaon Rhamsès-Méïamoun, grand-père de Sésostris. Cette pièce est la plus colossale de toutes celles de ce genre qui existent en Europe, et même en Égypte, dans les tombeaux des rois découverts jusques ici. Lorsqu'elle sera nettoyée convenablement, on pourra apprécier la beauté de ce bloc de granit rose, et l'effet de l'émail vert qui colorie les centaines de figures en pied et les innombrables hiéroglyphes qui surchargent l'intérieur et l'extérieur de ce monument vraiment royal. À ses côtés se placeront dignement le superbe sphinx de granit rose, de huit à dix pieds de long, dont le travail est digne de Sésostris, et dont la base porte une dédicace, et le sphinx de granit, d'une proportion deux fois plus grande, et qu'on dit d'un travail encore plus recherché. Cette dernière et magnifique pièce attend, sur le rivage d'Alexandrie, qu'un vaisseau du roi vienne la prendre.

La chapelle monolithe de granit rose est bien le sanctuaire du grand temple de l'île de Philae : l'inscription hiéroglyphique porte que cette chapelle est dédiée à Isis, dame souveraine de Philae, par le roi Ptolémée Évergète II et sa femme Cléopâtre. La stèle de granit rose, de sept à huit pieds de haut, est la dédicace d'un temple par l'un des ancêtres de Sésostris. Enfin, les énormes pieds colossaux deviennent un monument de quelque importance pour la géographie ancienne : c'est la partie inférieure d'un colosse du pharaon Aménophis II, et la base porte l'image de douze à quatorze rois africains vaincus, portant sur un bouclier le nom des contrées conquises par le roi égyptien.

Les figurines en bronze, soit divinités de tout genre, soit animaux sacrés, sont au nombre de deux cent quatre, de plus cent quatre-vingt-sept autres objets, aussi en bronze, ustensiles, vases, miroirs, armes, clefs, poids, etc., etc. ; cent quatre-vingt-onze objets en bois, parmi lesquels soixante-quatre figurines, un grand nombre de sept pouces à deux pieds ; le fauteuil de bois d'Éthiopie, pattes de lion, dossier orné de marqueterie d'ébène et d'ivoire, des tabourets, des cassettes, des coffres peints et autres meubles et ustensiles, des paniers, parmi lesquels l'un renferme des pains de couleurs égyptiennes que nos chimistes pourront enfin analyser.

J'ai déjà compté plus de mille quatre cents bijoux et différents objets de parure, six figurines en or massif, cinq en argent, un dé à coudre en or, un étui d'argent, dix-huit bagues en or massif, ou montres en or, huit en argent, plus de soixante bagues en jaspe, lapis, cornaline et émail ; un collier complet, fourni de trente-deux pièces en or massif, composé de plusieurs vases de diverses formes, de fleurs de lotus épanouies, de coquillages, de lézards, de poissons, le tout massif et d'un joli travail ; un autre en petits grains d'or, un en gros grains d'argent massif, et plus de trente colliers de toute matière, en cornaline, en émaux de couleur, en pâtes, en verre, en terre émaillée et en ivoire.

Mais le plus curieux, et qui est sans contredit le chef-d'œuvre de la galanterie égyptienne, c'est un collier, formé de plus de cinq cents anneaux d'argent de trois quarts de ligne de diamètre chacun, et dont l'épaisseur n'excède pas un cinquième de ligne. Ces petits anneaux sont tous d'une proportion si exactement égale que, placés les uns à côté des autres, ces centaines forment une sorte de tube d'argent parfaitement poli et régulier de quatorze pouces de longueur, et ce tube, flexible sur tous les points, renfermait une tresse de cheveux continue, existant encore en partie.

Les scarabées sont au nombre de trois cent vingt-deux, dont quatre-vingt-quinze portent des noms royaux et sont des sortes de médailles pharaoniques, et les figurines de terre émaillée, la plupart d'un travail très fin, ne sont pas moins de six cents.

J'aurai du reste l'honneur, avant de quitter Livourne, d'adresser à Votre Excellence un résumé sommaire de tous les morceaux dont se compose la collection.

Il est bien difficile que celle de M. Passalacqua [commerçant et collectionneur de Trieste] puisse soutenir la moindre comparaison, et les amateurs, qui lui ont donné la préférence sur celle de Livourne, n'avaient certainement aucune idée de cette dernière. Dans peu de mois, on pourra se convaincre de cette énorme différence, si l'on se décide de ne point laisser les caisses fermées dans les magasins du Louvre, les caisses que j'expédierai pour la France aussitôt que le vaisseau chargé de les prendre sera arrivé ici.

J'ai à remercier Votre Excellence pour la peine qu'elle a bien voulu prendre de me recommander au ministre de la Maison du roi pour la charge de conservateur du futur musée égyptien, qui existera maintenant aussitôt qu'on le voudra bien, puisqu'on en possède tous les éléments constitutifs. Il ne s'agirait plus que d'assigner les salles, mais je redoute un ajournement indéfini, puisqu'on me conseille de prendre les dessins des principaux objets de la collection, comme si je ne devais les revoir de longtemps.

Mai, de Livourne
À l'abbé Gazzera

Je réponds, mon cher ami, à votre lettre du courant, et je commence par vous annoncer ce que nos journaux vous auront dit d'avance : ma nomination comme conservateur des monuments égyptiens et orientaux au Musée royal de Paris. Voilà une affaire faite, mais il a fallu combattre l'enfer, le purgatoire, l'amenti, les limbes et le tartare tout entier pour en venir là. Tous les claquedents de Paris se sont insurgés à la première annonce du projet, et ont appelé à leur aide le ban et arrière-ban des croûtons de la région d'en haut et de la région d'en bas.

La pièce a été divisée en cinq actes :

1. L'exposition a été faite par une dénonciation dans toutes les règles, très détaillée, et émanée de mes bons amis les patriciens de Grenoble.

2. Acte second : monologue de Rochette [Désiré-Raoul Rochette, helléniste et archéologue, que Champollion surnomme « le tyran du Bosphore »] à l'Académie contre l'acquisition du musée Salt qui ne signifie rien. Chœur général d'*A-Pocos* dans lequel Jomard faisait le soprano.

3. L'intérêt s'accroît. Protestations du ministre qu'il fera l'affaire malgré les opposants ; arrive une note anonyme adressée au duc de Doudeauville [ministre de la Maison du roi] et au vicomte Sosthène [Louis François Sosthène, vicomte de La Rochefoucauld, directeur général des Beaux-Arts], dans laquelle on assure que mes travaux ne signifient rien, que tous les journaux étrangers se moquent de mon système hiéroglyphique et en relèvent journellement toutes les âneries et les innombrables ignorances.

4. Jomard se présente pour prendre la place par droit divin ; on découvre qu'il est l'auteur de la note. Le ministre lui reproche cette ignoble combinaison ; il refuse de signer un désaveu. Le préfet de Paris entre sur la scène pour secourir Jomard et faire pencher la balance en sa faveur.

5. La scène représente le conseil des ministres que le préfet de Paris a gagnés en faveur de Jomard. Discussion animée. L'excellent duc et le vicomte, trois fois gracieux, exposent toutes les intrigues dirigées contre moi et font valoir mes droits. Le préfet de Paris déclare qu'ignorant tout cela, il avait porté chaudement son ami Jomard, mais qu'il s'empressait de reconnaître que la justice et le bon droit sont contre lui.

Scène dernière : le roi [Charles X] signe, le 15 mai, l'ordonnance de ma nomination ; acclamations générales. Divertissement, terminé par un pas-de-deux dansé par Rochette et Jomard, sur un air connu de complainte, joué en sourdine.

4 octobre, de Bologne

À son frère

J'ai oublié dans ma dernière lettre un point très essentiel, c'est de supplier de ma part M. le duc de Doudeauville d'arrêter jusques à mon arrivée, vers le 20 octobre, tous les travaux de décoration des murs des salles destinées à mon musée. D'après ce que M. de Forbin m'a dit, il paraît qu'on se propose de tapisser ces salles de marbres et de décorations à la romaine ou à la grecque. Je ne puis consentir à ce ridicule arrangement. Il faut absolument, pour obéir aux convenances et au bon sens, que mes salles soient décorées à l'égyptienne.

20 novembre

À Ippolito Rosellini, professeur de langues orientales à l'université de Pise

Imaginez-vous un homme ami du repos et de la tranquillité qui se trouve tout à coup jeté par devoir au sein des machinations et des intrigues dirigées contre sa personne et ses études. Ma vie est devenue un combat. Je suis obligé de tout arracher, personne parmi ceux qui devraient me seconder n'étant disposé à le faire. Mon arrivée au musée dérange tout le monde, et tous mes collègues sont conjurés contre moi parce qu'au lieu de considérer ma place comme une sinécure, je prétends m'occuper de ma division, ce qui fera nécessairement apercevoir qu'ils ne s'occupent nullement des leurs. Voilà tout le nœud de l'affaire. Il faut une bataille pour avoir un clou !

23 novembre
À l'abbé Gazzera

Je suis arrivé à Grenoble en bonne santé, et le lendemain la goutte m'a saisi au pied droit et, malgré que je l'aie caressée huit jours entiers, voyant qu'elle s'obstinait à me rester fidèle, je l'ai promenée en poste de Grenoble à Paris, où elle m'a enfin donné congé, depuis quatre ou cinq jours, définitivement. Me voilà donc sur pied, et j'en avais besoin pour mettre en chemin tous les préparatifs nécessaires au choix et à la décoration des salles du palais du Louvre, où est établi le musée égyptien.

J'ai une magnifique salle au rez-de-chaussée pour mes grosses pièces, et quatre salles au premier étage du palais. Me voilà donc bientôt au milieu des peintres, architectes et maçons, et ce n'est point sans peine que la chose marche. Vous soupçonnez bien que j'ai trouvé de l'hostilité dans certaines gens qui se permettaient de ne point approuver les déterminations de M. le duc de Doudeauville et M. le vicomte de La Rochefoucauld en ma faveur, opposent et opposeront toujours mille petits obstacles à ce que mon affaire marche et soit tout ce qu'elle doit être.

1827

Septembre, de Paris
À l'abbé Gazzera

Il faut, mon cher ami, que je compte invariablement, comme je le fais, sur votre amitié, pour vous laisser si longtemps sans une ligne de moi, mais vous devez penser dans quel dédale d'affaires je me trouve lancé, et que les journées suffisent à peine pour répondre à toutes les tracasseries qu'entraîne l'organisation d'un musée sur un plan aussi vaste que le mien ! Grâce au grand Amon-Râ, la chose marche et commence à se débrouiller. Mes papyrus sont collés et cartonnés, du moins ceux qui doivent être mis sous les yeux du public, c'est-à-dire trente ou quarante. Le reste est mis en pages pour l'étude. Les bronzes sont sur pied, les dieux et animaux sacrés sur des socles de marbre jaune de Sienne ou de Vérone, les monuments royaux sur albâtre oriental, les civils sur serpentine et les funéraires sur des socles noirs. La suite des divinités est admirable par le nombre et la variété. Vous présumez bien que je mets à exécution le plan de classification qu'on n'a pas voulu me laisser exécuter à Turin. Ce sera une véritable encyclopédie égyptienne par ordre de matières, religion, gouvernement, mœurs et usages, costumes, etc. Tout passera successivement sous les yeux des spectateurs, et chaque objet, mis en relation avec ceux d'une même classe, en prendra un nouvel intérêt.

Vous savez que j'ai acheté le colosse de Rome, le frère de votre Empaillé. J'ai fait aussi d'autres acquisitions importantes et reçu de plus le magnifique cadeau de bijoux antiques d'or massif fait par le pacha d'Égypte au roi de France. Dans le nombre se trouvent trente bagues d'or massif avec légendes, plusieurs émaillées et d'un goût exquis, de plus le cachet royal de Cléopâtre-Coccé, en or massif, pesant cinq onces et offrant le portrait en grand gravé en creux de cette terrible virago.

Un achat bien plus important encore vient d'être fait : c'est celui de la nouvelle collection de Drovetti, laquelle est à Paris, comme vous savez sans doute, et qui possède des bijoux égyptiens d'une incroyable magnificence, des colliers, des bagues, des bracelets, des boucles d'oreilles en or et enrichies d'émaux.

*

Notice descriptive des monuments égyptiens du musée Charles-X

L'organisation du musée

Les collections des monuments égyptiens sont en général formées dans l'unique but d'éclairer l'histoire de l'art, les procédés de la sculpture et de la peinture à différentes époques et chez des nations diverses. On étudie ainsi la direction que prirent les arts du dessin chez des peuples dont le génie se développa de lui-même, ou par l'imitation d'ouvrages antérieurs. Il est donc naturel que l'on suive d'abord, dans l'arrangement de ces collections, l'ordre même des matières dont ces monuments sont formés, et qu'en rapprochant par exemple tous les bronzes d'une même époque, abstraction faite de leur sujet, on consulte l'œil et toutes les convenances de proportions.

Mais l'importante et nombreuse suite de ces monuments égyptiens, dont la munificence royale vient d'enrichir le musée Charles X, devant, en quelque sorte, servir de sources et de preuves à l'histoire tout entière de la nation égyptienne, avait besoin d'être coordonnée sur un plan différent ; il fallait, de toute nécessité, avoir égard à la fois soit au sujet même de chaque monument, soit à sa destination spéciale, et que la connaissance rigoureuse de l'un et de l'autre déterminât la place et le rang qu'il devait occuper. Il fallait enfin les disposer de manière à présenter aussi complète que possible la série de divinités, celle des souverains de l'Égypte, depuis les époques primitives jusqu'aux Romains, et classer dans un ordre méthodique les objets qui se rapportent à la vie publique et privée des anciens Égyptiens. On aura donc ainsi la réunion systématique des monuments relatifs à la religion, à l'histoire des rois et aux usages civils des Égyptiens.

Tel est le but qu'on s'est efforcé d'atteindre, et quelques difficultés que semble présenter d'abord une telle entreprise, puisqu'il s'agit de monuments, sujets habituels de tant d'aberrations, et que l'on avait coutume de considérer comme inexplicables, les nouvelles découvertes sur le système graphique de la vieille Égypte ont fourni néanmoins des lumières suffisantes pour soumettre ces monuments si variés à une classification rigoureusement méthodique, et que les découvertes futures confirmeront de plus en plus. L'état actuel des études sur les trois sortes d'écritures égyptiennes est en effet assez avancé pour qu'on ait profité avec avantage des inscriptions qui, décorant presque tous les produits de l'art égyptien, en indiquent expressément le sujet et la destination : la présence de ces inscriptions sur le plus grand colosse comme sur la plus petite amulette rend, pour l'avenir, l'étude des monuments égyptiens beaucoup moins conjecturale que ne l'est encore celle des monuments grecs ou romains qui, pour la plupart, sont totalement dénués d'inscriptions indicatives.

Un cours d'archéologie

Une auguste protection m'a permis de visiter, avec toutes les facilités désirables, les monuments égyptiens qui se trouvent dans les collections publiques ou particulières d'Italie, le riche musée de Turin, celui de Florence, les collections de Rome et de Naples ; et partout j'ai vu l'antique Égypte reprendre, dans l'attention publique, la place que les souvenirs traditionnels de l'histoire et la majesté de ses ruines devaient infailliblement lui assigner. Aujourd'hui les plus nobles rivalités s'attachent à son illustration : Saint-Pétersbourg, Berlin, Vienne, Munich, toute l'Italie, la Hollande, l'Amérique même, appellent par leurs encouragements les monuments de l'Égypte dans leurs musées, et l'enseignement de l'archéologie égyptienne entre enfin dans les études classiques. Les universités de Rome et Bologne en doivent l'établissement à la protection éclairée du pape, et le grand-duc de Toscane en a chargé le professeur des langues orientales à l'université de Pise.

Mais Paris ne cessera pas pour cela d'être le centre des études qui ont l'ancienne Égypte pour objet, et la munificence royale l'y a fixée pour jamais en fondant le musée égyptien, auquel la reconnaissance publique a donné le nom vénéré de Charles X. Cette fondation, par ordonnance du 15 mai 1826, sera un des faits les plus mémorables de l'histoire littéraire de la France au XIXe siècle.

La même ordonnance, en me confiant la conservation de ce musée, me charge aussi du cours public d'archéologie égyptienne ; et ce ne serait désormais que ma faute si ce cours était sans intérêt ou sans fruit, au milieu d'une si riche réunion de monuments de tout genre, récemment augmentée encore de la seconde collection formée en Égypte par M. Drovetti.

Plusieurs compagnies savantes étrangères, en m'associant à leurs travaux, ont récompensé mon zèle et mes efforts avec un empressement bien fait pour les exciter de plus en plus, et de ce nombre sont l'Académie royale de Turin, celle de Stockholm, l'Académie impériale de

Saint-Pétersbourg, l'Institut royal des Pays-Bas et l'Académie archéologique de Rome : j'ai reçu ces témoignages d'estime avec la plus respectueuse gratitude, et mon plus grand désir serait de les justifier. Moins heureux à Paris, l'Académie des belles-lettres ne m'a pas donné la place vacante que j'avais cru pouvoir lui demander. J'avais trop présumé sans doute, ou de mes travaux, ou de leur intérêt pour les recherches historiques qui sont l'attribution spéciale de cette compagnie : quelques suffrages, ceux que je devais ambitionner, m'ont consolé de mon erreur momentanée, et je la confesse ici publiquement.

15

Projet de voyage en Égypte (1826-1828)

Il est temps pour Jean-François Champollion de se rendre en Égypte ! Une mission franco-toscane, qu'il dirigera, va être constituée. Dans un mémoire, il expose à Charles X les objectifs de l'entreprise : on cherchera à visiter un à un tous les monuments antiques du pays et à les dessiner dans leurs moindres détails ; des fouilles seront organisées dans des sites non encore explorés et les objets trouvés sur place seront emportés pour enrichir les musées français. Ces travaux devraient permettre de mieux connaître, non seulement l'Égypte antique, mais aussi « l'histoire des peuples qui, dès les premiers temps de la civilisation humaine, jouaient un rôle important en Afrique et dans l'Asie occidentale ». Quand son navire quitte Toulon, le 1er août 1828, Champollion constate douloureusement qu'il n'a reçu aucune lettre de Zelmire.

21 août
À son frère

J'avais, avant mon départ de Naples, vu plusieurs fois M. le duc de Blacas, qui m'a accueilli avec sa bonté accoutumée. Je lui ai fait les premières ouvertures de mon expédition d'Égypte, et ce voyage a été jugé indispensable, comme il l'est en effet. Il veut réfléchir seulement sur le choix à faire entre les deux modes d'exécution que je lui ai présentés. Le premier serait d'entreprendre ce voyage moi seul, au nom et avec l'appui du gouvernement français, qui me donnerait les employés nécessaires pour remplir mon plan dans toute son étendue. Le second, qui aurait l'avantage de lever beaucoup de difficultés qui ne manqueront point de naître des rivalités nationales, serait de donner à cette entreprise un caractère tout européen, en invitant les différents gouvernements à envoyer chacun un ou plusieurs savants pour cette expédition toute littéraire et scientifique. M. le duc ne trouve d'objection contre ce dernier parti que dans les lenteurs incalculables qu'entraînera la nécessité de traiter l'affaire diplomatiquement. Voilà le point où nous en sommes.

1827

2 avril
À Zelmire

Ce printemps ne me verra point encore sur les rives du Nil. Mon voyage n'est encore décidé que dans ma tête. C'est demain seulement que je présente au roi le mémoire qui le motive ; et si le gouvernement ordonne l'exécution du plan que je propose, je quitterai la France au mois de juillet prochain. Je prévois des grandes oppositions à mon projet. Toutefois j'ai des moyens immenses pour les neutraliser. On a intrigué d'avance, mais j'ai rompu les filets que la jalousie et l'intérêt personnel opposaient à cette entreprise. J'espère emporter d'assaut une décision favorable.

*

Mémoire présenté au roi

Les doctrines le plus généralement adoptées sur l'art égyptien, et sur le degré d'avancement auquel ce peuple était réellement parvenu, soit en sculpture, soit en peinture, sont essentiellement fausses ; les nouvelles découvertes ont pu jeter de grands doutes sur leur exactitude ; mais ces doctrines ne peuvent être ramenées au vrai et assises sur des fondements solides que par de nouvelles recherches faites sur les grands édifices publics de Thèbes et des autres capitales de l'Égypte. C'est aussi l'unique moyen de décider clairement l'importante question que des esprits diversement prévenus agitent encore si vivement, celle de la transmission des arts de l'Égypte à la Grèce.

Nos connaissances sur la religion et le culte des Égyptiens ne s'étendent encore que sur les parties purement matérielles ; les monuments de petites proportions nous font bien connaître les noms et les attributs des divinités principales ; mais comme ces mêmes monuments proviennent tous des catacombes et des sépultures, nous n'avons de renseignements détaillés que pour les personnages mystiques protecteurs des morts, et présidant aux divers états de l'âme après sa séparation du corps. Il reste donc encore à reconnaître sur les constructions de l'Égypte la partie la plus relevée et la plus importante de la mythologie égyptienne.

Nos progrès dans les études égyptiennes demandent qu'un gouvernement éclairé se hâte d'envoyer enfin en Égypte des personnes dévouées à la science et convenablement préparées, pour recueillir, tant qu'ils subsistent encore, les innombrables et précieux documents que la magnificence égyptienne inscrivit jadis sur les édifices dont les masses imposantes couvrent les deux rives du Nil. L'Europe, sachant aussi que la barbarie, toujours croissante, détruit systématiquement ces respectables témoins d'une antique civilisation, hâte de tous ses vœux le moment où des copies fidèles de ces inscriptions et de ces bas-reliefs historiques lui donneront le moyen de remplir avec certitude les plus anciennes pages des annales du monde, en perpétuant ainsi les témoignages si nombreux et si authentiques tracés sur tant de monuments dont rien ne saurait remplacer la perte.

Un voyage littéraire en Égypte est donc aujourd'hui l'un des plus utiles qu'on puisse entreprendre. Mais ce n'est point à l'histoire seule de l'Égypte que le voyage proposé dans ce Mémoire doit fournir des lumières qu'on chercherait vainement autre part que dans les palais de Thèbes : c'est là qu'existent également, et nous en avons la certitude, des notions aussi désirables qu'inespérées, sur tous les peuples qui, dès les premiers temps de la civilisation humaine, jouaient un rôle important en Afrique et dans l'Asie occidentale. Les principales expéditions des Pharaons contre les nations qui, dans cet ancien monde, pouvaient lutter de puissance avec l'Égypte ou lui inspirer des craintes, sont sculptées sur les monuments érigés par les triomphateurs : on y lit les noms de ces peuples, le nombre des soldats, les noms des villes assiégées et prises, les noms des fleuves traversés, ceux des pays soumis, la quotité des tributs imposés aux peuples vaincus ; et les noms des objets précieux enlevés à l'ennemi sont écrits sur des tableaux qui représentent ces trophées de la victoire. Ces bas-reliefs, entremêlés de longues inscriptions explicatives, sont d'autant plus utiles à connaître que les artistes égyptiens ont rendu avec une admirable fidélité la physionomie, le costume et toutes les habitudes des peuples étrangers qu'ils ont eu à combattre.

Ajoutons enfin que ce voyage, où l'on pourra étudier et comparer entre elles le nombre immense d'inscriptions qui couvrent tous les monuments de l'Égypte, avancerait avec une merveilleuse rapidité nos connaissances sur l'écriture hiéroglyphique, et qu'il fournira, sans aucun doute à cet égard, des lumières qu'on ne pourrait peut-être point obtenir d'une étude de plusieurs siècles faite en Europe sur les seuls monuments égyptiens que le hasard y ferait transporter à l'avenir.

Avec les connaissances nouvellement acquises sur les écritures de l'ancienne Égypte, un voyage entrepris maintenant sur cette terre classique, par un petit nombre de personnes bien préparées, produira incontestablement des résultats scientifiques tels qu'on eût en vain osé les espérer dans le temps même que l'Égypte, au pouvoir d'une armée française, était livrée aux recherches d'une foule de savants qui ont beaucoup fait pour les sciences physiques, naturelles et mathématiques, mais qui manquaient de l'instrument essentiel et indispensable pour exploiter convenablement la mine si riche de documents historiques que la fortune des armes livrait à leur examen.

Après cet exposé sommaire des motifs généraux du voyage, il reste à indiquer l'ordre détaillé des travaux que doivent exécuter les personnes chargées de cette entreprise littéraire.

1. Visiter un à un tous les monuments antiques de style égyptien, en faire dessiner l'ensemble, et lever le plan du petit nombre de ceux que les voyageurs ont négligés ou n'ont point suffisamment étudiés.

2. Rechercher sur chaque temple les inscriptions dédicatoires donnant l'époque précise de leur fondation, et celles qui indiquent toujours l'époque où ont été exécutées les différentes parties de la décoration. C'est, en d'autres termes, recueillir les éléments positifs de l'histoire et de la chronologie de l'art en Égypte.

3. Copier avec soin, dans tous leurs détails et avec leurs couleurs propres, les images des différentes divinités auxquelles chaque temple était dédié. Recueillir les inscriptions religieuses relatives à ces divinités, et tous les titres divers qui leur sont donnés.

4. Copier surtout les tableaux mythologiques où plusieurs divinités sont mises en scène.

5. Dessiner les bas-reliefs représentant les diverses cérémonies religieuses, et tous les instruments de culte.

6. Prendre, dans les temples, des calques exacts des figures représentant les divers souverains de l'Égypte, et avec tous les détails de costume, afin de former ainsi l'iconographie des rois et des reines ; ces bas-reliefs, surtout ceux de l'époque la plus ancienne, offrant le portrait des Pharaons, de leurs femmes et de leurs enfants.

7. Rechercher dans les palais de Thèbes, d'Abydos, de Sohleb, et dans tous les genres d'édifices, tous les bas-reliefs historiques ; les dessiner avec soin, figures et légendes, et copier les longues inscriptions historiques qui les suivent ou les séparent.

8. Recueillir dans les palais et les tombeaux des rois tout ce qui se rapporte à la vie publique et privée des Pharaons.

9. Dessiner dans les catacombes de Thèbes ou des autres villes égyptiennes les tableaux et les inscriptions relatives à la vie civile des diverses classes de la nation, surtout ceux qui retracent les arts, les métiers et la vie intérieure des Égyptiens ; faire le recueil des costumes des diverses castes, etc.

10. Copier les inscriptions votives, gravées sur la plate-forme des temples, sur les rochers environnants et dans les catacombes, toutes les fois que ces inscriptions porteront une date clairement exprimée.

11. Recueillir toutes les légendes royales, sculptées sur les édifices, avec leurs diverses variantes, et préciser le lieu où elles se lisent, pour déterminer ainsi l'ancienneté relative de chaque portion d'un même édifice, et l'état soit progressif, soit rétrograde de l'art.

12. Rechercher et faire dessiner avec soin tous les bas-reliefs et tableaux astronomiques, prendre les dates exprimées soit sur ces mêmes sculptures, soit dans leur voisinage, pour démontrer sans réplique l'époque assez récente de ces compositions, que l'esprit de système s'obstine encore, malgré des démonstrations palpables, à considérer comme remontant à des siècles fort antérieurs aux temps véritablement historiques. On fixera également ainsi l'opinion encore incertaine des savants à l'égard du point réel d'avancement auquel les Égyptiens avaient porté la science de l'astronomie.

13. On devra recueillir avec un soin scrupuleux tous les caractères hiéroglyphiques de formes différentes, en notant les couleurs de chacun d'eux, afin de former le tableau le plus approximativement complet qu'il sera possible de tous les caractères employés dans l'écriture sacrée des Égyptiens.

14. On dessinera toutes les inscriptions qui peuvent conduire soit à confirmer, soit à étendre nos connaissances, relativement à la langue et aux diverses écritures de l'ancienne Égypte.

15. Il est du plus pressant intérêt pour les études historiques et philologiques de chercher dans les ruines de l'Égypte des décrets bilingues, semblables à celui que porte la pierre de Rosette. Ces stèles existaient en très grand nombre dans les temples égyptiens des trois ordres.

16. Le directeur du voyage ferait aussi exécuter des fouilles sur les points où il serait possible de rencontrer des monuments historiques de divers genres : ceux des objets trouvés et qui mériteraient quelque attention seraient emportés pour être placés au Musée royal du Louvre, si ces objets étaient d'ancien style égyptien, et au Cabinet des antiques de la Bibliothèque royale, si ces objets étaient des médailles et des pierres gravées, ou autres monuments de style grec ou romain. Les statues grecques ou romaines appartiendraient aussi au Musée des antiques du Louvre.

17. On pourrait faire également, à Thèbes et dans toutes les autres parties de l'Égypte, des achats d'objets intéressants pour les collections royales ; on pourrait compléter ainsi avec avantage les diverses séries de monuments antiques qui existent dans ces établissements.

18. On désire depuis longtemps que des personnes instruites dans les langues orientales visitent les couvents de la vallée des lacs de Natron et de la Haute-Égypte, et examinent les livres coptes ou autres que renferment les bibliothèques des moines chrétiens, lesquelles peuvent contenir des ouvrages importants. Cette visite pourrait être faite avec soin pendant le voyage, et il serait facile peut-être d'acquérir des manuscrits intéressants à peu de frais.

19. Quelques voyageurs en Égypte ont parlé d'inscriptions en caractères inconnus, tracées ou gravées sur quelques monuments ; on s'attacherait à les recueillir, précisément parce qu'elles sont considérées comme inconnues.

20. Il manque à la Bibliothèque du roi quelques-uns des plus utiles ouvrages de la littérature arabe. On aurait peut-être l'occasion de les acquérir à un prix convenable.

Tels sont le but, le plan et les motifs d'un voyage en Égypte. Pour l'exécuter, M. Champollion n'attend plus que les ordres du roi.

Fin août, de Paris

Au grand-duc de Toscane

Altesse impériale et royale,

C'est avec la pleine conviction que les études égyptiennes avaient trouvé un digne et zélé protecteur que j'ai osé compter sur la coopération active d'une commission toscane pour l'exploration des monuments historiques encore existants en Égypte.

La lettre dont Votre Altesse impériale et royale a daigné m'honorer a comblé tous mes vœux en m'annonçant l'adoption d'un plan qui assure les importants résultats scientifiques d'une telle entreprise. C'est peut-être l'expédition scientifique savante la plus remarquable parmi toutes celles que réclame l'avancement des études solides et que le siècle est à même de tenter. Il est du moins certain que tous les esprits éclairés de l'Europe applaudissent à ce noble projet.

Comme il est inhérent à la nature humaine que quelques regrets viennent toujours se mêler à ses joies les plus vives, les circonstances politiques et l'état des affaires d'Orient rendent malheureusement incertaine l'époque du départ des deux expéditions pour l'Égypte. Le mois de novembre eût été convenable, mais le parti que le pacha Mohammed Ali peut prendre dans l'affaire des Grecs* devenant plus incertain par les derniers événements, il est prudent d'ajourner au mois de juillet prochain l'exécution du projet littéraire, cette époque étant d'ailleurs plus favorable pour un tel voyage, puisque l'on aurait devant soi les dix mois les moins chauds de l'année et qu'il serait facile de remonter en Nubie jusques aux frontières extrêmes de l'Éthiopie sans que les voyageurs éprouvassent les funestes effets de la chaleur des tropiques, qui seront sans inconvénient lorsque, par un séjour pendant les mois tempérés, on aura le temps de s'acclimater.

Ce retard ne nuira point, du reste, au succès du voyage. M. Rosellini et moi profiterons de ce sursis

* Depuis 1821, les Grecs sont en conflit avec les Turcs, qui les occupent. En tant que vassal du sultan turc, Mohammed Ali lui doit assistance. Le 16 août 1827, le sultan rejette une note dans laquelle la France, le Royaume-Uni et la Russie lui demandent de mettre fin aux exactions contre les Grecs ; les Occidentaux envoient alors une escadre pour surveiller la flotte turco-égyptienne, qu'elle détruira finalement lors de la bataille de Navarin, le 20 octobre 1827.

pour nous préparer, par l'étude plus approfondie des monuments qui existent au Musée royal de Paris et par celle d'une très grande collection égyptienne qui vient d'être achetée de M. Drovetti par le roi de France. Nous acquerrons ainsi de nouveaux moyens de remplir notre mission d'une manière plus à fond. Pendant cet intervalle, les affaires d'Orient prendront une couleur prononcée, et nous saisirons le premier moment de calme pour arracher à l'oubli les documents si précieux pour l'histoire, et dont la perte serait à jamais regrettable.

1828

28 avril, de Pont-Beauvoisin
À Zelmire

Je crois qu'enfin le moment approche où j'aurai une décision prise sur l'époque de mon voyage d'Égypte, d'après ce que j'apprends de personnes bien informées ou qui doivent l'être ; il paraît que le pacha Mohammed Ali ne se donnera pas le tort de rompre avec les puissances chrétiennes et que, dans le cas où la guerre aurait lieu entre la Porte et les alliés, l'Égypte restera définitivement neutre. Ses assurances me décident à faire mon grand pèlerinage dans les vieux temples de Thèbes et je fais dans ce moment-ci les démarches les plus actives auprès de trois de nos ministres pour les porter à s'entendre sur cette expédition toute littéraire. J'espère réussir et mon départ serait fixé au mois d'août prochain, si quelque événement imprévu dans les affaires d'Orient ne vient pas encore tout mettre en question et me forcer de renvoyer l'exécution de mon projet à une époque moins orageuse. Ce voyage doit donner à mes études un prodigieux développement. L'idée de ce voyage m'occupe depuis 20 ans. C'est une véritable monomanie et, sans être turc (ce dont Dieu me garde !), je crois qu'il est un peu dans ma destinée d'habiter l'Égypte pendant quelques mois pour la fuir ensuite, comme les enfants d'Israël, mais toutefois sans emporter les vases d'or des Égyptiens et sans pleurer au souvenir des oignons qui croissent sur les rivages du Nil.

11 juin, de Paris

Au grand-duc de Toscane

Altesse impériale et royale,

C'est un véritable bonheur pour moi de voir enfin les circonstances favoriser un projet auquel la science attache naturellement de grandes espérances, et d'être à même aujourd'hui d'annoncer l'expédition prochaine de ce voyage littéraire à un prince dont la généreuse protection et les soins éclairés veulent bien en assurer le succès.

Le roi vient d'ordonner que les fonds nécessaires à une complète exploration de l'Égypte sous le rapport des monuments historiques soient mis à ma disposition, et je suis autorisé à m'adjoindre plusieurs artistes, dessinateurs ou architectes pour relever fidèlement les nombreux bas-reliefs et toutes inscriptions monumentales qu'il importe si fort d'étudier et d'arracher ainsi à la destruction certaine dont les menace une barbarie toujours active.

Le départ pour l'Égypte aura lieu vers la fin du mois de juillet prochain, ou dans les premiers jours d'août, et il est indispensable que la Commission toscane, que Votre Altesse impériale et royale a daigné nommer dans le même but que la Commission française, s'embarque en même temps et sur le même vaisseau. Le ministre de la Marine de France doit donner le passage sur un bâtiment du roi aux personnes qui feront partie de cette expédition littéraire et toute pacifique, au milieu des mouvements guerriers dont la Méditerranée et l'Orient sont dans ce moment le théâtre ; mais, fondés sur le sentiment que le pacha Mohammed Ali doit avoir de son propre intérêt, nous avons lieu d'espérer que nos recherches en Égypte et en Nubie auront lieu dans la sécurité la plus complète.

1er août, de Toulon, à bord de l'*Eglé* sous voiles

À Zelmire

J'ai vainement attendu un mot de vous. Peut-être m'avez-vous écrit et votre lettre n'a pas eu le temps d'arriver. Je le désire. Il me serait cruel de penser que j'aie perdu tout droit à votre attachement au moment où, quittant le sol natal, je n'ai de refuge que dans la seule pensée que je vivrai toujours dans le cœur de tous ceux que j'aime et que je laisse derrière moi.

J'ai voulu vous dire adieu, et c'est une grande peine pour moi de quitter l'Europe laissant entre nous des nuages qui troublent la confiance que mon cœur a besoin de trouver dans le vôtre. Je vous écrirai d'Égypte et, si vous voulez me répondre, que ce soit à cette adresse, à M. Drovetti, consul général de France en Égypte pour M. L'Hôte [Nestor L'Hôte, dessinateur].

Adieu. Je serai heureux d'une marque de souvenir de votre main. Adieu.

16

La terre promise
(1828)

À sa descente de bateau, Champollion baise le sol égyptien. Il reçoit un excellent accueil de Mohammed Ali, malgré la destruction de la flotte égyptienne à laquelle ont participé les forces françaises. Il se félicite que la lettre du consul de France l'incitant à retarder son voyage ne soit pas parvenue à temps. À la demande du pacha, il traduit les textes gravés sur les deux obélisques d'Alexandrie. « On me prend pour un copte », écrit-il fièrement à son frère. C'est en véritable commandant qu'il distribue les charges à bord des bateaux qui conduiront la mission franco-toscane jusqu'à l'extrême sud du pays. Le Caire lui plaît, il s'y sent bien. Mais, après avoir campé au pied des pyramides, il a hâte de découvrir les temples de Haute-Égypte.

22 août, d'Alexandrie
À son frère

Je suis arrivé le 18 août dans cette terre d'Égypte, après laquelle je soupirais depuis longtemps. Jusqu'ici elle m'a traité en mère tendre, et j'y conserverai, selon toute apparence, la bonne santé que j'y apporte. J'ai pu boire de l'eau fraîche à discrétion, et cette eau-là est de l'eau du Nil qui nous arrive par le canal nommé Mahmoudiéh en l'honneur du pacha, qui l'a fait creuser. J'ai pu voir M. Drovetti le soir même de mon arrivée, et là j'ai appris qu'il m'avait écrit et conseillé d'ajourner mon voyage. Depuis la date de cette lettre, heureusement arrivée trop tard à Paris, les choses sont bien changées. Vous devez connaître déjà les conventions pour l'évacuation de la Morée [le Péloponnèse], consenties le 6 juillet par Ibrahim-Pacha [fils de Mohammed Ali] et signées il y a une douzaine de jours par le vice-roi Mohammed Ali. Mon voyage ne rencontrera aucun empêchement ; le pacha est informé de mon arrivée, et il a bien voulu me faire dire que j'étais le bienvenu ; je lui serai présenté demain ou après-demain au plus tard.

À l'entrée de la passe, un coup de canon de notre corvette amena à notre bord un pilote arabe qui dirigea la manœuvre au milieu des brisants, et nous mit en toute sûreté au milieu du Port-Vieux. Nous nous trouvâmes là entourés de vaisseaux français, anglais, égyptiens, turcs et algériens, et le fond de ce tableau, véritable macédoine de peuples, était occupé par les carcasses des bâtiments orientaux échappés aux désastres de Navarin.

À peine mouillés dans le port, plusieurs officiers supérieurs des vaisseaux français vinrent à notre bord, et nous donnèrent d'excellentes nouvelles du pays : ils nous apprirent la prochaine évacuation de la Morée par les troupes d'Ibrahim, en conséquence d'une convention récente. On attend dans peu de jours la rentrée de la première division de l'armée égyptienne.

M. le chancelier du consulat général de France voulut bien aussi venir à notre bord, nous complimenter de la part de M. Drovetti, qui se trouvait heureusement à Alexandrie, ainsi que le vice-roi. Le soir même, à six heures, je me rendis à terre, avec notre brave commandant et mes compagnons de voyage, Rosellini, Bibent [architecte], Ricci [médecin], et quelques autres : je baisai le sol égyptien en le touchant pour la première fois, après l'avoir si longtemps désiré. À peine débarqués, nous fûmes entourés par des conducteurs d'ânes (ce sont les fiacres du pays), et, montés sur ces nobles coursiers, nous entrâmes dans Alexandrie. Les descriptions que l'on peut lire de cette ville ne sauraient en donner une idée complète ; ce fut pour nous comme une apparition des antipodes, et un monde tout nouveau : des couloirs étroits bordés d'échoppes, encombrés d'hommes de toutes les couleurs, de chiens endormis et de chameaux en chapelet ; des cris rauques partant de tous les côtés et se mêlant à la voix glapissante des femmes, ou d'enfants à demi nus ; une poussière étouffante, et par-ci par-là quelques seigneurs magnifiquement habillés, maniant habilement de beaux chevaux richement harnachés, voilà ce qu'on nomme une rue d'Alexandrie.

Après une demi-heure de course sur nos ânes et une infinité de détours, nous arrivâmes chez M. Drovetti, dont l'accueil empressé mit le comble à toutes nos satisfactions. Surpris toutefois de notre arrivée au milieu des circonstances actuelles, il nous en félicita cependant, et nous donna l'assurance que notre voyage d'exploration ne souffrirait aucune difficulté. M. Drovetti ajouta encore à ses prévenances en m'offrant un logement au palais de France, l'ancien quartier général de notre armée. J'y ai trouvé un petit appartement très agréable, c'est celui de Kléber, et ce n'est pas sans de vives émotions que je me suis couché dans l'alcôve où a dormi le vainqueur d'Héliopolis. Du reste, le souvenir des Français est partout dans Alexandrie, tant notre influence y fut douce et équitable. En arrivant, j'ai entendu battre la retraite par les tambours et les fifres égyptiens sur les mêmes airs qu'à Paris. De vieux Arabes parlent encore en français.

23 août, d'Alexandrie

Je supporte la chaleur on ne peut mieux ; il semble que je suis né dans le pays, et les Francs ont déjà trouvé que j'ai tout à fait la physionomie d'un copte. Ma moustache, noire à faire plaisir et déjà fort respectable, ne contribue pas mal à m'orientaliser la face. J'ai pris, du reste, les us et coutumes du pays, force café et trois séances de pipe par jour.

29 août, d'Alexandrie

J'ai visité tous les monuments des environs ; la colonne de Pompée n'a rien de fort extraordinaire ; j'y ai trouvé cependant à glaner. Elle repose sur un massif construit de débris antiques, et j'ai reconnu parmi ces débris le cartouche de Psammétichus II. Je n'ai pas négligé l'inscription grecque qui dépend de la colonne, et sur laquelle existent encore quelques incertitudes. Une bonne empreinte en papier les fera cesser, et je serai heureux d'exposer sous les yeux de nos savants cette copie fidèle qui doit les mettre enfin d'accord sur ce monument historique. J'ai visité plus souvent les obélisques de Cléopâtre, toujours au moyen de nos roussins [ânes], que les jeunes Arabes nomment un bon cabal (dénomination provençale). De ces deux obélisques, celui qui est debout a été donné au roi par le pacha d'Égypte, et j'espère qu'on prendra les moyens nécessaires pour faire transporter cet obélisque à Paris. Celui qui est à terre appartient aux Anglais. J'ai déjà copié et fait dessiner sous mes yeux leurs inscriptions hiéroglyphiques. On en aura donc, et pour la première fois, je puis le dire, un dessin exact. Ces deux obélisques, à trois colonnes de caractères sur chaque face, ont été primitivement érigés par le roi Mœris devant le grand temple du Soleil à Héliopolis. Les inscriptions latérales sont de Sésostris, et j'en ai découvert deux autres très courtes, à la face est, qui sont du successeur de Sésostris. Ainsi, trois époques sont marquées sur ces monuments ; le dé antique en granit rosé, sur lequel chacun d'eux avait été placé, existe encore ; mais j'ai vérifié, en faisant fouiller par mes Arabes dirigés par notre architecte M. Bibent, que ce dé repose sur un socle de trois marches qui est de fabrique grecque ou romaine.

C'est le 24 août, à huit heures du matin, que nous avons été reçus par le vice-roi [Mohammed Ali]. S.A. habite plusieurs belles maisons construites avec beaucoup de soin dans le goût des palais de Constantinople ; ces édifices, de belle apparence, sont situés dans l'ancienne île du Phare. Nous nous y sommes rendus en corps, précédés de M. Drovetti, tous habillés au mieux, et les uns dans une calèche attelée de deux beaux chevaux conduits habilement à toute bride dans les rues d'Alexandrie par le cocher de M. Drovetti, et les autres montés sur des ânes escortant la calèche. Descendus au grand escalier de la salle du divan, nous sommes entrés dans une vaste pièce remplie de fonctionnaires, et nous avons été immédiatement introduits dans une seconde salle, percée à jour : dans un de ses angles, entre deux croisées, était assise S.A., dans un costume fort simple, et tenant dans ses mains une pipe enrichie de diamants. Sa taille est ordinaire, et l'ensemble de sa physionomie a une teinte de gaîté qui surprend dans un personnage occupé de si grandes choses. Ses yeux ont une expression très vive, et une magnifique barbe blanche couvre sa poitrine. S.A., après avoir demandé de nos nouvelles, a bien voulu nous dire que nous étions les bienvenus, et me questionner ensuite sur le plan de mon voyage. Je l'ai exposé sommairement, et j'ai demandé les firmans [documents officiels] nécessaires ; ils m'ont été accordés sur-le-champ, avec deux chaouchs [gardes du corps] du vice-roi, qui nous accompagneront partout.

13 septembre, d'Alexandrie

Mon départ pour Le Caire est définitivement arrêté pour demain, tous nos préparatifs étant heureusement terminés, ainsi que ce que je puis appeler l'organisation de l'expédition, chacun ayant sa part officielle d'action pour le bien de tous. Le docteur Ricci est chargé de la santé et des vivres ; M. Duchesne, de l'arsenal ; M. Bibent, des fouilles, ustensiles et engins ; M. L'Hôte, des finances ; M. Gaetano Rosellini [architecte], du mobilier et des bagages, etc. Nous avons avec nous deux domestiques et un cuisinier arabes ; deux autres domestiques barabras [Nubiens] ; mon homme à moi, Soliman, est un Arabe, de belle mine, et dont le service est excellent. Deux bâtiments à voile nous porteront sur le Nil ; l'un est le plus grand *maasch* du pays, et il a été monté par S.A. Mohammed Ali : je l'ai nommé l'*Isis* ; l'autre est une *dahabié*, où cinq personnes logeront assez commodément ; j'en ai donné le commandement à M. Duchesne, en survivance du bon docteur Raddi, qui doit nous quitter pour aller à la chasse des papillons dans le désert libyque. Cette *dahabié* a reçu le nom d'*Athyr* : nous voguerons ainsi sous les auspices des deux déesses les plus joviales du Panthéon égyptien.

Je viens à l'instant (huit heures du soir) de prendre congé du vice-roi. S.A. a été on ne peut pas plus gracieuse ; je l'ai priée d'agréer notre gratitude pour la protection ouverte qu'elle veut bien nous assurer. Le vice-roi a répondu que les princes chrétiens traitant ses sujets avec distinction, la réciprocité était pour lui un devoir. Nous avons parlé hiéroglyphes, et il m'a demandé une traduction des inscriptions des obélisques d'Alexandrie. Je me suis empressé de la lui promettre, et elle lui sera remise demain matin, mise en langue turque par M. le chancelier du consulat de France.

Son Altesse a désiré savoir jusqu'à quel point de la Nubie je pousserai mon voyage, et elle m'a assuré que nous trouverions partout honneurs et protection.

Demain je monte sur mon vaisseau général et je prends le commandement.

27 septembre, du Caire

C'est le 14 de ce mois, au matin, que j'ai quitté Alexandrie, après avoir arboré le pavillon de France. Nous avons pris le canal nommé Mahmoudiéh, auquel ont travaillé MM. Coste et Masi ; il suit la direction générale de l'ancien canal d'Alexandrie, mais il fait beaucoup moins de détours, et se rend plus directement au Nil, en passant entre le lac Maréotis, à droite, et celui d'Edkou, à gauche. Nous débouchâmes dans le fleuve, le 15 de très bonne heure, et je conçus dès lors les transports de joie des Arabes d'Occident, lorsque, quittant les sables libyques d'Alexandrie, ils entrent dans la branche canopique, et sont frappés de la vue des tapis de verdure du delta, couvert d'arbres de toute espèce, au-dessus desquels s'élèvent les centaines de minarets des nombreux villages qui sont dispersés sur cette terre de prédilection. Ce spectacle est véritablement enchanteur, et la renommée de la fertilité de la campagne d'Égypte n'est point exagérée. Le fleuve est immense, et les rives en sont délicieuses.

Le 16, à six heures du matin, je trouvai, en m'éveillant, le *maasch* amarré dans le voisinage de Ssa-el-Hagar, où j'avais recommandé d'aborder pour visiter les ruines de Saïs, devant lesquelles je ne pouvais passer sans respect. Nos fusils sur l'épaule, nous gagnâmes le village qui est à une demi-heure du fleuve ; nos jeunes artistes chassèrent en chemin, et firent lever deux chacals, qui s'échappèrent à toutes jambes à travers les coups de fusils. Nous nous dirigeâmes sur une grande enceinte que nous apercevions dans la plaine depuis le matin. L'inondation, qui couvrait une partie des terrains, nous força de faire quelques détours, et nous passâmes sur une première nécropole égyptienne, bâtie en briques crues. Sa surface est couverte de débris de poterie, et j'y ramassai quelques fragments de figurines funéraires : la grande enceinte n'était abordable que par une porte forcée tout à fait moderne. Je n'essayerai point de rendre l'impression que j'éprouvai après avoir dépassé cette porte, et en trouvant sous mes yeux des masses énormes de 80 pieds de hauteur, semblables à des rochers déchirés par la foudre ou par des tremblements de terre. Je courus vers le milieu de cette immense circonvallation, et reconnus encore des constructions égyptiennes en briques crues, de 15 pouces de long, 7 de large et 5 d'épaisseur. C'était aussi une nécropole, et cela nous expliqua une chose jusqu'ici assez embarrassante, savoir ce que faisaient de leurs momies les villes situées dans la Basse-Égypte, et loin des montagnes. Cette seconde nécropole de Saïs, dans les débris colossaux de laquelle on reconnaît encore plusieurs étages de petites chambres funéraires (et il devait y en avoir un nombre infini), n'a pas moins de 1400 pieds de longueur, et près de 500 de large. Sur les parois de quelques-unes des chambres, on trouve encore un grand vase de terre cuite, qui servait à renfermer les intestins des morts, et faisait l'office des vases dits canopes. Nous avons reconnu du bitume au fond de l'un d'entre eux.

Le 19 au matin, nous vîmes enfin les pyramides, dont on pouvait déjà apprécier les masses, quoique nous fussions à huit lieues de distance. À une heure trois quarts, nous arrivâmes au sommet du Delta (Bathn-el-Bakarah, le Ventre-de-la-Vache), à l'endroit même où le fleuve se partage en deux branches, celle de Rosette et celle de Damiette. La vue est magnifique, et la largeur du Nil étonnante. À l'occident, les pyramides s'élèvent au milieu des palmiers ; une multitude de barques et de bâtiments se croisent dans tous les sens ; à l'orient, le village très pittoresque de Schoraféh ; dans la direction d'Héliopolis : le fond du tableau est occupé par le mont Mokattam, que couronne la citadelle du Caire, et dont la base est cachée par la forêt de minarets de cette grande capitale.

Nous passâmes devant Embabéh, et après avoir salué le champ de bataille des pyramides, nous abordâmes au port de Boulaq, à cinq heures précises. La journée du

20 se passa en préparatifs de départ pour le Caire, et plusieurs convois d'ânes et de chameaux transportèrent en ville nos lits, malles et effets, pour meubler la maison que j'avais fait louer d'avance. À 5 heures du soir, suivi de ma caravane, et enfourchant nos ânes, bien plus beaux que ceux d'Alexandrie, je partis pour le Caire. Le janissaire du consulat ouvrait la marche, le drogman était avec moi, et toute la jeunesse paradait à ma suite : je m'aperçus que cela ne déplaisait nullement aux Arabes, qui criaient : *Fransaouï* (Français) avec une certaine satisfaction.

Nous arrivions au Caire au bon moment ; ce jour-là et le lendemain étaient ceux de la fête que les musulmans célébraient pour la naissance du Prophète. La grande et importante place d'Ezbékiéh, dont l'inondation occupe le milieu, était couverte de monde entourant les baladins, les danseuses, les chanteuses, et de très belles tentes sous lesquelles on pratiquait des actes de dévotion. Ici, des musulmans assis lisaient en cadence des chapitres du Coran ; là, trois cents dévots, rangés en lignes parallèles, assis, mouvant incessamment le haut de leur corps en avant et en arrière comme des poupées à charnière, chantaient en chœur *Là Ilâh ill Allâh* (Il n'y a point d'autre dieu que Dieu) ; plus loin, cinq cents énergumènes, debout, rangés circulairement et se sentant les coudes, sautaient en cadence, et poussaient, du fond de leur poitrine épuisée, le nom d'Allah, mille fois répété, mais d'un ton si sourd, si caverneux, que je n'ai entendu de ma vie un chœur plus infernal ; cet effroyable bourdonnement semblait sortir des profondeurs du Tartare. À côté de ces religieuses démonstrations, circulaient les musiciens et les filles de joie ; des jeux de bague, des escarpolettes de tout genre étaient en pleine activité : ce mélange de jeux profanes et de pratiques religieuses, joint à l'étrangeté des figures et à l'extrême variété des costumes, formait un spectacle infiniment curieux, et que je n'oublierai jamais.

On a dit beaucoup de mal du Caire : pour moi, je m'y trouve fort bien ; et ces rues de 8 à 10 pieds de largeur, si décriées, me paraissent parfaitement bien calculées pour éviter la trop grande chaleur. Sans être pavées, elles sont d'une propreté fort remarquable. Le Caire est une ville tout à fait monumentale ; la plus grande partie des maisons est en pierre, et à chaque instant on y remarque des portes sculptées dans le goût arabe ; une multitude de mosquées, plus élégantes les unes que les autres, couvertes d'arabesques du meilleur goût, et ornées de minarets admirables de richesse et de grâce, donnent à cette capitale un aspect imposant et très varié. Je l'ai parcourue dans tous les sens, et je découvre chaque jour de nouveaux édifices que je n'avais pas encore soupçonnés. Grâces à la dynastie des Thouloumides, aux califes fathimites, aux sultans ayoubites et aux mamelouks baharites, le Caire est encore une ville des Mille et une Nuits, quoique la barbarie ait détruit ou laissé détruire en très grande partie les délicieux produits des arts et de la civilisation arabes. J'ai fait mes premières dévotions dans la mosquée de Thouloum, édifice du IXe siècle, modèle d'élégance et de grandeur, que je ne puis assez admirer, quoique à moitié ruiné. Pendant que j'en considérais la porte, un vieux cheïk me fit proposer d'entrer dans la mosquée : j'acceptai avec empressement, et, franchissant lestement la première porte, on m'arrêta tout court à la seconde : il fallait entrer dans le lieu saint sans chaussure ; j'avais des bottes, mais j'étais sans bas ; la difficulté était pressante. Je quitte mes bottes, j'emprunte un mouchoir à mon janissaire pour envelopper mon pied droit, un autre mouchoir à mon domestique nubien Mohammed, pour mon pied gauche, et me voilà sur le parquet en marbre de l'enceinte sacrée ; c'est sans contredit le plus beau monument arabe qui reste en Égypte. La délicatesse des sculptures est incroyable, et cette suite de portiques en arcades est d'un effet charmant.

Dans une de mes courses à la citadelle, où je suis allé plusieurs fois pour faire dessiner les débris égyptiens, j'ai visité le fameux puits de Joseph, c'est-à-dire le puits que le grand Saladin (Salahh-Eddin-Joussouf) a fait creuser dans la citadelle, non loin de son palais ; c'est un grand ouvrage. J'ai vu aussi la ménagerie du pacha, consistant en un lion, deux tigres et un éléphant ; je suis arrivé trop tard pour voir l'hippopotame vivant : la pauvre bête venait de mourir d'un coup de soleil, pris en faisant sa sieste sans précaution ; mais j'en ai vu la peau empaillée à la turque, et pendue au-dessus de la porte principale de la citadelle. J'ai visité avant-hier Mahammed-Bey, *defterdar* (trésorier) du pacha. Il m'a fait montrer la maison qu'il construit à Boulaq sur le Nil, et dans les murailles de laquelle il a fait encastrer, comme ornement, d'assez beaux bas-reliefs égyptiens, venant de Sakkarah.

Je n'ai encore fait aucune acquisition ; je présume que notre arrivée a fait hausser le prix des antiquités ; mais cela ne peut durer longtemps. Je pars demain ou après pour Memphis ; je ne reviendrai pas au Caire cette année ; nous débarquerons près de Mit-Rahinéh (le centre des ruines de la vieille ville), où je m'établirai ; je pousserai de là des reconnaissances sur Sakkarah,

Dahschour et toute la plaine de Memphis, jusqu'aux grandes pyramides de Gizéh.

Ma santé est toujours excellente et meilleure qu'en Europe ; il est vrai que je suis un homme tout nouveau : ma tête rasée est couverte d'un énorme turban ; je suis complètement habillé à la turque, une belle moustache couvre ma bouche, et un large cimeterre pend à mon côté ; ce costume est très chaud, et c'est justement ce qui convient en Égypte ; on y sue à plaisir et l'on s'y porte de même. Les Arabes me prennent partout pour un naturel ; dans peu je pourrai joindre l'illusion de la parole à celle des habits ; je débrouille mon arabe, et à force de jargonner, on ne me prendra plus pour un débutant.

5 octobre, de Sakkarah

C'est le 4 octobre que je suis venu camper à Sakkarah, car nous sommes sous la tente ; une d'elles est occupée par nos domestiques ; tous les soirs, sept ou huit Bédouins choisis d'avance font la garde de nuit et les commissions le jour ; ce sont de braves et excellentes gens, quand on les traite en hommes. J'ai visité ici, à Sakkarah, la plaine des momies, l'ancien cimetière de Memphis, parsemé de pyramides et de tombeaux violés. Cette localité, grâce à la rapace barbarie des marchands d'antiquités, est presque tout à fait nulle pour l'étude : les tombeaux ornés de sculptures sont, pour la plupart, dévastés, ou recomblés après avoir été pillés. Ce désert est affreux ; il est formé par une suite de petits monticules de sable produits des fouilles et des bouleversements, le tout parsemé d'ossements humains, débris des vieilles générations. Deux tombeaux seuls ont attiré notre attention, et m'ont dédommagé du triste aspect de ce champ de désolation. J'ai trouvé, dans l'un d'eux, une série d'oiseaux sculptés sur les parois, et accompagnés de leurs noms en hiéroglyphes ; cinq espèces de gazelles avec leurs noms ; et enfin quelques scènes domestiques, telles que l'action de traire le lait, deux cuisiniers exerçant leur art, etc. Nos portefeuilles se grossissent du fruit de ces découvertes.

8 octobre, au pied des pyramides de Gizéh

J'ai transporté mon camp et mes pénates à l'ombre des grandes pyramides, depuis hier que, quittant Sakkarah pour visiter l'une des merveilles du monde, sept chameaux et vingt ânes ont transporté nous et nos bagages à travers le désert qui sépare les pyramides méridionales de celles de Gizéh, les plus célèbres de toutes, et qu'il me fallait voir enfin avant de partir pour la Haute-Égypte. Ces merveilles ont besoin d'être étudiées de près pour être bien appréciées ; elles semblent diminuer de hauteur à mesure qu'on en approche, et ce n'est qu'en touchant les blocs de pierre dont elles sont formées qu'on a une idée juste de leur masse et de leur immensité. Il y a peu à faire ici, et lorsqu'on aura copié des scènes de la vie domestique, sculptées dans un tombeau voisin de la deuxième pyramide, je regagnerai nos embarcations, qui viendront nous prendre à Gizéh, et nous cinglerons à force de voiles pour la Haute-Égypte, mon véritable quartier général.

17

En remontant le Nil (1828-1829)

Dans les tombeaux de Béni-Hassan, puis à Dendérah au clair de lune, Champollion passe d'émerveillement en émerveillement. Il fait un premier séjour à Thèbes, dont « les monuments dépassent tout ce qu'on peut imaginer », et se promet de venir y séjourner longuement en redescendant le Nil. Rien de tel à l'île de Philae où il ne voit que « des sculptures barbares ». Ses ennuis de santé sont oubliés : « Le climat me convient, et je me porte bien mieux qu'à Paris », écrit-il à son frère. C'est en pleine fournaise qu'il explore le grand temple d'Abou Simbel. Le 1er janvier 1829, arrivé à Ouadi Halfa, il adresse un cri de victoire à M. Dacier, secrétaire perpétuel de l'Académie des inscriptions et belles-lettres : son alphabet hiéroglyphique s'applique parfaitement à tous les monuments qu'il a pu explorer.

5 novembre, de Béni-Hassan, et 8 novembre, de Monfaloutli

Je comptais être à Thèbes le 1er novembre ; voici déjà le 5, et je me trouve encore à Béni-Hassan. Tout ceci est la faute de l'admirable Jomard qui, décrivant les hypogées [tombes souterraines] de cette localité, en donne une si mince idée par ses petits dessins inexacts et ses phrases encore plus douteuses. Je comptais expédier ces grottes en une journée ; mais elles en ont pris quinze, sans que j'en éprouve le moindre regret.

À l'aube du jour, quelques-uns de nos jeunes gens étant allés, en éclaireurs, visiter les grottes voisines, rapportèrent qu'il y avait peu à faire, vu que les peintures étaient à peu près effacées. Je montai néanmoins, au lever du soleil, visiter ces hypogées, et je fus agréablement surpris de trouver une étonnante série de peintures parfaitement visibles jusques dans leurs moindres détails, lorsqu'elles étaient mouillées avec une éponge, et qu'on avait enlevé la croûte de poussière fine qui les recouvrait et qui avait donné le change à nos compagnons. Dès ce moment on se mit à l'ouvrage, et par la vertu de nos échelles et de l'admirable éponge, la plus belle conquête que l'industrie humaine ait pu faire, nous vîmes se dérouler à nos yeux la plus ancienne série de peintures qu'on puisse imaginer, toutes relatives à la vie civile, aux arts et métiers, et, ce qui était neuf, à la caste militaire. Nous avons fait ici une moisson inappréciable de tableaux représentant la vie civile et domestique, les arts et métiers, les animaux de tout genre, les exercices et les costumes de la caste militaire que j'ai rédigés sur place, presque toujours du haut des échelles ou dans des positions fort incommodes.

Cette vie de tombeaux a eu pour résultat un portefeuille de dessins parfaitement faits et d'une exactitude complète, qui s'élèvent déjà à plus de trois cents. J'ose dire qu'avec ces seules richesses mon voyage d'Égypte serait déjà mieux rempli et plus productif que tous les papiers de la Commission, à l'architecture près, dont je ne m'occupe que dans les lieux qui n'ont pas été visités ou connus.

24 novembre, de Thèbes

En longeant le Djebel-el-Asserat, nous aperçûmes les premiers crocodiles ; ils étaient quatre, couchés sur un îlot de sable, et une foule d'oiseaux circulaient au milieu d'eux. J'ignore si dans le nombre était le trochilus de notre ami Geoffroy Saint-Hilaire [naturaliste qui participa à la campagne d'Égypte de Bonaparte].

Peu de temps après nous débarquâmes à Girgé. Le vent était faible le 15, et nous fîmes peu de chemin. Mais nos nouveaux compagnons, les crocodiles, semblaient vouloir nous en dédommager ; j'en comptai vingt et un, groupés sur un même îlot, et une bordée de coups de fusils à balles, tirée d'assez près, n'eut d'autre résultat que de disperser ce conciliabule. Ils se jetèrent au Nil, et nous perdîmes un quart d'heure à désengraver notre *maasch* qui s'était trop approché de l'îlot.

Le 16 au soir, nous arrivâmes enfin à Dendérah. Il faisait un clair de lune magnifique, et nous n'étions qu'à une heure de distance des temples : pouvions-nous résister à la tentation ? Souper et partir sur-le-champ furent l'affaire d'un instant : seuls et sans guides, mais armés jusqu'aux dents, nous prîmes à travers champs, présumant que les temples étaient en ligne droite de notre *maasch*. Nous marchâmes ainsi, chantant les marches des opéras les plus nouveaux, pendant une heure et demie. Les temples nous apparurent enfin. Je n'essayerai pas de décrire l'impression que nous fit le grand propylon et surtout le portique du grand temple. On peut bien le mesurer, mais en donner une idée, c'est impossible. C'est la grâce et la majesté réunies au plus haut degré. Nous y restâmes deux heures en extase, courant les grandes salles avec notre pauvre falot, et cherchant à lire les inscriptions extérieures au clair de la lune. On ne rentra au *maasch* qu'à trois heures du matin pour retourner aux temples à sept heures. C'est là que nous passâmes toute la journée du 17. Ce qui était magnifique à la clarté de la lune l'était encore plus lorsque les rayons du soleil nous firent distinguer tous les détails. Je vis dès lors que j'avais sous les yeux un chef-d'œuvre d'architecture, couvert de sculptures de détail du plus mauvais style. N'en déplaise à personne, les bas-reliefs de Dendérah sont détestables, et cela ne pouvait être autrement : ils sont d'un temps de décadence. La sculpture s'était déjà corrompue, tandis que l'architecture, moins sujette à varier puisqu'elle est un art chiffré, s'était soutenue digne des dieux de l'Égypte et de l'admiration de tous les siècles.

C'est dans la matinée du 20 novembre que le vent, lassé de nous contrarier depuis deux jours et de nous fermer l'entrée du sanctuaire, me permit d'aborder enfin à Thèbes. Ce nom était déjà bien grand dans ma pensée, il est devenu colossal depuis que j'ai parcouru les ruines de la vieille capitale, l'aînée de toutes les villes du monde ; pendant quatre jours entiers j'ai couru de merveille en merveille. Le premier jour, je visitai le palais de Kourna, les colosses du Memnonium, et le prétendu tombeau d'Osimandyas, qui ne porte d'autres légendes que celles de Rhamsès le Grand et de deux de ses descendants ; le nom de ce palais est écrit sur toutes ses murailles ; les Égyptiens l'appelaient le Rhamesséion, comme ils nommaient Aménophion le Memnonium, et Mandouéion le palais de Kourna. Le prétendu colosse d'Osimandyas est un admirable colosse de Rhamsès le Grand.

Le second jour fut tout entier passé à Médinet-Habou, étonnante réunion d'édifices, où je trouvai les propylées d'Antonin, d'Hadrien et des Ptolémées, un édifice de Nectanèbe, un autre de l'Éthiopien Tharaca, un petit palais de Thouthmosis III (Moeris), enfin l'énorme et gigantesque palais de Rhamsès-Meïamoun, couvert de bas-reliefs historiques.

Le troisième jour, j'allai visiter les vieux rois de Thèbes dans leurs tombes, ou plutôt dans leurs palais creusés au ciseau dans la montagne de Biban-el-Molouk : là, du matin au soir, à la lueur des flambeaux, je ne me lassai pas de parcourir des enfilades d'appartements couverts de sculptures et de peintures, pour la plupart d'une étonnante fraîcheur ; c'est là que j'ai recueilli, en courant, des faits d'un haut intérêt pour l'histoire. J'y ai vu un tombeau de roi martelé d'un bout à l'autre, excepté dans les parties où se trouvaient sculptées les images de la reine sa mère et celles de sa femme, qu'on a religieusement respectées, ainsi que leurs légendes. C'est, sans aucun doute, le tombeau d'un roi condamné par jugement après sa mort. J'en ai vu un second, celui d'un roi thébain des plus anciennes époques, envahi postérieurement par un roi de la XIXe dynastie, qui a fait recouvrir de stuc tous les vieux cartouches pour y mettre le sien, et s'emparer ainsi des bas-reliefs et des inscriptions tracées pour son prédécesseur. Il faut cependant dire que l'usurpateur fit creuser une seconde salle funéraire pour y mettre son sarcophage, afin de ne point déplacer celui de son ancêtre. À l'exception de ce tombeau-là, tous les autres appartiennent à des rois des XVIIIe et XIXe ou XXe dynasties ; mais on n'y voit ni le tombeau de Sésostris, ni celui de Mœris. Je ne parle point ici d'une foule de petits temples et édifices épars au milieu de ces grandes choses : je mentionnerai seulement un petit temple de la déesse Hathôr (Vénus), dédié par Ptolémée-Épiphane, et un temple de Thoth près de Médinet-Habou, dédié par Ptolémée Évergète II et ses deux femmes ; dans les bas-reliefs de ce temple, ce Ptolémée fait des offrandes à tous ses ancêtres mâles et femelles, Épiphane et Cléopâtre, Philopator et Arsinoé, Évergète et Bérénice, Philadelphe et Arsinoé. Tous ces Lagides sont représentés en pied, avec leurs surnoms grecs traduits en égyptien, en dehors de leurs cartouches. Du reste, ce temple est d'un fort mauvais goût à cause de l'époque.

Le quatrième jour (hier 23), je quittai la rive gauche du Nil pour visiter la partie orientale de Thèbes. Je vis d'abord Louqsor, palais immense, précédé de deux obélisques de près de 80 pieds, d'un seul bloc de granit rose, d'un travail exquis, accompagnés de quatre colosses de même matière, et de 30 pieds de hauteur environ, car ils sont enfouis jusqu'à la poitrine. C'est encore là du Rhamsès le Grand. J'allai enfin au palais ou plutôt à la ville des monuments, à Karnac. Là m'apparut toute la magnificence pharaonique, tout ce que les hommes ont imaginé et exécuté de plus grand. Tout ce que j'avais vu à Thèbes, tout ce que j'avais admiré avec enthousiasme sur la rive gauche, me parut misérable en comparaison des conceptions gigantesques dont j'étais entouré. Je me garderai bien de vouloir rien décrire ; car, ou mes expressions ne vaudraient que la millième partie de ce qu'on doit dire en parlant de tels objets, ou bien si j'en traçais une faible esquisse, même fort décolorée, on me prendrait pour un enthousiaste, peut-être même pour un fou. Il suffira d'ajouter qu'aucun peuple ancien ni moderne n'a conçu l'art de l'architecture sur une échelle aussi sublime, aussi large, aussi grandiose, que le firent les vieux Égyptiens ; ils concevaient en hommes de 100 pieds de haut, et l'imagination qui, en Europe, s'élance bien au-dessus de nos portiques, s'arrête et tombe impuissante au pied des cent quarante colonnes de la salle hypostyle de Karnac.

J'ai trouvé autour des palais de Karnac une foule d'édifices de toutes les époques, et lorsque, au retour de la seconde cataracte vers laquelle je fais voile demain, je viendrai m'établir pour cinq ou six mois à Thèbes, je m'attends à une récolte immense de faits historiques, puisque, en courant Thèbes comme je l'ai fait pendant quatre jours, sans voir même un seul des milliers d'hypogées qui criblent la montagne libyque, j'ai déjà recueilli des documents fort importants.

J'écris ce que je puis dans les moments où les ruines égyptiennes me permettent de respirer au milieu de tous ces travaux et de ces jouissances réellement trop vives si elles devaient se renouveler souvent ailleurs comme à Thèbes. Ma santé est excellente ; le climat me convient, et je me porte bien mieux qu'à Paris. Les gens du pays nous accablent de politesses : j'ai dans ce moment-ci dans ma petite chambre : 1. un aga turc, commandant en chef de Kourna, dans le palais de Mandoueï ; 2. le cheik-el-bélad de Médinet-Habou, donnant ses ordres au Rhamesséium et au palais de Rhamsès-Meïainoun ; enfin un cheik de Karnac, devant lequel tout se prosterne dans les colonnades du vieux palais des rois d'Égypte. Je leur fais porter de temps en temps des pipes et du café, et mon drogman [interprète] est chargé de les amuser pendant que j'écris ; je n'ai que la peine de répondre, par intervalles réglés, *Thaïbin* (Cela va bien), à la question *Ente-Thaïeb* (Cela va-t-il bien ?) que m'adressent régulièrement toutes les dix minutes ces braves gens que j'invite à dîner à tour de rôle. On nous comble de présents ; nous avons un troupeau de moutons et une cinquantaine de poules qui, dans ce moment-ci, paissent et fouillent autour du portique du palais de Kourna.

8 décembre, de l'île de Philae

Je quittai Thèbes le 26 novembre, et c'est de ce monde enchanté que ma dernière lettre est datée.

Le 28 au soir, nous étions à Esné, avec le projet de ne pas nous y arrêter. Je fis donc faire voile un peu plus au sud, et débarquai sur la rive orientale pour aller voir le temple de Contra-Lato. J'y arrivai trop tard, on l'avait démoli depuis une douzaine de jours, pour renforcer le quai d'Esné, que le Nil menace et finira par emporter. De retour au *maasch*, je le trouvai plein d'eau : heureusement qu'il avait abordé sur un point peu profond, et que, touchant bientôt, il n'avait pu être entièrement coulé à fond. Il fallut le vider, et retourner à Esné le soir même, pour le radouber et faire boucher la voie d'eau. Toutefois nos provisions furent mouillées, nous avons perdu notre sel, notre riz, notre farine de maïs. Tout cela n'est rien auprès du danger qui nous eût menacés si cette voie d'eau se fût ouverte pendant la navigation dans le grand chenal : nous eussions coulé irrémissiblement. Que le grand Amon soit donc loué ! Pendant que nous séchions notre désastre dans la matinée du 29, j'allai visiter le grand temple d'Esné, qui, grâce à sa nouvelle destination de magasin de coton, échappera quelque temps encore à la destruction. J'y ai vu, comme je m'y attendais, une assez belle architecture, mais des sculptures détestables.

Le 29 au soir, nous étions à Eléthya (El-Kab) ; je parcourus l'enceinte et les ruines, la lanterne à la main ; mais je ne trouvai plus rien : les restes des deux temples avaient disparu ; on les a aussi démolis il y a peu de temps pour réparer le quai d'Esné ou quelque autre construction récente. Avais-je tort de me presser de venir en Égypte ? Je visitai le grand temple d'Edfou (Apollonopolis Magna), dans l'après-midi du 30. Celui-ci est intact ; mais la sculpture en est très mauvaise.

Ce n'est que le 4 décembre au matin que le vent voulut bien nous permettre d'arriver à Syène (Assouan), dernière ville de l'Égypte au sud. J'eus encore là de cuisants regrets à éprouver : les deux temples de l'île d'Éléphantine, que j'allai visiter aussitôt que l'ardeur du soleil fut amortie, ont aussi été démolis : il n'en reste que la place. Il a fallu me contenter d'une porte ruinée, en granit, dédiée au nom d'Alexandre (le fils du conquérant), au dieu d'Éléphantine Chnouphis, et d'une douzaine de *proscynemata* (actes d'adoration) hiéroglyphiques gravés sur une vieille muraille ; enfin, de quelques débris pharaoniques épars et employés comme matériaux dans des constructions du temps des Romains. J'avais reconnu le matin ce qui reste du temple de Syène : c'est ce que j'ai vu de plus misérable en sculpture ; mais j'y ai trouvé, pour la première fois, la légende impériale de Nerva, qui n'existe point ailleurs, à ma connaissance. Ce petit temple était dédié aux dieux du pays et de la cataracte, Chnouphis, Saté (Junon) et Anoukis (Vesta).

À Syène, nous avons évacué nos *maasch*, et fait transporter tout notre bagage dans l'île de Philae, à dos de chameau. Pour moi, le 5 au soir, j'enfourchai un âne, et, soutenu par un hercule arabe, car j'avais une douleur de rhumatisme au pied gauche, je me suis rendu à Philae en traversant toutes les carrières de granit rose, hérissées d'inscriptions hiéroglyphiques des anciens Pharaons. Incapable de marcher, et après avoir traversé le Nil en barque pour aborder dans l'île sainte, quatre hommes, soutenus par six autres, car la pente est presque à pic, me prirent sur leurs épaules et me hissèrent jusqu'auprès du petit temple à jour, où l'on m'avait préparé une chambre dans de vieilles constructions romaines, assez semblable à une prison, mais fort saine et à couvert des mauvais vents.

Le 6 au matin, soutenu par mes domestiques, Mohammed le Barabra et Soliman l'Arabe, j'allai visiter péniblement le grand temple ; au retour, je me couchai et je ne me suis pas encore relevé, vu que ma goutte de Paris a jugé à propos de se porter à la première cataracte et de me traquer au passage ; elle est fort benoîte du reste, et j'en serai quitte demain ou après. En attendant, on prépare nos barques pour le voyage de Nubie.

1829

1er janvier, d'Ouadi-Halfa, deuxième cataracte

Me voici arrivé fort heureusement au terme extrême de mon voyage : j'ai devant moi la deuxième cataracte, barrière de granit que le Nil a su vaincre, mais que je ne dépasserai pas. Au-delà existent bien des monuments, mais de peu d'importance ; il faudrait d'ailleurs renoncer à nos barques, se jucher sur des chameaux difficiles à trouver, courir des déserts et risquer de mourir de faim ; car vingt-quatre bouches veulent au moins manger comme dix, et les vivres sont déjà fort rares ici : c'est notre biscuit de Syène qui nous a sauvés. Je dois donc arrêter ma course en ligne droite, et virer de bord, pour commencer sérieusement l'exploration de la Nubie et de l'Égypte, dont j'ai une idée générale acquise en montant : mon travail commence réellement aujourd'hui, quoique j'aie déjà en portefeuille plus de six cents dessins ; mais il reste tant à faire que j'en suis presque effrayé ; toutefois, je présume m'en tirer à mon honneur avec huit mois d'efforts ; j'explorerai la Nubie pendant le mois de janvier, et à la mi-février je m'établirai à Thèbes, jusqu'au milieu d'août ou je redescendrai rapidement le Nil en ne m'arrêtant qu'à Dendérah et à Abydos. Le reste est déjà en portefeuille. Nous reverrons ensuite Le Caire et Alexandrie.

Ma dernière lettre était de Philae. Je ne pouvais être longtemps malade dans l'île d'Isis et d'Osiris : la goutte me quitta en peu de jours, et je pus commencer l'exploration des monuments. Tout y est moderne, c'est-à-dire de l'époque grecque ou romaine, à l'exception d'un petit temple d'Hathôr et d'un propylon engagé dans le premier pylône du temple d'Isis, lesquels ont été construits et dédiés par le pauvre Nectanèbe Ier ; c'est aussi ce qu'il y a de mieux. La sculpture du grand temple, commencée par Philadelphe, continuée sous Évergète Ier et Épiphane, terminée par Évergète II et Philométor, est digne en tout de cette époque de décadence ; les portions d'édifices construits et décorés sous les Romains sont pires, et quand j'ai quitté cette île, j'étais bien las de cette sculpture barbare. Je m'y arrêterai cependant encore quelques jours en repassant, pour compléter la partie mythologique, et je me dédommagerai en courant les rochers de la première cataracte, couverts d'inscriptions du temps des Pharaons.

Nous avions quitté notre *maasch* et notre *dahabié* à Assouan (Syène), ces deux barques étant trop grandes pour passer la cataracte : c'est le 16 décembre que notre nouvelle escadre d'en deçà la cataracte se trouva prête à nous recevoir. Elle se compose d'une petite *dahabié* (vaisseau amiral), portant pavillon français sur pavillon toscan, de deux barques à pavillon français, deux barques à pavillon toscan, la barque de la cuisine et des provisions, à pavillon bleu, et d'une barque portant la force armée, c'est-à-dire les deux chaouchs avec leurs cannes à pomme d'argent, qui nous accompagnent et font les fonctions du pouvoir exécutif. J'oubliais de dire que l'amiral est armé d'une pièce de canon de trois, que notre nouvel ami Ibrahim, *mamour* d'Esné, nous a prêtée à son passage à Philae : aussi avons-nous fait une belle décharge en arrivant à la deuxième cataracte, but de notre pèlerinage.

Le 24, au lever du soleil, nous quittâmes Derri, passâmes sous le fort ruiné d'Ibrim et allâmes coucher sur la rive orientale, à Ghébel-Mesmès, pays charmant et bien cultivé. Nous cheminâmes le 25, tantôt avec le vent, tantôt avec la corde, et il fallut nous consoler de ne pas arriver ce jour-là à Ibsamboul [Abou Simbel] ; de beaux crocodiles prenaient leurs ébats sur un îlot de sable près du lieu où nous couchâmes. Enfin, le 26, à neuf heures du matin, je débarquai à Ibsamboul, où nous avons séjourné aussi le 27. Là, je pouvais jouir des plus beaux monuments de la Nubie, mais non sans quelque difficulté. Il y a deux temples entièrement creusés dans le roc, et couverts de sculptures. La plus petite de ces excavations est un temple d'Hathôr, dédié par la reine Nofré-Ari, femme de Rhamsès le Grand, décoré extérieurement d'une façade contre laquelle s'élèvent six colosses de trente-cinq pieds chacun environ, taillés aussi dans le roc, représentant le pharaon et sa femme, ayant à leurs pieds, l'un ses fils, et l'autre ses filles, avec leurs noms et titres. Ces colosses sont d'une excellente sculpture ; leur stature est svelte et leur galbe très élégant ; j'en aurai des dessins très fidèles. Ce temple est couvert de beaux reliefs, et j'en ai fait dessiner les plus intéressants. Le grand temple d'Ibsamboul vaut à lui seul le voyage de Nubie : c'est une merveille qui serait une fort belle chose, même à Thèbes. Le travail que cette excavation a coûté effraye l'imagination. La façade est décorée de quatre colosses assis, n'ayant pas moins de soixante et un pieds de hauteur : tous quatre, d'un superbe travail, représentent Rhamsès le Grand ; leurs faces sont portraits, et ressemblent parfaitement aux figures de ce roi qui sont à Memphis, à Thèbes et partout ailleurs. C'est un ouvrage digne de toute admiration.

Telle est l'entrée ; l'intérieur en est tout à fait digne ; mais c'est une rude épreuve que de le visiter. À notre arrivée, les sables, et les Nubiens qui ont soin de les pousser, avaient fermé l'entrée. Nous la fîmes déblayer ; nous assurâmes le mieux que nous le pûmes le petit passage qu'on avait pratiqué, et nous prîmes toutes les précautions possibles contre la coulée de ce sable infernal qui, en Égypte comme en Nubie, menace de tout engloutir. Je me déshabillai presque complètement, ne gardant que ma chemise arabe et un caleçon de toile, et me présentai à plat ventre à la petite ouverture d'une porte qui, déblayée, aurait au moins 25 pieds de hauteur. Je crus me présenter à la bouche d'un four, et, me glissant entièrement dans le temple, je me trouvai dans une atmosphère chauffée à cinquante et un degrés : nous parcourûmes cette étonnante excavation, Rosellini, Ricci, moi et un de nos Arabes, tenant chacun une bougie à la main.

La première salle est soutenue par huit piliers contre lesquels sont adossés autant de colosses de trente pieds chacun, représentant encore Rhamsès le Grand : sur les parois de cette vaste salle règne une file de grands bas-reliefs historiques, relatifs aux conquêtes du Pharaon en Afrique ; un bas-relief surtout, représentant son char de triomphe, accompagné de groupes de prisonniers nubiens, nègres, etc., de grandeur naturelle, offre une composition de toute beauté et du plus grand effet. Les autres salles, et on en compte seize, abondent en beaux bas-reliefs religieux, offrant des particularités fort curieuses. Le tout est terminé par un sanctuaire, au fond duquel sont assises quatre belles statues, bien plus fortes que nature et d'un très bon travail. Ce groupe, représentant Amon-Râ, Phré, Phtha, et Rhamsès le Grand assis au milieu d'eux, mériterait d'être dessiné de nouveau.

Après deux heures et demie d'admiration, et ayant vu tous les bas-reliefs, le besoin de respirer un peu d'air pur se fit sentir, et il fallut regagner l'entrée de la fournaise en prenant des précautions pour en sortir. J'endossai deux gilets de flanelle, un burnous de laine, et mon grand manteau, dont on m'enveloppa aussitôt que je fus revenu à la lumière ; et là, assis auprès d'un des colosses extérieurs dont l'immense mollet arrêtait le souffle du vent du nord, je me reposai une demi-heure pour laisser passer la grande transpiration. Je regagnai ensuite ma barque, où je passai près de deux heures sur mon lit.

Cette visite expérimentale m'a prouvé qu'on peut rester deux heures et demie à trois heures dans l'intérieur du temple sans éprouver aucune gêne de respiration, mais seulement de l'affaiblissement dans les jambes et aux articulations ; j'en conclus donc qu'à notre retour nous pourrons dessiner les bas-reliefs historiques, en travaillant par escouades de quatre (pour ne pas dépenser trop d'air), et pendant deux heures le matin et deux heures le soir. Ce sera une rude campagne ; mais le résultat en est si intéressant, les bas-reliefs sont si beaux, que je ferai tout pour les avoir, ainsi que les légendes complètes. Je compare la chaleur d'Ibsamboul à celle d'un bain turc, et cette visite peut amplement nous en tenir lieu.

1er janvier, d'Ouadi-Halfa

À M. Dacier, secrétaire perpétuel de l'Académie des inscriptions et belles-lettres

Monsieur,

Quoique séparé de vous par les déserts et par toute l'étendue de la Méditerranée, je sens le besoin de me joindre, au moins par la pensée, et de tout cœur, à ceux qui vous offrent leurs vœux au renouvellement de l'année. Partant du fond de la Nubie, les miens n'en sont ni moins ardents, ni moins sincères ; je vous prie de les agréer comme un témoignage du souvenir reconnaissant que je garderai toujours de vos bontés et de cette affection toute paternelle dont vous voulez bien nous honorer mon frère et moi.

Je suis fier maintenant que, ayant suivi le cours du Nil depuis son embouchure jusqu'à la seconde cataracte, j'ai le droit de vous annoncer qu'il n'y a rien à modifier dans notre *Lettre sur l'alphabet des hiéroglyphes* ; notre alphabet est bon : il s'applique avec un égal succès, d'abord aux monuments égyptiens du temps des Romains et des Lagides, et ensuite, ce qui devient d'un bien plus grand intérêt, aux inscriptions de tous les temples, palais et tombeaux des époques pharaoniques. Tout légitime donc les encouragements que vous avez bien voulu donner à mes travaux hiéroglyphiques, dans un temps où l'on n'était pas universellement disposé à leur prêter faveur.

Me voici au point extrême de ma navigation vers le midi. La seconde cataracte m'arrête : d'abord par l'impossibilité de la faire franchir par mon escadre composée de sept voiles, et en second lieu parce que la famine m'attend au delà, et qu'elle terminerait promptement une pointe imprudente tentée sur l'Éthiopie ; ce n'est pas à moi de recommencer Cambyse ; je suis d'ailleurs un peu plus attaché à mes compagnons de voyage qu'il ne l'était probablement aux siens. Je tourne donc dès aujourd'hui ma proue du côté de l'Égypte pour redescendre le Nil, en étudiant successivement à fond les monuments de ses deux rives ; je prendrai tous les détails dignes de quelque intérêt, et d'après l'idée générale que je m'en suis formée en montant, la moisson sera des plus riches et des plus abondantes.

Vers le milieu de février je serai à Thèbes, car je dois au moins donner quinze jours au magnifique temple d'Ibsamboul, l'une des merveilles de la Nubie, créée par la puissance colossale de Rhamsès-Sésostris, et un mois me suffira ensuite pour les monuments existants entre la première et la deuxième cataracte. Philae a été à peu près épuisée pendant les dix jours que nous y avons passés en remontant le Nil ; et les temples d'Ombos, d'Edfou et d'Esné, si vantés au détriment de ceux de Thèbes, m'arrêteront peu de temps, parce que je les ai déjà classés, et que je trouve, sur des monuments plus anciens et d'un meilleur style, les détails mythologiques et religieux que je ne veux puiser qu'à des sources pures. Je me bornerai à recueillir quelques inscriptions historiques, et certains détails de costume qui sentent la décadence et qu'il est utile de conserver.

Mes portefeuilles sont déjà bien riches : je me fais d'avance un plaisir de vous mettre successivement sous les yeux toute la vieille Égypte, religion, histoire, arts et métiers, mœurs et usages ; une grande partie de mes dessins sont coloriés, et je ne crains pas d'assurer qu'ils reproduisent le véritable style des originaux avec une scrupuleuse fidélité. Je serai heureux de ces conquêtes si elles obtiennent votre intérêt et vos suffrages.

Je vous prie, Monsieur, d'agréer la nouvelle assurance de mon très respectueux attachement.

18

Six mois à Thèbes (1829)

Ni le temple d'Esna ni celui d'Edfou n'ont grâce aux yeux de Champollion qui y voit « les mauvais hiéroglyphes » et « les pitoyables sculptures égyptiennes du temps des Lagides ». Il a hâte de retrouver Thèbes, « cette aînée des villes royales », où il pourra admirer, entre autres, les colonnes de Karnak et les deux obélisques du temple de Louqsor. Son travail terminé, il passe sur la rive gauche pour étudier d'autres trésors. Pendant plusieurs semaines, avec ses collaborateurs, il habite dans un tombeau de la Vallée des Rois. De retour au Caire, au terme de son voyage, il remet à Mohammed Ali un mémoire sur la conservation des monuments de l'Égypte.

12 janvier, d'Ibsamboul

J'ai revu les colosses qui annoncent si dignement la plus magnifique excavation de la Nubie. Ils m'ont paru aussi beaux de travail que la première fois, et je regrette de n'être point muni de quelque lampe merveilleuse pour les transporter au milieu de la place Louis-XV, afin de convaincre ainsi d'un seul coup les détracteurs de l'art égyptien. Tout est colossal ici, sans en excepter les travaux que nous avons entrepris, et dont le résultat aura quelque droit à l'attention publique. Tous ceux qui connaissent la localité savent quelles difficultés on a à vaincre pour dessiner un seul hiéroglyphe dans le grand temple.

10 février, d'El-Mélissah (entre Syène et Ombos)

Nous jouons de malheur ; depuis notre départ de Syène, à laquelle nous avons dit adieu le 8 de ce mois, nous voici au 10, et nous sommes loin d'avoir franchi la distance qui nous sépare d'Ombos, où l'on se rend d'Assouan en neuf heures par un temps ordinaire ; mais un violent vent du nord souffle sans interruption depuis trois jours, et nous fait pirouetter sur les vagues du Nil, enflé comme une petite mer. Nous avons amarré, à grand-peine, dans le voisinage de Mélissah, où est une carrière de grès sans aucun intérêt ; du reste, santé parfaite, bon courage, et nous préparant à explorer Thèbes de fond en comble, si ce n'est pas trop pour nos moyens.

Le 17 janvier au soir, nous étions à Derri ou Derr, la capitale actuelle de la Nubie, où nous soupâmes en arrivant, par un clair de lune admirable, et sous les plus hauts palmiers que nous eussions encore vus. Ayant lié conversation avec un Barabra du pays, qui, m'apercevant seul à l'écart sur le bord du fleuve, était venu poliment me faire compagnie en m'offrant de l'eau-de-vie de dattes, je lui demandai s'il connaissait le nom du sultan qui avait fait construire le temple de Derri ; il me répondit aussitôt : qu'il était trop jeune pour savoir cela, mais que les vieillards du pays lui avaient paru tous d'accord que ce *birbé* avait été construit environ trois cent mille ans avant l'islamisme, mais que tous ces vieillards étaient encore incertains sur un point, savoir si c'étaient les Français, les Anglais ou les Russes qui avaient exécuté ce grand ouvrage. Voilà comme on écrit l'histoire en Nubie.

Le monument de Derri, quoique moderne en comparaison de la date que lui donnait mon savant nubien, est cependant un ouvrage de Sésostris. Nous y restâmes toute la journée du 18, et n'en sortîmes, assez tard, qu'après avoir dessiné les bas-reliefs les plus importants, et rédigé une notice détaillée de tous ceux dont on ne prenait point de copie. Là j'ai trouvé une liste, par rang d'âge, des fils et des filles de Sésostris ; elle me servira à compléter celle d'Ibsamboul. Nous y avons copié quelques fragments de bas-reliefs historiques ; ils sont presque tous effacés ou détruits. C'est là que j'ai pu fixer mon opinion sur un fait assez curieux : je veux parler du lion qui, dans les tableaux d'Ibsamboul et de Derri, accompagne toujours le conquérant égyptien : il s'agissait de savoir si cet animal était placé là symboliquement pour exprimer la vaillance et la force de Sésostris, ou bien si ce roi avait réellement, comme le capitan-pacha Hassan et le pacha d'Égypte, un lion apprivoisé, son compagnon fidèle dans les expéditions militaires. Derri décide la question : j'ai lu, en effet, au-dessus du lion se jetant sur les Barbares renversés par Sésostris, l'inscription suivante :

« Le lion, serviteur de Sa Majesté,
mettant en pièces ses ennemis. »

Cela me semble démontrer que le lion existait réellement et suivait Rhamsès dans les batailles.

Le 18 au soir nous descendîmes à Amada, où nous restâmes jusqu'au 20 après midi. Là j'eus le plaisir d'étudier à l'aise et sans être distrait par les curieux, vu que nous étions en plein désert, un temple de la bonne époque. Ce monument, fort encombré de sable, se compose d'abord d'une espèce de pronaos, salle soutenue par douze piliers carrés, couverts de sculptures, et par quatre colonnes, que l'on ne peut mieux nommer que proto-doriques, ou doriques prototypes, car elles sont évidemment le type de la colonne dorique grecque ; et, par une singularité digne de remarque, je ne les trouve employées que dans les monuments égyptiens les plus antiques, c'est-à-dire dans les hypogées de Béni-Hassan, à Amada, à Karnac, et à Bet-Oualli, où sont les plus modernes, bien qu'elles datent du règne de Sésostris, ou plutôt de celui de son père. Le temple d'Amada a été fondé par Thouthmosis III (Mœris), comme le prouvent la plupart des bas-reliefs du sanctuaire, et surtout la dédicace, sculptée sur les deux jambages des portes de l'intérieur ; et dont je mets ici la traduction littérale pour donner une idée des dédicaces des autres temples, que j'ai toutes recueillies avec soin : « Le dieu bienfaisant, seigneur du monde, le roi (Soleil, stabiliteur de l'univers), le fils du Soleil (Thouthmosis), modérateur de justice, a fait ses dévotions à son père le dieu Phré, le dieu des deux montagnes célestes, et lui a élevé ce temple en pierre dure ; il l'a fait pour être vivifié à toujours. »

25 mars, de Biban-el-Molouk (Thèbes)

Partis d'Ombos le 17 février, nous n'arrivâmes, à cause de l'impéritie du *réis* de notre grande barque et de la mollesse de nos rameurs, que le 18 au soir à Ghébel-Selséléh (Silsilis), vastes carrières où je me promettais une ample récolte. Mon espoir fut pleinement réalisé, et les cinq jours que nous y avons passés ont été bien employés. Les deux rives du Nil, resserré par des montagnes d'un très beau grès, ont été exploitées par les anciens Égyptiens, et le voyageur est effrayé s'il considère, en parcourant les carrières, l'immense quantité de pierres qu'on a dû en tirer pour produire les galeries à ciel ouvert et les vastes espaces excavés qu'il se lasse de parcourir.

C'est sur la rive gauche qu'on trouve les monuments les plus remarquables. On rencontre d'abord, en venant du côté de Syène, trois chapelles taillées dans le roc et presque contiguës. Toutes trois appartiennent à la belle époque pharaonique, et se ressemblent soit pour le plan et la distribution, soit pour toute la décoration intérieure et extérieure ; toutes s'ouvrent par deux colonnes formées de boutons de lotus tronqués.

Le 24 février au matin, nous courions le portique et les colonnades d'Edfou (Apollonopolis Magna). Ce monument, imposant par sa masse, porte cependant l'empreinte de la décadence de l'art égyptien sous les Ptolémées, au règne desquels il appartient tout entier ; ce n'est plus la simplicité antique ; on y remarque une recherche et une profusion d'ornements bien maladroites, et qui marquent la transition entre la noble gravité des monuments pharaoniques et le papillotage fatigant et de si mauvais goût du temple d'Esné, construit du temps des empereurs.

Nos travaux terminés à Edfou, nous allâmes reposer nos yeux, fatigués des mauvais hiéroglyphes et des pitoyables sculptures égyptiennes du temps des Lagides, dans les tombeaux d'Éléthya (El-Kab), où nous arrivâmes le samedi 28 février. Nous fûmes accueillis par la pluie, qui tomba par torrents avec tonnerre et éclairs, pendant la nuit du 1er au 2 mars. Je parcourus avec empressement l'intérieur de l'ancienne ville d'Éléthya, encore subsistante, ainsi que la seconde enceinte qui renfermait les temples et les édifices sacrés. Je n'y trouvai pas une seule colonne debout ; les barbares ont détruit depuis quelques mois ce qui restait des deux temples intérieurs, et le temple entier situé hors de la ville. Il a fallu me contenter d'examiner une à une les pierres oubliées par les dévastateurs et sur lesquelles il restait quelques sculptures. Je n'ai rien trouvé à Éléthya qui rappelle l'époque grecque ou romaine. Le temple à l'extérieur de la ville est dû au règne de Mœris.

Les tombeaux ou hypogées creusés dans la chaîne arabique voisine de la ville remontent pour la plupart à une antiquité encore plus reculée. Le premier que nous avons visité est celui dont la Commission d'Égypte a publié les bas-reliefs peints, relatifs aux travaux agricoles, à la pêche et à la navigation. Ce tombeau a été creusé pour la famille d'un hiérogrammate nommé Phapé, attaché au collège des prêtres d'Éléthya (Sowan-Kah). J'ai fait dessiner plusieurs bas-reliefs inédits de ce tombeau, et j'ai pris copie de toutes les légendes des scènes agricoles et autres, publiées assez négligemment. Ce tombeau est d'une très haute antiquité. Un second hypogée, celui d'un grand-prêtre de la déesse Ilithya ou Éléthya (Sowan), la déesse éponyme de la ville de ce nom, porte la date du règne de Rhamsès-Meïamoun ; il présente une foule de détails de famille et quelques scènes d'agriculture en très mauvais état. J'y ai remarqué, entre autres faits, le foulage ou battage des gerbes de blé par les bœufs, et au-dessus de la scène on lit, en hiéroglyphes presque tous phonétiques, la chanson que le conducteur du foulage est censé chanter, car dans la vieille Égypte, comme dans celle d'aujourd'hui, tout se faisait en chantant, et chaque genre de travail a sa chanson particulière.

Le 3 mars, au matin, nous arrivâmes à Esné, où nous fûmes très gracieusement accueillis par Ibrahim-Bey, le *mamour* ou gouverneur de la province ; avec son aide, il nous fut permis d'étudier le grand temple d'Esné, encombré de coton, et qui, servant de magasin général de cette production, a été crépi de limon du Nil, surtout à l'extérieur. On a également fermé avec des murs de boue l'intervalle qui existe entre le premier rang de colonnes du pronaos, de sorte que notre travail a dû se faire souvent une chandelle à la main, ou avec le secours de nos échelles, afin de voir les bas-reliefs de plus près. Malgré tous ces obstacles, j'ai recueilli tout ce qu'il importait de savoir relativement à ce grand temple, sous les rapports mythologiques et historiques. Ce monument a été regardé, d'après de simples conjectures établies sur une façon particulière d'interpréter le zodiaque du plafond, comme le plus ancien monument de l'Égypte : l'étude que j'en ai faite m'a pleinement convaincu que c'est, au contraire, le plus moderne de ceux qui existent encore en Égypte ; car les bas-reliefs qui le décorent, et les hiéroglyphes surtout, sont d'un style tellement grossier et tourmenté qu'on y aperçoit au premier coup d'œil le point extrême de la décadence de l'art.

Une courte distance nous séparait de Thèbes, et nos cœurs étaient gros de revoir ses ruines imposantes : nos estomacs se mettaient aussi de la partie, puisqu'on parlait d'une barque de provisions fraîches, arrivée à Louqsor, à mon adresse. C'était encore une courtoisie de notre digne consul général, M. Drovetti, et nous avions hâte d'en profiter. Mais un vent du nord, d'une violence extrême, nous arrêta pendant la nuit entre Hermonthis et Thèbes, où nous ne fûmes rendus que le lendemain matin 8 mars, d'assez bonne heure.

Notre petite escadre aborda au pied du quai antique déchaussé par le Nil, et qui ne pourra longtemps encore défendre le palais de Louqsor, dont les dernières colonnes touchent presque aux bords du fleuve. Ce quai est évidemment de deux époques ; le quai égyptien primitif est en grandes briques cuites, liées par un ciment d'une dureté extrême, et ses ruines forment d'énormes blocs de 15 à 18 pieds de large et de 25 à 30 de longueur, semblables à des rochers inclinés sur le fleuve au milieu duquel ils s'avancent. Le quai en pierres de grès est d'une époque très postérieure ; j'y ai remarqué des pierres portant encore des fragments de sculptures du style des bas temps, et provenant d'édifices démolis.

Notre travail sur Louqsor a été terminé (à très peu près) avant de venir nous établir ici, à Biban-el-Molouk, et je suis en état de donner tous les détails nécessaires sur l'époque de la construction de toutes les parties qui composent ce grand édifice. Le fondateur du palais de Louqsor, ou plutôt des palais de Louqsor, a été le pharaon Aménophis-Memnon (Aménothph III), de la XVIIIe dynastie. C'est ce prince qui a bâti la série d'édifices qui s'étend du sud au nord, depuis le Nil jusqu'aux quatorze grandes colonnes de 45 pieds de hauteur, et dont les masses appartiennent encore à ce règne.

J'ai écrit un mot en courant, le 11 de ce mois ou environ, que le consul général d'Autriche, M. Acerbi, quittant la ville royale, m'a promis d'expédier d'Alexandrie par le premier bâtiment partant pour l'Europe. J'annonçais notre arrivée, en très bonne santé (tous tant que nous sommes), à Thèbes, où nous rentrâmes le 8 mars au matin, après avoir heureusement terminé notre voyage de Nubie et de la haute Thébaïde ; nos barques furent amarrées au pied des colonnades du palais de Louqsor, que nous avons étudié et exploité jusqu'au 23 du mois courant.

C'est devant le pylône nord du Rhamséion de Louqsor que s'élèvent les deux célèbres obélisques de granit rose, d'un travail si pur et d'une si belle conservation. Ces deux masses énormes, véritables joyaux de plus de 70 pieds de hauteur, ont été érigées à cette place par Rhamsès le Grand, qui a voulu en décorer son Rhamesséion, comme cela est dit textuellement dans l'inscription hiéroglyphique de l'obélisque de gauche, face nord, colonne médiale, que voici : « Le Seigneur du monde, Soleil gardien de la vérité (ou justice), approuvé par Phré, a fait exécuter cet édifice en l'honneur de son père Amon-Râ, et il lui a érigé ces deux grands obélisques de pierre, devant le Rhamesséion de la ville d'Amon. » Je possède des copies exactes de ces deux beaux monolithes. Je les ai prises avec un soin extrême, en corrigeant les erreurs des gravures déjà connues, et en les complétant par les fouilles que nous avons faites jusqu'à la base des obélisques. Malheureusement il est impossible d'avoir la fin de la face est de l'obélisque de droite, et de la face ouest de l'obélisque de gauche : il aurait fallu abattre pour cela quelques maisons de terre et faire déménager plusieurs pauvres familles de fellahs. Je n'entre pas dans de plus grands détails sur le contenu des légendes des deux obélisques. On sait déjà que, loin de renfermer, comme on l'a cru si longtemps, de grands mystères religieux, de hautes spéculations philosophiques, les secrets de la science occulte, ou tout au moins des leçons d'astronomie, ce sont tout simplement des dédicaces, plus ou moins fastueuses, des édifices devant lesquels s'élèvent les monuments de ce genre.

Nous passâmes sur la rive gauche le 23, et après avoir envoyé notre gros bagage à une maison de Kourna, que nous a laissée un très brave et excellent homme nommé Piccinini, agent de M. d'Anastasy à Thèbes, nous avons tous pris la route de la vallée de Biban-el-Molouk, où sont les tombeaux des rois de la XVIIIe et de la XIXe dynasties. Cette vallée étant étroite, pierreuse, circonscrite par des montagnes assez élevées et dénuées de toute espèce de végétation, la chaleur doit y être insupportable aux mois de mai, juin et juillet ; il importait donc d'exploiter cette riche et inépuisable mine à une époque où l'atmosphère, quoique déjà fort échauffée, est cependant encore supportable.

Notre caravane s'y est donc établie le jour même, et nous occupons le meilleur logement et le plus magnifique qu'il soit possible de trouver en Égypte. C'est le roi Rhamsès (le quatrième de la XIXe dynastie) qui nous donne l'hospitalité, car nous habitons tous son magnifique tombeau, le second que l'on rencontre à droite en entrant dans la vallée de Biban-el-Molouk. Cet hypogée, d'une admirable conservation, reçoit assez d'air et assez de lumière pour que nous y soyons logés à merveille ; nous occupons les trois premières salles, qui forment une longueur de 65 pas ; les parois, de 15 à 20 pieds de hauteur, et les plafonds sont tout couverts de sculptures peintes, dont les couleurs conservent presque tout leur éclat ; c'est une véritable habitation de prince, à l'inconvénient près de l'enfilade des pièces ; le sol est couvert en entier de nattes et de roseaux ; enfin, les deux *kaouas* (nos gardes du corps) et les domestiques couchent dans deux tentes dressées à l'entrée du tombeau.

Tel est notre établissement dans la Vallée des Rois, véritable séjour de la mort, puisqu'on n'y trouve ni un brin d'herbe, ni êtres vivants, à l'exception des chacals et des hyènes qui, l'avant-dernière nuit, ont dévoré, à cent pas de notre palais, l'âne qui avait porté mon domestique barabra Mohammed, pendant le temps que l'ânier passait agréablement sa nuit de Ramadhan dans notre cuisine, qui est établie dans un tombeau royal totalement ruiné.

J'ai aussi fait commencer des fouilles à Karnac et à Kourna. J'ai réuni dix-huit momies de tout genre et de toute espèce ; mais je n'emporterai que les plus remarquables, et surtout les momies gréco-égyptiennes, portant à la fois des inscriptions grecques et des légendes démotiques et hiératiques. J'en ai plusieurs de ce genre, et quelques momies d'enfants intactes, ce qui est rare jusqu'à présent. Tous les bronzes qui proviennent de mes fouilles de Karnac, et tirés des maisons mêmes de la vieille Thèbes, à quinze ou vingt pieds au-dessous du niveau de la plaine, sont dans un état d'oxydation complet, ce qui ne permet pas d'en tirer parti. J'ai quarante hommes en train, et je verrai si les produits compensent à peu près les dépenses, et si mon budget pourra les supporter. J'ai aussi trente-six hommes qui fouillent à

Kourna de compte à demi avec Rosellini. Il est évident que je ne puis songer à emporter ce qui manque justement au Musée royal, de grosses pièces, parce que le transport seul jusqu'à Alexandrie épuiserait mes finances et de beaucoup.

P.-S. 2 avril. Je ferme aujourd'hui ma lettre, le courrier devant partir ce matin même pour le Caire. Rien de nouveau depuis le 25 ; toujours bonne santé et bon courage. Je donne ce soir à nos compagnons une fête dans une des plus jolies salles du tombeau d'Ousireï ; nous y oublierons la stérilité et le voisinage de la seconde cataracte, où nous avions à peine du pain à manger. La chère ne répondra pas à la magnificence du local, mais on fera l'impossible pour n'être pas trop au-dessous. Je voulais offrir à notre jeunesse un plat nouveau pour nous, et qui devait ajouter aux plaisirs de la réunion ; c'était un morceau de jeune crocodile mis à la sauce piquante, le hasard ayant voulu qu'on m'en apportât un tué d'hier matin ; mais j'ai joué de malheur, la pièce de crocodile s'est gâtée : nous n'y perdrons vraisemblablement qu'une bonne indigestion chacun.

18 juin, de Thèbes

Depuis mon retour au milieu des ruines de cette aînée des villes royales, toutes mes journées ont été consacrées à l'étude de ce qui reste d'un de ses plus beaux édifices, pour lequel je conçus, à sa première vue, une prédilection marquée. La connaissance complète que j'en ai acquise maintenant la justifie au-delà de ce que je devais espérer. Je veux parler ici d'un monument dont le véritable nom n'est pas encore fixé, et qui donne lieu à de fort vives controverses : celui qu'on a appelé d'abord le Memnonium, et ensuite le tombeau d'Osymandias. Cette dernière dénomination appartient à la Commission d'Égypte ; quelques voyageurs persistent à se servir de l'autre, qui certainement est fort mal appliquée et très inexacte. Pour moi, je n'emploierai désormais, pour désigner cet édifice, que son nom égyptien même, sculpté dans cent endroits et répété dans les légendes des frises, des architraves et des bas-reliefs qui décorent ce palais. Il portait le nom de Rhamesséion, parce que c'était à la munificence du pharaon Rhamsès le Grand que Thèbes en était redevable. L'imagination s'ébranle et l'on éprouve une émotion bien naturelle en visitant ces galeries mutilées et ces belles colonnades, lorsqu'on pense qu'elles sont l'ouvrage et furent souvent l'habitation du plus célèbre et du meilleur des princes que la vieille Égypte compte dans ses longues annales, et toutes les fois que je le parcours, je rends à la mémoire de Sésostris l'espèce de culte religieux dont l'environnait l'Antiquité tout entière. Il n'existe du Rhamesséion aucune partie complète ; mais ce qui a échappé à la barbarie des Perses et aux ravages du temps suffit pour restaurer l'ensemble de l'édifice et pour s'en faire une idée très exacte. Le Rhamesséion est peut-être ce qu'il y a de plus noble et de plus pur à Thèbes en fait de grand monument.

20 juin, de Thèbes

J'ai donné toute la journée d'hier et cette matinée à l'étude des tristes restes de l'un des plus importants monuments de l'ancienne Thèbes. Cette construction, comparable en étendue à l'immense palais de Karnac, dont on aperçoit d'ici les obélisques sur l'autre rive du fleuve, a presque entièrement disparu ; il en subsiste encore quelques débris, s'élevant à peine au-dessus du sol de la plaine exhaussée par les dépôts successifs de l'inondation, qui recouvrent probablement aussi toutes les masses de granit, de brèches et autres matières dures employées dans la décoration de ce palais. La portion la plus considérable étant construite en pierres calcaires, les Barbares les ont peu à peu brisées et converties en chaux pour élever de misérables cahutes ; mais ce que le voyageur trouve encore sur ses pas donne une bien haute idée de la magnificence de cet antique édifice. Que l'on se figure, en effet, un espace d'environ 1800 pieds de longueur, nivelé par les dépôts successifs de l'inondation, couvert de longues herbes, mais dont la surface, déchirée sur une multitude de points, laisse encore apercevoir des débris d'architraves, des portions de colosses, des fûts de colonnes et des fragments d'énormes bas-reliefs que le limon du fleuve n'a pas enfouis encore ni dérobés pour toujours à la curiosité des voyageurs. Là ont existé plus de dix-huit colosses dont les moindres avaient vingt pieds de hauteur ; tous ces monolithes, de diverses matières, ont été brisés, et l'on rencontre leurs membres énormes dispersés çà et là, les uns au niveau du sol, d'autres au fond d'excavations exécutées par les fouilleurs modernes. J'ai recueilli, sur ces restes mutilés, les noms d'un grand nombre de peuples asiatiques dont les chefs captifs étaient représentés entourant la base de ces colosses représentant leur vainqueur, le pharaon Aménophis, le troisième du nom, celui même que les Grecs ont voulu confondre avec le Memnon de leurs mythes héroïques. Ces légendes démontrent déjà que nous sommes ici sur l'emplacement du célèbre édifice de Thèbes connu des Grecs sous le nom de Memnonium. C'est ce qu'avaient cherché à prouver, par des considérations d'un autre genre, MM. Jollois et Devilliers [ingénieurs polytechniciens ayant fait partie de l'expédition de Bonaparte], dans leur excellente description de ces ruines. Les monuments les mieux conservés au milieu de cette effroyable dévastation des objets du premier ordre dont il me reste à parler, établiraient encore mieux, si cela était nécessaire, que ces ruines sont bien celles du Memnonium de Thèbes, ou palais de Memnon, appelé Aménophion par les Égyptiens, du nom même de son fondateur, et que je trouve mentionné dans une foule d'inscriptions hiéroglyphiques des hypogées du voisinage où reposaient jadis les momies de plusieurs grands officiers chargés, de leur vivant, de la garde ou de l'entretien de ce magnifique édifice.

C'est vers l'extrémité des ruines et du côté du fleuve que s'élèvent encore, en dominant la plaine de Thèbes, les deux fameux colosses, d'environ soixante pieds de hauteur, dont l'un, celui du nord, jouit d'une si grande célébrité sous le nom de colosse de Memnon. Formés chacun d'un seul bloc de grès-brèche, transportés des carrières de la Thébaïde supérieure, et placés sur d'immenses bases de la même matière, ils représentent tous deux un pharaon assis, les mains étendues sur les genoux, dans une attitude de repos. J'ai vainement cherché à motiver à mes yeux l'étrange erreur du respectable et spirituel Denon, qui a voulu prendre ces statues pour celles de deux princesses égyptiennes. Les inscriptions hiéroglyphiques encore subsistantes, telles que celles qui couvrent le dossier du trône du colosse du sud et les côtés des deux bases, ne laissent aucun doute sur le rang et la nature du personnage dont ces merveilleux monolithes reproduisaient les traits et perpétuaient la mémoire. Ce sont là les titres et noms du troisième Aménophis de la XVIIIe dynastie, lequel occupait le trône des pharaons vers l'an 1680 avant l'ère chrétienne.

4 juillet, de Thèbes

Les pauvres obélisques d'Alexandrie me font pitié depuis que j'ai vu ceux de Thèbes. Si on doit voir un obélisque à Paris, que ce soit un de ceux de Louqsor. La vieille Thèbes sera consolée et, de reste, en gardant celui de Karnac, le plus beau et le plus admirable de tous. Mais je ne donnerai jamais mon adhésion (dont on saura fort bien se passer, sans doute) au projet de scier en trois parties un de ces magnifiques monolithes ; ce serait un sacrilège : tout ou rien. Je ne doute pas qu'on ne puisse mettre sur le Nil et charger sur un radeau proportionné l'un des deux obélisques de Louqsor, et je désigne celui de droite pour de très bonnes raisons, quoique le pyramidion en soit altéré et que le monolithe soit moins élevé de quelques pieds que celui de gauche. Les grandes eaux de l'inondation emmèneraient facilement l'embarcation jusqu'à Alexandrie, et la mer ferait le reste.

Il ne serait pas mal de mettre sous les yeux de notre nation un monument de cet ordre, pour la dégoûter des colifichets et des fanfreluches auxquelles nous donnons le nom fastueux de monuments publics, véritables décorations de boudoirs... Une seule colonne de Karnac est plus monument à elle seule que les quatre façades de la cour du Louvre.

6 juillet, de Thèbes

Nos explorations à Thèbes avancent vers leur terme ; le 1er août prochain, nous passerons sur la rive orientale, où nous attendent les immenses constructions de Karnac et de Louqsor ; ces dernières sont déjà dans nos portefeuilles. Un mois nous suffira pour relever le peu de bas-reliefs historiques encore existants dans le grand palais des rois, et pour noter ce qu'il y a de plus saillant dans les scènes religieuses, si nombreuses dans cette curieuse construction. Je compte donc me mettre sérieusement en route pour Paris au commencement de septembre, époque à laquelle nous dirons adieu à Thèbes, notre vieille mère. Nous reverrons Dendérah en descendant, et après une station au Caire nous nous retrouverons bientôt à Alexandrie.

11 septembre, sur le Nil, près d'Antinoé

Le lieu et la date de cette lettre te diront clairement que mon voyage de recherches est terminé et je retourne au plus vite vers Alexandrie pour regagner l'Europe et y trouver à la fois contentement de cœur et repos de corps, dont, au reste, quant au dernier point, je n'éprouve pas un grand besoin ; depuis Dendérah, que j'ai quitté le 7 au matin, j'ai en effet vécu en chanoine ; couché toute la journée dans la jolie cange de notre ami Mohammed-Bey d'Akhmim, qui a bien voulu nous la louer, j'ai mené une vie tout à fait contemplative, et mon occupation la plus sérieuse a été de regarder, comme on le fait parfois à Paris, de quel côté venait le vent et si nos rameurs faisaient leur devoir en conscience. Le vent du nord nous a longtemps contrariés, malgré le courant du fleuve, enflé outre mesure et au-dessus du maximum de sa crue. L'inondation de cette année est magnifique pour ceux qui, comme nous, voyagent en amateurs, et n'ont dans ces campagnes d'autre intérêt que celui du coup d'œil. Il n'en est pas de même des pauvres et malheureux fellahs ou cultivateurs ; l'inondation est trop forte ; elle a déjà ruiné plusieurs récoltes, et le paysan sera obligé, pour ne pas mourir de faim, de manger le blé que le pacha lui avait laissé pour l'ensemencement prochain. Nous avons vu des villages entiers délayés par le fleuve, auquel ne sauraient résister de mesquines cahutes bâties de limon séché au soleil ; les eaux, en beaucoup d'endroits, s'étendent d'une montagne à l'autre, et là où les terres plus élevées ne sont point submergées, nous voyons les misérables fellahs, femmes, hommes et enfants, portant en toute hâte de pleines couffes de terre, dans le dessein d'opposer à un fleuve immense des digues de trois à quatre pouces de hauteur, et de sauver ainsi leurs maisons et le peu de provisions qui leur restent. C'est un tableau désolant et qui navre le cœur ; ce n'est pas ici le pays des souscriptions, et le gouvernement ne demandera pas un sou de moins, malgré tant de désastres.

C'est avec bien du regret, comme on se l'imagine sans doute, que j'ai dit adieu aux magnificences de Thèbes, que j'habitais depuis six mois. Notre dernier logement a été, à Karnac, le temple d'Oph (Rhéa), à côté du grand temple du sud, au milieu des avenues de sphinx, et à la porte du grand palais des rois. À notre retour à Thèbes, au mois de mars passé, nous avions exploité le palais de Louqsor et fait dessiner tous les bas-reliefs de quelque intérêt, en commençant par les immenses tableaux des deux massifs du pylône ; ce sont donc les seuls édifices de Karnac que nous avions encore à étudier. Ce travail a été exécuté avec ardeur, et mes portefeuilles renferment, sans exception, la série de tous les bas-reliefs historiques, un peu conservés, du palais de Karnac, aussi beaux de style et d'exécution que ceux d'Ibsamboul, s'ils ne leur sont même réellement supérieurs.

Parti de Thèbes le 4 septembre au soir, j'étais le 5 sous le portique de Dendérah, dont l'architecture est aussi admirable que les bas-reliefs de décor sont mauvais et repoussants par l'empreinte de décadence qu'ils offrent dans toutes leurs parties ; les inscriptions hiéroglyphiques elles-mêmes sont de mauvais goût. Le scribe qui les a tracées a voulu faire le bel esprit ; prodiguant les symboles et les formes figuratives, il a visé au lazzi et même au calembour. Toutefois, la masse de l'édifice est belle, imposante, frappe même les voyageurs qui, comme nous, sont de vieux Thébains, et ont l'œil encore rempli des belles conceptions architecturales de l'époque des pharaons.

Le reste du voyage jusques aujourd'hui (11 septembre) n'a rien offert de particulier ; j'espère dans la nuit de demain arriver au Caire ; là, rien ne peut m'arrêter plus de quatre ou cinq jours ; nous partirons tout de suite pour Alexandrie, et s'il s'y trouve un bon vaisseau prêt à nous recevoir, je m'embarque immédiatement pour gagner Toulon. C'est aussi sur le Nil, entre Dendérah et Haou (Diospolis Parva), que nous ont rejoints par hasard deux malheureux courriers, expédiés de Thèbes au Caire depuis la fin de juin ; pendant tout ce temps-là nous sommes restés sans nouvelles d'Europe, et c'est en attendant chaque jour leur arrivée que le temps s'est écoulé sans que nous puissions écrire en France.

Mille respects pour notre Vénérable [M. Dacier] de ma part. J'espère qu'il n'a point été affligé de ce que son troupeau, que ronge la clavelée, m'a mis par-dessous M. Pardessus [Jean-Marie, juriste et historien, élu membre de l'Académie des inscriptions et belles-lettres devant Champollion] : cela ne me surprend pas. J'eusse été flatté d'être appelé à l'Académie lorsque mes découvertes étaient encore contestées, de bonne ou de mauvaise foi, n'importe : le corps, en m'adoptant, se fût acquis alors un droit véritable à ma reconnaissance. J'eusse encore été flatté qu'elle eût pensé à moi tandis que je perfectionnais mes études et faisais une magnifique récolte au milieu des ruines de Thèbes. J'eusse regardé ma nomination comme une sorte de récompense nationale ; elle a jugé à propos de me refuser cette satisfaction. Aussi, désormais, je ne ferai plus un pas vers elle, et, lorsque l'Académie m'appellera, je serai aussi peu empressé du fauteuil qu'un buveur délicat peut l'être d'une bouteille de champagne éventée depuis six mois. L'eau du Nil elle-même inspire le dégoût quand on n'a plus soif.

15 septembre, du Caire

Nous voici de retour dans la capitale de l'Égypte, où je ne trouve ni lettres ni nouvelles d'Europe. Je me hâterai de descendre à Alexandrie ; je suis retenu au Caire par une visite que je dois faire à Ibrahim-Pacha, dont je suis désireux de faire la connaissance. Je puis, dans une conversation, laisser dans sa tête le germe de quelques bonnes choses, et il est capable de les exécuter.

Je n'ai pas oublié le musée égyptien du Louvre dans mes explorations ; j'ai recueilli des monuments de tout volume, et les plus petits ne seront pas les moins intéressants. En objets de gros volume, j'ai choisi sur des milliers trois ou quatre momies remarquables par des décorations particulières, ou portant des inscriptions grecques ; ensuite, le plus beau bas-relief colorié du tombeau royal de Ménephtha Ier (Ousireï), à Biban-el-Molouk ; c'est une pièce capitale qui vaut à elle seule une collection ; il m'a donné bien du souci et me fera certainement un procès avec les Anglais d'Alexandrie, qui prétendent être les propriétaires légitimes du tombeau d'Ousireï, découvert par Belzoni aux frais de M. Salt. Malgré cette belle prétention, de deux choses l'une : ou mon bas-relief arrivera à Toulon, ou bien il ira au fond de la mer ou du Nil, plutôt que de tomber en des mains étrangères. Mon parti est pris là-dessus.

J'ai acquis au Caire, de Mahmoud-Bey le Kihaïa [ministre égyptien de la Guerre], le plus beau des sarcophages présents, passés et futurs ; il est en basalte vert, et couvert intérieurement et extérieurement de bas-reliefs, ou plutôt de camées travaillés avec une perfection et une finesse inimaginables. C'est tout ce qu'on peut se figurer de plus parfait dans ce genre ; c'est un bijou digne d'orner un boudoir ou un salon, tant la sculpture en est fine et précieuse. Le couvert porte, en demi-relief, une figure de femme d'une sculpture admirable. Cette seule pièce m'acquitterait envers la maison du roi, non sous le rapport de la reconnaissance, mais sous le rapport pécuniaire ; car ce sarcophage, comparé à ceux qu'on a payés vingt et trente mille francs, en vaut certainement cent mille. Le bas-relief et le sarcophage sont les deux plus beaux objets égyptiens qu'on ait envoyés en Europe jusqu'à ce jour. Cela devait de droit venir à Paris et me suivre comme trophée de mon expédition ; j'espère qu'ils resteront au Louvre en mémoire de moi.

30 septembre, d'Alexandrie

Depuis dix jours nous sommes à Alexandrie ; nous avons reçu de M. Mimaut, le nouveau consul général de France, l'accueil le plus gracieux, et je ne saurais assez me louer des soins et des attentions dont il m'honore depuis que je suis chez lui ; j'en suis pénétré de la plus vive reconnaissance. Ma santé et celle de mes compagnons est des meilleures ; il ne manque à notre bonheur que de voir naître et s'élever de l'horizon la voile du vaisseau que M. le ministre de la Marine a bien voulu envoyer pour nous ramener en France ; mais depuis six semaines la mer est déserte, pas même un vaisseau marchand ! et notre patience s'use par secondes.

Je n'ai quitté le Caire qu'après avoir fait une longue visite à Ibrahim-Pacha, qui nous a reçus au mieux. Je l'ai beaucoup entretenu d'un voyage aux sources du Nil, et j'ai affermi en lui l'idée qu'il avait déjà d'attacher son nom à cette belle conquête géographique, soit en favorisant largement les voyageurs qui la tenteraient, soit en préparant lui-même une petite expédition de voyageurs qu'il ferait soutenir par quelques hommes d'armes. C'est là une semence jetée en bonne terre pour l'avenir, et le pacha comprend tout l'intérêt de cette entreprise et de son succès. J'ai aussi présenté mes respects au vice-roi Mohammed Ali, et lui ai dit toute notre gratitude pour la protection officieuse qu'il nous a accordée ; le vice-roi est toujours bon et aimable pour les Français ; c'est dire qu'il l'a été infiniment pour nous.

Je profite de l'attente à laquelle je suis condamné pour mettre en ordre mes papiers et dessins. Je dis que c'est immense, et j'espère que vous en jugerez de même. Mes jeunes gens passent leurs loisirs forcés à peindre des décorations pour un théâtre que des amateurs français vont ouvrir incessamment ; un théâtre français à Alexandrie d'Égypte dit bien haut que la civilisation marche ; nous serons donc forcés de nous divertir en attendant l'embarquement.

15 octobre, d'Alexandrie

Nous sommes aujourd'hui tout aussi avancés qu'au 15 septembre, c'est-à-dire toujours cloués à Alexandrie ; ce qui augmente mes regrets d'avoir quitté sitôt Thèbes et la Haute-Égypte, et cela pour venir le plus tôt possible perdre notre temps sur les tristes rives de la Méditerranée. Nous savons seulement que la corvette l'*Astrolabe* a fait annoncer qu'elle avait commission de nous ramener en France ; elle est commandée par

M. de Verninac, un de mes compatriotes quercynois. Cela n'empêchera pas que nous soyons encore à Alexandrie au 15 novembre prochain, l'*Astrolabe* devant préalablement conduire en Syrie M. Malivoire, consul de France à Alep. Les Toscans ont perdu patience, et se sont embarqués sur un navire marchand. Le voisinage de l'*Astrolabe* m'a détourné de la même résolution, et d'ailleurs je ne voudrais pas me séparer de mon bagage archéologique.

10 novembre, d'Alexandrie

Le mauvais temps ayant contrarié les projets de l'*Astrolabe* a aussi ajourné les miens ; je ne pense pas m'embarquer avant le 20 de ce mois ; mais je trouverai dans le commandant Verninac un fort aimable homme, très instruit et de la plus agréable société ; c'est quelque chose partout, bien plus encore sur mer. Le beau sarcophage a été mis à bord hier, et fort heureusement ; nous continuons l'embarquement de nos effets ; mais je ne suis pas sans quelque crainte en pensant d'avance aux douanes de Toulon ; il faut qu'un ordre ministériel nous y précède pour la libre admission : 1. des caisses contenant les monuments que je destine au musée ; 2. pour les divers objets qui font aujourd'hui partie de notre garde-robe orientale ou de simple curiosité, tels que manteaux de laine dits burnous, chaussures pour hommes et pour femmes, voiles de mousseline brodés en or, armes, ustensiles domestiques, harnais et autres produits des manufactures d'Égypte et de Nubie, que nous avons recueillis à nos dépens. Je ne pense pas qu'on nous refuse cette faveur, du reste bien gratuite pour nous.

28 novembre, d'Alexandrie

Enfin il m'est permis de dire adieu à ma terre sainte, à ce pays de merveilles historiques ; je quitterai l'Égypte comblé des faveurs de ses anciens et de ses modernes habitants, vers le 2 ou le 3 décembre. Mon fidèle aide de camp, Salvador Cherubini, ne me quittera pas ; MM. L'Hôte, Lehoux et Bertin resteront ici après nous, pour avancer un grand travail qu'ils ont commencé, le Panorama du Caire, pour lequel ils ont fait sur les lieux toutes les études nécessaires ; ils veulent le terminer ici, et ils ont cent fois raison, car ce sera une magnifique chose. Pour moi, je pars bien résolu contre les bourrasques et coups de vent qui ne nous manqueront certainement pas dans ce temps-ci ; mais la France est à ce prix : je l'accepte.

Novembre, d'Alexandrie

Note remise au vice-roi pour la conservation des monuments de l'Égypte

Parmi les Européens qui visitent l'Égypte, il en est, annuellement, un très grand nombre qui, n'étant amenés par aucun intérêt commercial, n'ont d'autre désir ou d'autre motif que celui de connaître par eux-mêmes et de contempler les monuments de l'ancienne civilisation égyptienne, monuments épars sur les deux rives du Nil, et que l'on peut aujourd'hui admirer et étudier en toute sûreté, grâce aux sages mesures prises par le gouvernement de Son Altesse. Le séjour plus ou moins prolongé que ces voyageurs doivent faire, nécessairement, dans les diverses provinces de l'Égypte et de la Nubie, tourne à la fois au profit de la science qu'ils enrichissent de leurs observations, et à celui du pays lui-même, par leurs dépenses personnelles, soit pour les travaux qu'ils font exécuter, soit pour satisfaire leur active curiosité, soit même encore pour l'acquisition de divers produits de l'art antique.

Il est donc du plus haut intérêt, pour l'Égypte elle-même, que le gouvernement de Son Altesse veille à l'entière conservation des édifices et monuments antiques, l'objet et le but principal des voyages qu'entreprennent, comme à l'envi, une foule d'Européens appartenant aux classes les plus distinguées de la société. Leurs regrets se joignent déjà à ceux de toute l'Europe savante, qui déplore amèrement la destruction entière d'une foule de monuments antiques, démolis totalement depuis peu d'années, sans qu'il en reste la moindre trace. On sait bien que ces démolitions barbares ont été exécutées contre les vues éclairées et les intentions bien connues de Son Altesse, et par des agents incapables d'apprécier le dommage que, sans le savoir, ils causaient ainsi au pays ; mais ces monuments n'en sont pas moins perdus sans retour, et leur perte réveille, dans toutes les classes instruites, une inquiète et bien juste sollicitude sur le sort à venir des monuments qui existent encore.

Voici la note nominative de ceux qu'on a récemment détruits : 1. Tous les monuments de Cheïk-Abadé ; il ne reste plus debout que quelques colonnes de granit ; 2. Le temple d'Aschmouneïn, l'un des plus beaux monuments de l'Égypte ; 3. Le temple de Kaou-el-Kébir ; ici le Nil a autant détruit que les hommes ; 4. Un temple au nord de la ville d'Esné ; 5. Un temple vis-à-vis Esné, sur la rive droite du fleuve ; 6. Trois temples à El-Kab ou El-Eitz ; 7. Deux temples dans l'île, vis-à-vis la ville d'Osouan, Géziret-Osouan.

Ce qui fait une perte totale de treize ou quatorze monuments antiques, du nombre desquels trois surtout étaient du plus grand intérêt pour les voyageurs et les savants. Il est donc urgent et de la plus haute importance que les vues conservatrices de Son Altesse étant bien connues de ses agents, ceux-ci les suivent et les remplissent dans toute leur étendue ; l'Europe entière sera reconnaissante des mesures actives que Son Altesse voudra bien prendre pour assurer la conservation des temples, des palais, des tombeaux, et de tous les genres de monuments qui attestent encore la puissance et la grandeur de l'Égypte ancienne, et sont en même temps les plus beaux ornements de l'Égypte moderne.

Dans ce but désirable, Son Altesse pourrait ordonner :

1) Qu'on n'enlevât, sous aucun prétexte, aucune pierre ou brique, soit ornée de sculptures, soit non sculptée, dans les constructions et monuments antiques existant encore dans les lieux suivants, tant de l'Égypte que de la Nubie :

1. En Égypte : San, sur le canal de Moez, Basse-Égypte. Bahbeït, près de Samannoud, Basse-Égypte. Ssa-el-Hagar, Basse-Égypte. Kasr-Kéroun, dans la province de Faïoum. Cheïk-Abadé, pour le peu qui reste. El-Arabah ou Madfouné, au-dessus de Girgé. Kefth. Kous, Kourna et environs. Médinet-Habou et environs. Louqsor (El-Oqsour). Karnac et environs. Médamoud. Erment. Tâoud, vis-à-vis Erment, sur la rive droite. Esné, Edfou. Koum-Ombou. Osouan, quelques débris. Géziret-Osouan, quelques débris.

2. En Nubie, au-delà de la première cataracte : Géziret-el-Birbé. Géziret-Béghé. Géziret-Séhhélé. Déboude. Gkarbi-Dandour. Beit-Ouali, près de Kalabschi. Kalabschi. Ghirsché-Hassan ou Gerf-Hosseïn. Daké. Maharraka. Ouadi-Esséblouâ. Amada ou Amadon. Derri. Ibrim. Ibsamboul ou Abou-Sembil. Ghébel-

Addèh. Maschakit. Ouadi-Halfa, quelques débris, sur la rive gauche.

3. Au-delà de la seconde cataracte : Sennèh, Sohleb, Barkal, Assour, Naga, et autres lieux où existent des monuments antiques jusqu'à la frontière du Sennaâr, où il n'en existe plus.

2) Les monuments antiques creusés et taillés dans les montagnes sont tout aussi importants à conserver que ceux qui sont construits en pierres tirées de ces mêmes montagnes. Il est urgent d'ordonner qu'à l'avenir on ne commette aucun dégât dans ces tombeaux, dont les fellahs détruisent les sculptures et les peintures, soit pour se loger ainsi que leurs bestiaux, soit, afin d'enlever quelques petites portions de sculptures pour les vendre aux voyageurs, en défigurant pour cela des chambres entières. Les principaux points à recommander sont, en particulier, les grottes (*magarah*) des montagnes voisines de : Sakkarah. Béni-Hassan et environs. Touna-Gébel. El-Tell. Samoun, près de Manfalouth, El-Eitz ou El-Kab. El-Arabah. Kourna et environs. Biban-el-Molouk, près de Kourna. Gébel-Selséléh. C'est dans les monuments de ce genre qu'ont journellement lieu les plus grandes dévastations ; elles sont commises par les fellahs, soit pour leur propre compte, soit surtout pour celui des marchands d'antiquités qui les tiennent à leur solde ; je sais même, à n'en pas douter, que des édifices ont été détruits par ces spéculateurs européens, sur l'espoir de découvrir quelque objet curieux dans les fondations ; mais les grottes sculptées ou peintes, et que l'on découvre chaque jour à Sakkarah, à El-Arabah, à Kourna, sont à peu près détruites presque aussitôt qu'on en a fait l'ouverture, par l'ignorance et l'avidité des fouilleurs ou de leurs employés. Il serait plus que temps de mettre un terme à ces barbares dévastations,

qui privent à chaque instant la science de monuments d'un haut intérêt, et désappointent la curiosité des voyageurs, lesquels, après tant de fatigues, n'ont souvent ainsi que des regrets à exercer sur la perte de tant de sculptures ou de peintures curieuses.

En résumé, l'intérêt bien entendu de la science exige, non que les fouilles soient interrompues, puisque la science acquiert chaque jour, par ces travaux, de nouvelles certitudes et des lumières inespérées, mais qu'on soumette les fouilleurs à un règlement tel que la conservation des tombeaux découverts aujourd'hui, et à l'avenir, soit pleinement assurée et bien garantie contre les atteintes de l'ignorance ou d'une aveugle cupidité.

19

Académicien, enfin !
(1829-1830)

Bloqué en quarantaine au lazaret de Toulon, Jean-François Champollion fulmine, mais en profite pour revoir son journal de voyage et rendre compte de ses travaux aux différentes autorités. « Les matériaux que j'ai recueillis ont surpassé mon attente », écrit-il à l'intendant de la Maison du roi. Il n'a toujours pas reçu un mot de Zelmire. Enfin libéré, il séjourne dans plusieurs villes du Midi, en attendant d'affronter les froidures de Paris. Il prend connaissance de divers pamphlets publiés contre lui en son absence. « J'y crache dessus et je passe. » Le 4 mars 1830, il regagne la capitale et se remet aussitôt au travail. Quelques semaines plus tard, il sera finalement élu à l'Académie des inscriptions et belles-lettres.

1829

25 décembre, de Toulon

À son frère

« Soyez sans inquiétude, tout ira bien ! » Voilà les derniers mots que je t'adressais en te disant adieu. Tu verras par celle-ci que j'ai tenu parole, puisque me voici en rade, subissant avec résignation le triste devoir de ma quarantaine. Ma campagne est donc finie, et tous mes vœux et les vôtres sont remplis. C'est le 23 décembre, dans la rade d'Hyères, que l'ancre de l'*Astrolabe* mordit enfin sur la terre de France ; c'était sans doute pour fêter l'anniversaire de ma naissance.

Je ferai ma quarantaine à bord de l'*Astrolabe*, toutefois en prenant une chambre au lazaret, dans le but de me chauffer et de faire un peu d'exercice. J'y reverrai mon journal de voyage et j'y ajouterai ce qui y manque sur mon dernier séjour au Caire et à Alexandrie. La reconnaissance me fait un devoir de consigner dans cc journal tous les témoignages d'intérêt que j'ai reçus d'Ibrahim-Pacha, et les marques non interrompues de la plus active protection de S.A. Mohammed Ali, qui, le jour de la fête du roi, a ajouté à toutes ses bontés le présent d'un magnifique sabre. C'est une tête qui travaille avcc activité sur le passé et sur l'avenir : Son Altesse m'a demandé un abrégé de l'histoire de l'Égypte, et j'ai rédigé un petit mémoire, selon ses vues, qui paraît l'avoir vivement intéressée ; je lui ai remis aussi une note détaillée qui a pour objet la conservation des monuments principaux de l'Égypte et de la Nubie. J'espère que ces deux mémoires porteront leurs fruits.

26 décembre, de Toulon

À M. le vicomte Sosthène de La Rochefoucauld, directeur du département des Beaux-Arts de la Maison du roi

Monsieur le vicomte,

J'ai l'honneur de vous faire part de mon arrivée en France, sur le bâtiment du roi l'*Astrolabe*, entré hier au soir en rade après une traversée de dix-neuf jours, et je m'empresse de porter en même temps à votre connaissance les heureux résultats de mon voyage.

Sous le rapport des recherches scientifiques qui en étaient l'objet principal, mes espérances ont été pour ainsi dire surpassées ; la richesse de mes portefeuilles ne laisse rien à désirer, et les dessins qu'ils renferment, éclaircissant une foule de points historiques, donnent en même temps des lumières du plus piquant intérêt sur les formes de la civilisation égyptienne jusques dans ses plus petits détails. J'ai recueilli enfin des notions certaines pour l'histoire générale des beaux-arts, et en particulier pour celle de leur transmission de l'Égypte à la Grèce.

C'était un devoir pour moi de m'efforcer d'enrichir la division égyptienne du musée royal de divers genres de monuments qui lui manquent, et de ceux qui peuvent compléter les belles séries qu'il renferme déjà. Je n'ai rien épargné pour atteindre ce but ; tout ce que j'ai pu économiser sur les fonds que la maison du roi et divers ministères avaient bien voulu m'accorder pour mon voyage a été employé à des fouilles et à des acquisitions de monuments égyptiens de toute espèce, destinés au musée Charles X. J'ai fait scier à grand' peine et tirer du fond d'une des catacombes royales de Thèbes un très grand bas-relief conservant encore presque toute sa peinture antique. Ce superbe morceau, provenant du tombeau du père de Sésostris, pourra seul donner une juste idée de la somptuosité et de la magnificence des sépultures pharaoniques. J'ai aussi acquis un monument du premier ordre : c'est un sarcophage en basalte vert, couvert de sculptures d'une admirable finesse d'exécution, et du plus haut intérêt mythologique ; cette pièce, la plus belle de ce genre qu'on ait découverte jusqu'ici, appartenait à Mahmoud-Bey, ministre de la Guerre de S.A. le vice-roi d'Égypte.

Tous les objets destinés au musée ont été embarqués à bord de l'*Astrolabe* et sont arrivés avec moi à Toulon ; il ne s'agit plus que de leur transport au Musée royal ; et comme il importe extrêmement à la conservation du sarcophage, des bas-reliefs et de quelques peintures antiques, d'éviter le plus possible toute espèce de déplacement, il serait très désirable que la corvette l'*Astrolabe*, sur laquelle sont embarqués ces objets précieux, fût chargée de les transporter de Toulon au Havre aussitôt que la mer sera tenable.

26 décembre, du lazaret de Toulon

À M. le baron de La Bouillerie, intendant général de la Maison du roi

Monsieur le baron,

Mon premier devoir, en touchant la terre de France, est de renouveler l'expression de toute ma gratitude à la main protectrice qui, secondant les hautes vues du roi pour l'avancement des études historiques, m'a généreusement fourni les moyens d'accomplir la série des recherches que la science montrait encore à faire dans l'Égypte entière et sur le sol de la Nubie. Je me suis efforcé, par mon complet dévouement à l'importante entreprise que vous m'avez mis à même d'exécuter, de ne point rester au-dessous d'une si noble tâche et de justifier de mon mieux les espérances que les savants de l'Europe ont bien voulu attacher à mon voyage.

L'Égypte a été parcourue pas à pas, et j'ai séjourné partout où le temps avait laissé subsister quelques restes de la splendeur antique ; chaque monument est devenu l'objet d'une étude spéciale ; j'ai fait dessiner tous les bas-reliefs et copier toutes les inscriptions qui pouvaient fournir des lumières sur l'état primitif d'une nation dont le vieux nom se mêle aux plus anciennes traditions écrites. Les matériaux que j'ai recueillis ont surpassé mon attente. Mes portefeuilles sont de la plus grande richesse, et je me crois permis de dire que l'histoire de l'Égypte, celle de son culte et des arts qu'elle a cultivés ne sera bien connue et justement appréciée qu'après la publication des dessins qui sont le fruit de mon voyage. Je me suis fait un devoir de consacrer toutes les économies qu'il m'a été possible de réaliser à des fouilles exécutées à Memphis, à Thèbes, etc., pour enrichir le musée Charles X de nouveaux monuments ; j'ai été assez heureux pour réunir une foule d'objets qui compléteront diverses séries du musée égyptien du Louvre ; et j'ai enfin réussi, après bien des doutes, à faire l'acquisition du plus beau et du plus précieux sarcophage qui soit encore sorti des catacombes égyptiennes. Aucun musée de l'Europe ne possède un si bel objet d'art égyptien. J'ai réuni aussi une collection d'objets choisis d'un très grand intérêt, parmi lesquels se trouve une statuette de bronze d'un travail exquis, entièrement incrustée en or, et représentant une reine égyptienne de la dynastie des Bubastites. C'est le plus bel objet connu de ce genre.

Je me hâterai, autant que l'obligation de la quarantaine et l'état de ma santé pourront me le permettre, de me rendre à Paris le plus tôt possible, afin d'avoir l'honneur de mettre sous vos yeux, Monsieur le baron, tous les résultats de mon voyage.

27 décembre, du lazaret de Toulon

À Zelmire

Le bâtiment qui m'a ramené d'Égypte en 19 jours est entré dans la rade de Toulon le 5 au soir. J'ai espéré jusques à aujourd'hui qu'on m'apporterait de terre quelque lettre de vous. Mais je vois qu'il faut renoncer à être plus heureux en Europe que je ne l'ai été en Afrique où, en 19 mois, j'ai reçu une seule fois de vous une marque de souvenir. Comment puis-je expliquer ce silence ? C'est de vous seule que je puis en apprendre les motifs et je suis réduit à répéter ici les tristes paroles qui déterminent toutes les lettres que je vous ai écrites d'Égypte : j'attends.

1830

14 janvier, en rade de Toulon

À son frère

C'est aujourd'hui que je comptais recouvrer ma liberté, perdre mon titre de pestiféré, dire adieu au lazaret et bonjour aux rues d'une ville française. Le conseil de santé en a jugé autrement ; considérant que l'*Astrolabe*, avant de nous prendre à Alexandrie, était allée mettre M. de Malivoire, consul d'Alep, à Latakié, sur la côte de Syrie, où un canot l'avait déposé, l'*Astrolabe* ayant ensuite mis à la voile pour retourner en Égypte, ledit conseil a augmenté notre quarantaine de dix jours de plus, en nous considérant comme provenance brute. Cette décision malencontreuse aura son cours, parce que ces messieurs l'ont jugé ainsi selon leur bon plaisir. L'Égypte, depuis cinq ans, n'a pas vu de peste ; l'état sanitaire de Latakié était parfait ; le canot seul avait touché terre ; quarante jours et plus s'étaient écoulés, à notre entrée en rade de Toulon, depuis le départ de l'*Astrolabe* de devant Latakié ; aucune maladie ne s'était montrée à bord ; vingt autres jours de quarantaine à Toulon, expirés hier 13, ajoutés aux quarante précédents, donnent deux mois d'épreuve à la santé de l'équipage ; et quand même, on en exige encore dix de plus ! Le plus plaisant, s'il y a le mot pour rire dans un tel acte, c'est que le brick l'*Éclipse*, avec les officiers et les passagers duquel nous avons vécu tous les jours bras dessus bras dessous à Alexandrie, est arrivé trois jours avant nous à Toulon, et n'a été soumis qu'à vingt jours de quarantaine. Si nous avions la peste, les personnes de l'*Éclipse* doivent l'avoir prise de nous ; s'ils sont déclarés sains, c'est que nous le sommes nous-mêmes. Tout cela ne m'a pas semblé très rationnel, surtout quand il en résulte un supplément de quarantaine.

Le lazaret est le pays de l'uniformité. Ma santé et celle de Salvador sont excellentes, malgré les vents, la pluie et la neige, et l'impossibilité d'avoir du feu à bord ; mais je passe une partie de la journée dans une mauvaise chambre du lazaret, où je puis faire du feu. Quelle opposition que ce mortel hiver avec nos cinquante degrés d'Ibsamboul ! Vous n'êtes pas mieux traités à Paris, et j'en grelotte d'avance ; mais enfin ce sera à Paris… Adieu.

29 janvier, d'Aix-en-Provence
À son frère

Me voici établi chez le bon M. Sallier [receveur des Finances et collectionneur d'antiquités égyptiennes], et gardant le coin du feu pour me soustraire au froid piquant qui se fait encore sentir dans ce beau climat de Provence. Je m'effraye de l'idée seule de monter subitement vers le nord et m'ensevelir dans les brouillards de la Seine. Jusqu'ici, la goutte a bien voulu m'épargner sa visite habituelle du premier jour de l'an ; quelques petites douleurs sourdes m'avertissent qu'elle arrivera à la première humidité qui me saisira.

Je suis sorti de la maudite quarantaine le 23 du courant, et n'ai passé que deux jours à Toulon avec M. Drovetti, qui, ayant appris que j'étais en quarantaine, vint m'y voir et prolongea son séjour jusqu'à ma sortie définitive.

J'ai certainement grande envie de me voir à Paris ; mais les froids rigoureux que vous éprouvez sous ce bienheureux ciel m'épouvantent profondément ; aussi suis-je décidé à diriger ma route de manière à ne quitter le soleil du Midi que le plus tard possible, afin de ménager les transitions. Je ne prendrai donc pas la route de Lyon, difficile par l'accumulation des neiges, surtout entre Lyon et Paris. J'aurai de la besogne à Aix pour sept à huit jours au moins, sur les papyrus de M. Sallier ; je veux les couler à fond, afin de n'être pas obligé d'y revenir. De là je compte aller à Avignon voir le musée Calvet.

Je tournerai sur Nîmes pour visiter les nouvelles fouilles ; ensuite Montpellier, Narbonne, Toulouse et Bordeaux ; je pousserai de là sur Montauban, et à Cahors je prendrai la malle-poste, qui me mettra en deux ou trois jours à Paris.

À Ippolito Rosellini

J'ai parcouru ici une partie des pamphlets dont la clique a bien voulu me régaler pendant mon absence ; cela est dégoûtant et vous sentez qu'on ne répond à cela que par le mépris et en continuant son chemin sans faire cas de tous ces moustiques. Ma *Grammaire* paraîtra à la fin de cette année : c'est la préface indispensable de notre voyage. Elle ne convertira pas, au reste, ceux qui combattent mon système et déprécient mes travaux, parce que ces messieurs ne veulent point être convertis et sont tous de la mauvaise foi la plus inique. Mais tout cela est dans l'ordre. Je les connais, j'y crache dessus et je passe. Pour prouver que je me contredis, ils citent mes diverses opinions sur certains points, sans dire (et voilà la mauvaise foi) à quelle époque j'ai dit ceci et à quelle époque j'ai modifié mon opinion. Mais cela ne les arrangeait pas. Ils citent comme si j'avais dit blanc et noir le même jour, sans faire le compte des modifications que la progression de mes études a dû apporter sur certains points. Toute ma réponse est que mon voyage n'a apporté aucune espèce de modification aux principes du système hiéroglyphique exposé dans mon *Précis*.

Je ne me mettrai pas sur les rangs. Si l'Académie me veut, qu'elle me nomme : c'est assez de m'être présenté une fois, je ne suis pas de ceux qu'on refuse plusieurs fois de suite.

18 février, de Toulouse
À son frère

Me voici au milieu des troubadours de Toulouse. J'ai fait partir Salvador presque à notre arrivée ; il emporte mes gros bagages, contenant les dessins et toutes mes notices et descriptions des monuments ; ces précieux documents me serviront d'avant-garde et me précéderont de quelques jours à Paris. Le papyrus de M. Sallier m'a retenu plus que je ne l'avais pensé. Il a fallu prolonger mon séjour, parce que mon excellent hôte m'a témoigné l'envie de rester seul possesseur de son livre et le désir que je n'en prisse point de copie ; il a donc fallu me contenter de l'étudier à fond. Je ne l'ai quitté qu'après avoir mis en portefeuille des notes complètes sur les parties les plus importantes de ce vieux monument. J'ai reconnu qu'il contient le récit dramatique de la guerre de Sésostris contre les Scythes (Schéta), alliés avec la plupart des peuples de l'Asie occidentale. Mais il est extrêmement piquant d'avoir reconnu aussi que ce même texte est gravé en grands hiéroglyphes sur la paroi extérieure sud du palais de Karnac à Thèbes ; ce texte historique est fort endommagé et presque perdu à Karnac, devais-je m'attendre à le retrouver à Aix dans toute son intégrité ? Le rapprochement de ce double texte me le donnera tout entier.

Continuant à chercher de la chaleur et le beau soleil du Midi au travers des neiges qui couvrent la Provence, je me suis rendu à Nîmes, où j'ai admiré l'amphithéâtre, et surtout la Maison carrée, qui, dans son état actuel, est certainement le mieux conservé de tous les monuments romains existants en Europe. À Montpellier j'ai retrouvé l'excellent M. Fabre, que j'avais connu en Italie ; il m'a fait visiter en détail le beau musée de tableaux et la riche bibliothèque dont il a fait don à sa ville natale. C'est une chose merveilleuse qu'une telle réunion.

Encore des neiges et du froid en quittant Montpellier. Quel démon d'hiver le ciel nous envoie-t-il donc cette année ? J'en souffre beaucoup, et je crains fort de trouver la goutte en arrivant dans l'atmosphère brumeuse de Paris. Cependant il est temps que j'y rentre, et ce sera bientôt.

Je le sens, et tu ne peux douter de mon envie, mais n'étant point allé à Figeac à mon départ, il est juste que je voie notre famille en passant.

J'attends ici à chaque instant l'arrivée d'une personne qui avait soif de me revoir depuis douze ans, et de l'attachement de laquelle je ne doute pas plus que je ne doute du tien : c'est aussi un de mes besoins de cœur. J'y ai cédé et tu me pardonneras quelques jours de retard. Tu sais bien qu'il s'agit ici de Madame Adèle.

2 mars, de Bordeaux
À son frère

Je me trouve enfin, en très bonne santé, dans la belle ville de Bordeaux ; je vais en courir les monuments pour achever mon éducation et finir mes caravanes, car c'est demain, mercredi 3 mars, que je monte dans le courrier, à dix heures du soir, pour arriver enfin à Paris vendredi, à la pointe du jour. Nous nous trouverons donc là où nous nous sommes quittés, il y aura alors vingt mois et vingt jours ; ce n'est pas trop pour les résultats que j'ai conquis sur le désert ; on m'en saura un jour, peut-être, quelque gré.

1831

1er avril, de Paris
À Ippolito Rosellini

Les événements politiques et leurs complications ont dû suffisamment vous expliquer et mon silence et le retard qu'éprouve forcément la publication des résultats de notre expédition scientifique : plus nous allons et moins les choses se calment. Par-dessus tout, nous avons besoin de la paix pour le succès de notre entreprise, et les choses ne prennent pas encore une couleur qui permette d'y compter. C'est décourageant et toutefois je m'applaudis chaque jour que notre voyage soit fait.

Au milieu de tout cela j'ai terminé mon grand travail sur la grammaire : c'est un ouvrage complet qui formera 5 à 600 pages grand in-quarto : on n'aura plus rien à demander après cela : presque tout s'y trouve depuis le b. a.-ba jusqu'à la règle des participes. Mais les circonstances m'empêchent de publier de suite, parce qu'il faudrait enterrer 12 à 15 000 francs, dont je puis avoir besoin pour vivre, dans le cas où la saison des tempêtes vînt à recommencer. Mais à partir des premiers jours de mai, je vais monter en chaire au Collège de France et professer à la fois la langue égyptienne sous ses deux formes, la copte et l'hiéroglyphique et hiératique.

Le grand-duc a bien voulu me donner une marque de satisfaction en m'honorant de la décoration de Saint-Joseph. J'ai reçu cette faveur avec une bien vive reconnaissance et en même temps avec peine, parce que mon gouvernement n'était nullement disposé à faire, à votre égard, ce que le vôtre faisait au mien.

À mon retour, le gouvernement français ne m'a demandé aucun compte d'une mission qu'on ne m'avait pas donnée en effet et ne s'est cru obligé à me décerner aucune espèce de récompense pour l'avoir remplie avec succès : il ne m'a même point remercié pour les monuments que j'ai rapportés pour le musée.

20

L'obélisque de Louqsor

Le pacha d'Égypte avait offert à la France l'un des obélisques d'Alexandrie. Mais, lors de son voyage en Haute-Égypte, Champollion était tombé en admiration devant les deux monolithes dressés à l'entrée du temple de Louqsor. « C'est ceux-là qu'il nous faut », avait-il aussitôt écrit à son frère. De retour à Paris, il adresse un rapport en ce sens au ministre de la Marine. Ne se contentant pas de vanter la beauté des deux obélisques, il recommande de les ériger devant la colonnade du Louvre ou le portique de la Madeleine et se mue en ingénieur pour expliquer comment ils pourraient être transportés jusqu'en France.

L'idée de transporter à Paris l'obélisque d'Alexandrie, vulgairement connu sous le nom d'aiguille de Cléopâtre, avait été adoptée par l'ancien gouvernement, dans la simple intention d'orner la capitale d'une décoration nouvelle et d'y ériger au moins un de ces monuments que l'Europe ne montre que sur les seules places publiques de Rome.

Mais aujourd'hui le gouvernement national doit se proposer un but et plus élevé et plus grand. Il lui appartient de marquer ses premiers pas en éternisant la mémoire des glorieux triomphes de nos armées pendant les guerres de la République. Ces souvenirs, noble patrimoine de la génération qui, la première, a combattu pour la liberté française, attendent encore leur consécration par des monuments publics. Ce n'est point sans étonnement, par exemple, que l'étranger parcourt notre capitale sans y rencontrer quelque part un seul monument qui rappelle, même indirectement, notre étonnante campagne d'Égypte, et la conquête de ce pays célèbre dans lequel notre armée a laissé des semences de civilisation qui germent déjà et se développeront dans l'avenir.

Aucun genre de monument n'est plus propre à perpétuer la mémoire de cette grande expédition qu'un ou plusieurs obélisques égyptiens, transportés dans la capitale de la France ; et, sous ce rapport, l'obélisque d'Alexandrie ne remplirait nullement le but proposé.

1. Cet obélisque, d'abord, est très inférieur dans ses proportions à la plupart de ceux de Rome. 2. Il est très fruste à la base, et deux de ses faces, au moins, sont tellement rongées par l'air salin de la mer que toutes les sculptures en ont disparu à très peu de chose près. 3. Enfin, son embarquement offre des difficultés plus

grandes, en réalité, que celui des obélisques de Thèbes qui lui sont infiniment préférables.

Tout concourt au contraire à appeler l'attention du gouvernement sur les deux magnifiques obélisques qui décorent l'entrée du palais de Louqsor à Thèbes. Ces monolithes qui, à eux seuls, feraient l'ornement d'une capitale, sont remarquables par la beauté de la matière, la grandeur des proportions, la richesse des sculptures qui les couvrent, le poli de leurs faces et leur admirable conservation.

Sous le rapport historique, ce sont des monuments élevés à la gloire du plus célèbre des conquérants égyptiens, Sésostris, dont les inscriptions contiennent les louanges et énumèrent les travaux. Il serait beau que de tels obélisques devinssent, dans Paris, des monuments commémoratifs de nos victoires en Égypte.

Leur place est naturellement marquée, soit aux deux côtés du fronton et en avant de la colonnade du Louvre, soit en avant du portique de la Madeleine, si, comme on l'espère, ce dernier édifice reprend son nom et sa destination de temple de la gloire française. Ainsi employés, ces obélisques conserveraient leur caractère primitif et produiraient l'effet le plus imposant et le plus grandiose.

Le transport à Paris de ces deux monolithes est reconnu possible, et la gloire nationale est intéressée à ce qu'il soit exécuté.

Situé sur une butte factice, le palais de Louqsor est à une très petite distance du Nil ; la pente même de la butte facilitera beaucoup le transport vers le fleuve et l'embarquement des obélisques.

L'ingénieur chargé de ces opérations trouvera sur les lieux tous les secours désirables en hommes pour mouvoir ses machines et pour tous les travaux préparatoires. Un habitant du pays, travaillant depuis le lever du soleil jusqu'à son coucher, est bien payé à raison de 4 sous de France par jour, sans aucun frais de nourriture quelconque.

S'il devient nécessaire d'abattre plusieurs maisons du village, soit pour renverser, soit pour mener les obélisques au Nil, les frais d'achat de ces cahutes, en simple limon, seront une somme tellement minime qu'il devient presque inutile de s'en occuper.

À l'exception des hommes, soit pour manœuvrer les machines, soit pour creuser ou niveler le terrain, on ne trouvera à Thèbes aucune autre sorte de secours en ustensiles, en matériaux ou en instruments. L'ingénieur maritime doit donc s'en pourvoir et embarquer avec lui tout ce qui pourra être nécessaire pour l'exécution de son plan, cordages, planches, pièces de bois, leviers, ferrements, savon, etc., etc., etc.

Quant aux vivres, le pays en fournit assez abondamment.

La personne chargée de l'opération devra s'entendre avec les beys et cachefs, gouverneurs de la province et des différents cantons, pour l'époque à laquelle il voudra prendre à sa solde et employer les gens du pays, afin de ne point entreprendre son opération dans le mois où les paysans sont obligés de travailler les terres cultivées. Il s'exposerait à manquer de mains.

Cette personne doit également se concilier, par des égards et quelques petits présents, les cheiks des principaux villages de Thèbes, qui sont Karnac, Louqsor et Kourna : les cheiks lui fourniront des travailleurs, distribueront eux-mêmes la solde aux ouvriers, et feront la police. On peut s'adresser avec confiance au cheik de Karnac, nommé cheik Aouéda, homme de sens, probe, ayant une grande influence dans le pays, et français dans l'âme.

Il est important de veiller constamment à ce que chaque ouvrier égyptien touche lui-même sa solde et qu'il la reçoive immédiatement de ses cheiks. Il faut défendre à ceux-ci de remettre l'argent gagné par les ouvriers aux cachefs ou autres agents directs du pacha ; la rapacité extrême de ces agents emploie toute sorte de moyens pour dépouiller les paysans du peu d'argent qu'ils gagnent à la sueur de leur corps. Il faut payer ces ouvriers directement, et ne point s'immiscer dans leurs querelles avec le fisc, et avec les autorités militaires chargées de la rentrée du tribut ou *miry* : on doit toujours être juste, mais ferme, avec les Arabes.

Si, malheureusement, on devait se réduire à n'emporter qu'un seul des obélisques de Louqsor, il faut, sans aucun doute, prendre l'obélisque occidental, celui de droite en entrant dans le palais. Le pyramidion a un peu souffert, il est vrai, mais le corps entier de cet obélisque est intact, et d'une admirable conservation ; tandis que l'obélisque de gauche, comme je m'en suis convaincu par des fouilles, a éprouvé une grande fracture par la base.

En enlevant les obélisques, dont on déchaussera d'abord les bases, il devient indispensable d'emporter aussi les dés ou piédestaux sur lesquels ils sont placés ; et s'ils ont en outre reçu un soubassement de quelque autre nature, il est nécessaire d'enlever ce soubassement, ou tout au moins d'en prendre les dispositions exactes, pour le reconstruire à Paris, et y montrer enfin des obélisques égyptiens avec tous leurs accessoires, et conservant leur destination et leur caractère primitifs. On évitera ainsi la faute commise jusqu'ici en Europe de jucher ces beaux monuments sur une base ridicule d'architecture moderne, et de les dresser dans de vastes espaces qui les dévorent, et qui détruisent ainsi leur grandeur et toute leur majesté.

21

Au Collège de France
(10 mai 1831)

Le roi Louis-Philippe a créé pour lui une chaire d'archéologie égyptienne au Collège de France. Le 10 mai 1831, Jean-François Champollion prononce sa leçon inaugurale en présence de nombreuses personnalités. Il y expose la préhistoire de l'égyptologie, passant en revue tous les tâtonnements et toutes les avancées qui ont précédé sa découverte. Les contributions de ses prédécesseurs ou concurrents sont analysées une à une. Le déchiffreur des hiéroglyphes explique que le système graphique égyptien employait simultanément des « signes d'idées » et des « signes de sons », assurant qu'il a pu mesurer la validité de son alphabet sur les différents monuments d'Égypte.

Deux causes principales retardèrent indéfiniment les progrès des études égyptiennes : la rareté des monuments originaux, et l'ignorance complète de la langue des anciens Égyptiens.

Dès le XVIIe siècle quelques cabinets renfermaient déjà un certain nombre d'objets d'art égyptiens de différents genres, envoyés en Europe par des agents consulaires, comme de simples objets de curiosité. La plupart de ces monuments provenaient de fouilles exécutées sur l'emplacement de Memphis ; c'étaient des amulettes, un petit nombre de bronzes, beaucoup de petites figurines en terre émaillée, images funéraires sorties en abondance des hypogées de Sakkarah ; enfin quelques momies communes et fort peu remarquables sous le rapport de la décoration ou de la richesse des peintures. Plus tard on posséda des lambeaux de manuscrits égyptiens sur toile, des bandelettes couvertes de caractères sacrés, et des cercueils de momie en pierre dure, chargés de longues inscriptions hiéroglyphiques.

Ces divers objets appelèrent enfin l'attention des savants sur le système d'écriture des anciens Égyptiens. Les rares documents épars dans les auteurs grecs et latins, relatifs à la nature des signes graphiques employés par cette nation, excitaient encore plus la curiosité. On commença dès cette époque à rechercher les monuments figurés de l'Égypte ; on étudia les obélisques de Rome, récemment exhumés ou relevés par la munificence des pontifes, et l'archéologie s'enrichit ainsi d'une nouvelle branche, qui, toutefois, demeura longtemps stérile par la fausse direction que les érudits imprimèrent à leurs recherches.

Une critique rigoureusement épurée ne présidait point encore à l'étude des textes classiques sous le double rapport de l'histoire et de l'archéologie. On ne saisit point alors les importantes distinctions formellement établies par les auteurs anciens entre les différents systèmes d'écritures usités chez les Égyptiens. On généralisa trop ce que ces auteurs n'avaient affirmé que d'une certaine classe de signes seulement ; et dès lors les études égyptiennes dévièrent de plus en plus du but véritable, car, partant de faux aperçus, on mettait en fait que l'écriture égyptienne, dite hiéroglyphique, ne représentait *nullement le son des mots* de la langue parlée ; que tout caractère hiéroglyphique était *le signe particulier d'une idée distincte ;* enfin, que cette écriture ne procédait à la représentation des idées que par des symboles et des emblèmes.

De tels principes, auxquels des érudits de nos jours n'ont point encore renoncé, ouvraient à l'imagination un champ bien vaste, ou plutôt une carrière sans limites. Le jésuite Kircher s'y jeta, et, ne gardant aucune réserve, abusa de la bonne foi de ses contemporains, en publiant, sous le titre d'*Œdipus Ægyptiacus*, de prétendues traductions des légendes hiéroglyphiques sculptées sur les obélisques de Rome, traductions auxquelles il ne croyait point lui-même, car souvent il osa les étayer sur des citations d'auteurs qui n'existèrent jamais. Du reste, ni l'archéologie ni l'histoire ne pouvait recueillir aucun fruit des travaux de Kircher. Qu'attendre, en effet, d'un homme affichant la prétention de déchiffrer les textes hiéroglyphiques *a priori*, sans aucune espèce de méthode ni de preuves ! d'un interprète qui présentait comme la teneur fidèle d'inscriptions égyptiennes des phrases incohérentes remplies du mysticisme à la fois le plus obscur et le plus ridicule !

Les rêveries de Kircher contribuèrent aussi à répandre dans le monde savant ce singulier préjugé, subsistant aujourd'hui même dans quelques esprits, d'après lequel les inscriptions hiéroglyphiques sculptées sur tous les monuments, sans exception, étaient jadis comprises par ceux-là seuls d'entre les Égyptiens que leurs lumières avaient appelés aux grades avancés de l'initiation religieuse. On croyait alors que tous ces textes antiques roulaient uniquement sur des sujets cachés et mystérieux ; qu'ils étaient un objet d'étude réservé à une petite caste privilégiée, et qu'ils renfermaient uniquement les doctrines occultes de la philosophie égyptienne. Cette idée fausse parut en quelque sorte confirmée par l'opinion, tout aussi hasardée, qui attribuait alors à la masse entière des signes composant l'écriture sacrée des Égyptiens une nature purement *idéographique.* On en était venu à considérer toute inscription égyptienne comme une série de symboles et d'emblèmes, sous lesquels se cachaient obscurément de profonds mystères, en un mot, comme la doctrine sacerdotale la plus secrète expliquée par des énigmes.

Partant de pareilles hypothèses, les études égyptiennes ne pouvaient compter sur aucun progrès réel, puisque, d'autre part, on voulait parvenir à l'intelligence des inscriptions hiéroglyphiques en négligeant précisément le seul moyen efficace auquel pût se rattacher quelque espoir de succès : *la connaissance préalable de la langue parlée des anciens Égyptiens.* Cette notion était cependant le seul guide que l'explorateur dût adopter avec confiance, dans les trois hypothèses possibles sur la nature de cet antique système graphique.

Si, en effet, l'écriture hiéroglyphique ne se composait que de signes purement *idéographiques*, c'est-à-dire de caractères n'ayant aucun rapport direct avec les *sons des mots* de la langue parlée, mais représentant chacun une idée distincte, la connaissance de la langue égyptienne parlée devenait indispensable, puisque les caractères emblèmes ou symboles, employés dans l'écriture à la place des mots de la langue, devaient être disposés dans le même ordre logique et suivre les mêmes règles de construction que les mots dont ils tenaient la place ; car il s'agissait de rappeler à l'esprit, en frappant les yeux par *la peinture*, les mêmes combinaisons d'idées qu'on réveillait en lui en s'adressant aux organes du sens de l'ouïe *par la parole*.

Si, au contraire, et en opposition à la croyance si générale à cette époque, le système hiéroglyphique employait exclusivement des caractères de son, ces signes ou *lettres* composant l'écriture égyptienne, sculptés avec tant de profusion sur les monuments publics, ne devaient reproduire d'habitude que le son des mots propres à la langue parlée des Égyptiens.

En supposant enfin que l'écriture hiéroglyphique procédât par le mélange simultané de signes d'idées et de signes de sons, la connaissance de la langue égyptienne antique restait encore l'élément nécessaire de toute recherche raisonnée ayant pour but l'interprétation des textes égyptiens.

On ne songea même pas à user de cet instrument d'exploration d'un effet si certain ; et cependant il n'était point douteux, même dès les premières années du XVIIe siècle, que les manuscrits *coptes* rapportés d'Égypte par les missionnaires ou par les voyageurs ne fussent conçus en langue égyptienne écrite avec des caractères très lisibles, puisque l'alphabet copte, c'est-à-dire l'alphabet adopté par les Égyptiens devenus chrétiens, n'est que l'alphabet grec accru de quelques signes.

Par une singularité bien digne de remarque, ce fut le P. Kircher lui-même qui donna, en 1643, sous le titre de *Lingua ægyptiaca restituta,* le texte et la traduction de manuscrits arabes recueillis en Orient par Pietro della Valle, et contenant des grammaires de la langue copte ; plus, un vocabulaire copte-arabe. Dans cet ouvrage, qui, malgré ses innombrables imperfections, a beaucoup contribué à répandre l'étude de la langue copte, Kircher ne put se défaire de son charlatanisme habituel : incapable de tirer aucune sorte de profit réel, pour ses travaux relatifs aux hiéroglyphes, du recueil étendu de mots égyptiens qu'il venait de publier, il osa introduire dans ce lexique, et donner comme coptes, plusieurs mots dont il avait besoin pour appuyer ses explications imaginaires.

Ainsi, la connaissance du copte fut d'abord propagée en Europe dans le seul intérêt de la littérature biblique.

La dernière moitié du XVIIIe siècle vit se renouveler quelques tentatives du même genre, et tout aussi infructueuses pour l'explication raisonnée des monuments figurés de l'Égypte, qui, de temps à autre, arrivaient en Europe par l'effet des relations commerciales avec le Levant. La science ne fit aucun pas vers l'intelligence des antiques écritures égyptiennes. La manie des systèmes *a priori* franchissant toutes les limites du possible détourna encore les bons esprits d'un genre d'études tout à fait discrédité, soit par l'incertitude de ses moyens, soit par l'extravagance des résultats qu'on prétendait en déduire. Selon les uns, toutes les inscriptions égyptiennes étaient relatives à l'astronomie ; elles ne renfermaient, selon d'autres, que des préceptes sur l'ensemble ou les détails des travaux de la campagne ; chaque divinité égyptienne représentait une des époques de l'année agricole ; et dans le temps même où de Guignes [Joseph de Guignes, orientaliste, professeur de syriaque au Collège de France, 1720-1800] et ses disciples, s'efforçant de prouver la communauté d'origine des peuples de la Chine et des anciens habitants de l'Égypte, prétendaient interpréter les inscriptions hiéroglyphiques avec le seul secours des dictionnaires chinois, un esprit tout aussi excentrique voulut prouver, par le raisonnement, que les différentes images d'animaux, de plantes, qu'on appelle hiéroglyphes, ne formèrent jamais *une écriture* chez les Égyptiens, et n'étaient que de simples ornements sans signification quelconque.

Les études archéologiques égyptiennes n'ont réellement commencé qu'à la publication du grand ouvrage de Zoëga sur les obélisques [*De l'usage et de l'origine des obélisques*, 1797]. Ce savant danois, profondément versé dans la connaissance des classiques grecs et possédant bien la langue copte, l'un des objets spéciaux de ses dernières études, réunit dans un vaste travail sur les obélisques de Rome les principaux résultats de ses recherches relatives à l'Égypte ancienne. Conduit par l'examen des inscriptions égyptiennes sculptées sur ce genre de monuments, à s'occuper de l'écriture hiéroglyphique, il discuta fort en détail et s'efforça d'accorder entre elles les notions fournies par les écrivains de l'antiquité sur le système graphique des Égyptiens. Sans y réussir complètement, il parvint cependant à réduire la question à ses véritables termes, et, le premier, il soupçonna vaguement l'existence de *l'élément phonétique* dans le système de l'écriture sacrée, mais sans lui donner aucune extension, et le réduisant à quelques caractères qui procédaient à l'expression des sons par la même méthode que notre jeu d'écriture appelé *rébus*.

La publication de l'ouvrage de Zoëga sur les obélisques précéda immédiatement la conquête de l'Égypte par une armée française. Cette glorieuse expédition, unique dans son but à la fois politique et scientifique, car des commissions savantes marchaient avec l'avant-garde de l'armée, donna une vive impulsion aux recherches archéologiques relatives à l'état primordial de l'empire des pharaons.

Un officier du génie, attaché à la division de notre armée d'Égypte qui occupait la ville de Rosette, M. Bouchard, trouva en août 1799, dans des fouilles exécutées à l'ancien fort, une pierre de granit noir, de forme rectangulaire, dont la face bien polie offrait trois inscriptions en trois caractères différents. L'inscription supérieure, détruite ou fracturée en grande partie, est en écriture *hiéroglyphique* ; le texte intermédiaire appartient à une écriture *égyptienne cursive,* et une inscription en langue et en caractères grecs occupe la troisième et dernière division de la pierre. La traduction de ce dernier texte, contenant un décret du corps sacerdotal de l'Égypte, réuni à Memphis pour décerner de grands honneurs au roi Ptolémée Epipliane, donnait la pleine certitude que les deux inscriptions égyptiennes supérieures contenaient l'expression fidèle du même décret en langue égyptienne et en deux écritures égyptiennes distinctes, *l'écriture sacrée* ou hiéroglyphique, et l'écriture vulgaire ou *démotique.*

On dut, avec toute raison, attacher de grandes espérances à la découverte d'un pareil monument. La possession de textes égyptiens, accompagnés de leur traduction en une langue connue, venait établir enfin des points de départ et de comparaison aussi nombreux qu'incontestables, pour conduire avec sûreté à la connaissance du système graphique égyptien par l'analyse combinée des deux inscriptions égyptiennes au moyen de l'inscription grecque. Dès ce moment, il fallut abandonner la voie des hypothèses pour se circonscrire dans la recherche des faits ; et les études égyptiennes marchèrent, quoique avec lenteur, vers des résultats positifs.

Dès 1802, un savant illustre, auquel nous sommes redevables en France de l'état florissant de la littérature orientale que ses importants travaux ont si éminemment contribué à propager dans le reste de l'Europe, M. le baron Silvestre de Sacy, ayant reçu un *fac-similé* du monument de Rosette, examina le texte démotique en le comparant avec le texte grec, et publia le résumé de ses recherches dans une *Lettre adressée à M. le comte Chaptal*, alors ministre de l'Intérieur.

Cet écrit renferme les premières bases du déchiffrement du texte intermédiaire, par la détermination des groupes de caractères répondant aux noms propres *Ptolémée*, *Arsinoë*, *Alexandre* et *Alexandrie*, mentionnés en différentes occasions dans le texte grec.

Bientôt après, M. Akerblad, orientaliste suédois, que distinguaient une érudition très variée et une connaissance approfondie de la langue copte, suivant la même route que le savant français, s'engagea à son exemple dans la comparaison des deux textes : il publia une analyse des noms propres grecs cités dans l'inscription en caractères *démotiques*, et déduisit en même temps de cette analyse un court alphabet égyptien *démotique* ou *populaire*.

Ce premier succès sembla confirmer d'abord les espérances qu'avait fait naître le monument de Rosette. Mais Akerblad, si heureux dans l'analyse des noms propres grecs, n'obtint aucun résultat en cherchant à appliquer à la lecture des autres parties de l'inscription démotique le recueil de signes dont il venait de constater la valeur dans l'expression écrite de ces noms propres grecs.

N'ayant point supposé, d'une part, que les Égyptiens avaient pu écrire les mots de leur langue en supprimant en grande partie les voyelles médiales, comme cela s'est pratiqué de tout temps chez les Hébreux et les Arabes ; et, d'un autre côté, ne soupçonnant point que beaucoup de signes employés dans ce texte pouvaient appartenir à la classe des caractères symboliques, le savant suédois, rebuté par de vaines tentatives, cessa de s'occuper du monument de Rosette. Il resta prouvé toutefois, par les travaux de MM. de Sacy et Akerblad, que l'écriture vulgaire des anciens Égyptiens exprimait les noms propres étrangers par le moyen de signes véritablement *alphabétiques*.

Quant au texte hiéroglyphique de la stèle de Rosette, quoiqu'il fût bien naturel de l'étudier d'abord, puisqu'il se compose de signes-images ou de caractères figurés, de formes très distinctes, et de le comparer avec le texte grec pour obtenir quelques notions exactes sur l'essence des signes sacrés qui forment le plus grand nombre des inscriptions égyptiennes connues, il ne fut soumis que fort tard à des recherches consciencieuses et jugées telles par la saine critique. On fut probablement détourné de s'en occuper par le mauvais état de cette première portion du monument, des fractures ayant fait disparaître une grande partie du texte hiéroglyphique. Son intégrité eût épargné, en effet, aux investigateurs de longs tâtonnements et d'innombrables incertitudes.

Le docteur Young apporta dans l'examen comparatif des trois textes du monument de Rosette un esprit de méthode éminemment exercé aux plus hautes spéculations des sciences physiques et mathématiques. Il reconnut par une comparaison toute matérielle, dans les portions encore existantes de l'inscription *démotique* et de l'inscription hiéroglyphique, les groupes de caractères répondant aux mots employés dans l'inscription grecque. Ce travail, résultat d'un rapprochement plein de sagacité, établit enfin quelques notions certaines sur les procédés propres aux diverses branches du système graphique égyptien et sur leurs liaisons respectives ; il fournit des preuves matérielles à l'assertion des anciens relativement à l'emploi de caractères *figuratifs* et *symboliques* dans l'écriture hiéroglyphique ; mais la nature intime de cette écriture, ses rapports avec la langue parlée, le nombre, l'essence et les combinaisons de ses éléments fondamentaux, restèrent encore incertains dans le vague des hypothèses.

Le docteur Young, comme les auteurs de la *Description de l'Égypte*, ne sépara point d'une manière assez tranchée l'écriture démotique (celle de la deuxième partie du monument de Rosette, appelée aussi *enchoriale)*, de l'écriture cursive employée dans les papyrus non hiéroglyphiques, textes que j'ai fait reconnaître depuis pour *hiératiques*, c'est-à-dire appartenant à une *écriture sacerdotale*, facile à distinguer de l'écriture hiéroglyphique par la forme particulière des signes, et séparée de *l'écriture démotique* ou *populaire* par des différences bien plus essentielles encore.

Quant à la nature des textes hiératiques et démotiques, le savant anglais embrassa tour à tour deux systèmes entièrement opposés. En 1816, il croyait, avec la Commission d'Égypte, à la *nature alphabétique* de la totalité des signes composant le texte intermédiaire de Rosette, et il s'efforça, par le moyen de l'alphabet d'Akerblad, accru de plusieurs nouveaux signes auxquels il supposait une valeur fixe, de déterminer la lecture de 80 groupes de caractères démotiques extraits du monument bilingue. Mais en 1819, abandonnant tout à fait l'idée de l'existence réelle de signes véritablement alphabétiques dans le système graphique égyptien, le docteur Young affirma, au contraire, que l'écriture démotique et celle des papyrus hiératiques appartenaient, comme l'écriture primitive, le *hiéroglyphique*, à un système composé de caractères *idéographiques purs*. Cependant, convaincu que la plupart des noms propres mentionnés dans le texte démotique de Rosette sont susceptibles d'une *espèce de lecture* avec l'alphabet d'Akerblad, il conclut que les Égyptiens, pour transcrire les *noms propres étrangers* SEULEMENT, se servirent, comme les Chinois, de signes réellement *idéographiques*, mais détournés de leur expression ordinaire pour leur faire *accidentellement* représenter des sons. C'est dans cette persuasion que le savant anglais a essayé d'analyser deux noms propres hiéroglyphiques, celui de *Ptolémée* et celui de *Bérénice* ; mais cette analyse, faussée dans son principe, ne conduisit à aucune sorte de résultat, pas même pour la lecture d'un seul des noms propres sculptés en si grande abondance sur les monuments de l'Égypte.

La question relative à la nature élémentaire du système hiéroglyphique restait donc tout entière : les écritures égyptiennes procédaient-elles *idéographiquement*, ou bien exprimaient-elles les *idées* en notant le *son même des mots* ?

Mes travaux ont démontré que la vérité se trouvait précisément entre ces deux hypothèses extrêmes : c'est-à-dire que le système graphique égyptien tout entier employa simultanément des *signes d'idées* et des *signes de sons* ; que les caractères phonétiques, de même nature que les lettres de notre alphabet, loin de se borner à la seule expression des noms propres étrangers, formaient au contraire la partie la plus considérable des textes égyptiens hiéroglyphiques, hiératiques et démotiques, et y représentaient, en se combinant entre eux, les sons et les articulations des mots propres à la langue égyptienne parlée.

Ce point de fait fondamental, démontré et développé pour la première fois en 1824 dans mon ouvrage intitulé *Précis du système hiéroglyphique*, étant appliqué à une foule de monuments originaux, a reçu les confirmations les plus complètes et les moins attendues. Seize mois entiers passés au milieu des ruines de la Haute et de la Basse-Égypte, grâce à la munificence de notre gouvernement, n'ont apporté aucune sorte de modification à ce principe, dont j'ai eu tant et de si importantes occasions d'éprouver la certitude comme l'admirable fécondité.

Son application seule a pu me conduire à la *lecture* proprement dite des portions phonétiques, formant en réalité les trois quarts au moins de chaque texte hiéroglyphique : de là est résultée la pleine conviction que la langue égyptienne antique ne différait en rien d'essentiel de la langue vulgairement appelée *copte* ou *cophthe* ; que les mots égyptiens écrits en caractères hiéroglyphiques sur les monuments les plus antiques de Thèbes, et en caractères grecs dans les livres coptes, ont une valeur identique et ne diffèrent en général que par l'absence de certaines voyelles médiales, omises, selon la méthode orientale, dans l'orthographe primitive. Les caractères idéographiques ou symboliques, entremêlés aux caractères de son, devinrent plus distincts ; je pus saisir les lois de leurs combinaisons, soit entre eux, soit avec des signes phonétiques, et j'arrivai successivement à la connaissance de toutes les formes et notations grammaticales exprimées dans les textes égyptiens, soit *hiéroglyphiques* soit *hiératiques.*

Ainsi fut levé peu à peu le voile qui couvrait la nature intime du système graphique égyptien ; les matériaux immenses que j'ai recueillis pendant mon séjour en Égypte, et en Nubie entre les deux cataractes, m'ont donné le moyen de développer ces résultats. Un devoir m'était encore imposé, celui de les faire connaître dans toute leur étendue au monde savant, de démontrer leur importance par celle des faits nouveaux qui naissent de leur application, et d'ouvrir une carrière toute nouvelle au zèle des esprits investigateurs qui se consacrent à l'avancement des études historiques. Les bontés du roi, en m'appelant à occuper une chaire d'archéologie, me donnent l'occasion d'accomplir ce devoir et de répondre, autant qu'il sera en moi, à ces nouveaux besoins des sciences, qui, presque toutes, doivent s'enrichir de précieux documents par une étude régulière et approfondie des antiquités égyptiennes.

22

Jusqu'à son dernier souffle
(mai-novembre 1831)

Jean-François Champollion est occupé par l'achèvement de sa Grammaire égyptienne *après avoir été retardé par les journées révolutionnaires de juillet 1830 qui n'ont pas épargné son musée. Las d'attendre, le grand-duc de Toscane a demandé à Ippolito Rosellini de publier séparément les travaux entrepris en Égypte. Champollion le prend mal et plaide pour une publication unique, sous sa direction. Il va se reposer et travailler à Figeac, sa ville natale, « loin de l'infâme Babylone ». Il y retrouve des membres de sa famille, mais aussi son ancienne maîtresse, Madame Adèle. Sa* Grammaire *est presque terminée, mais son état de santé se dégrade, et c'est un homme épuisé qui regagne Paris en novembre 1831. La mort l'emportera quatre mois plus tard, à quarante et un ans.*

14 mai, de Paris

Au grand-duc de Toscane

Altesse impériale et royale,

La publication des résultats obtenus pendant le voyage scientifique en Égypte, entrepris sur ma proposition, si noblement encouragé par votre munificence, et conduit à si bonne fin par le concours actif d'une commission toscane, a été retardée jusqu'ici d'abord par la nécessité d'exécuter un grand travail préparatoire tout à fait dans l'intérêt réel de cette publication et, en second lieu, par l'incertitude des circonstances qui mettaient en problème l'état pacifique de l'Europe si indispensable au succès d'une telle publication.

Mais l'horizon politique s'éclaircit maintenant et je viens de terminer enfin la rédaction de la grammaire égyptienne et hiéroglyphique, enrichie des nombreuses notions recueillies sur les monuments originaux. Cette grammaire doit naturellement servir en quelque sorte de préface à la publication des résultats du voyage.

Je n'ai jamais pensé qu'il fût convenable ni possible à la commission toscane de faire une publication isolée des dessins exécutés par elle dans un voyage dont j'ai conçu le plan et dirigé l'exécution.

J'ai l'honneur de prier Votre Altesse de vouloir bien autoriser M. Rosellini de venir dans ce but passer quelques mois à Paris, à partir du mois de juin. Nous combinerions alors plus facilement et bien à fond tous les détails de notre publication. M. Rosellini profiterait d'ailleurs de ce court séjour pour compléter ses études hiéroglyphiques par la communication que je lui donnerais, comme pour le passé, des nouvelles découvertes que j'ai faites dans cette matière depuis notre séparation à Alexandrie.

En prenant la liberté de solliciter une prompte et bienveillante décision sur ma demande, je consignerai ici de nouveau l'expression du profond respect et de l'inaltérable dévouement dont je suis,

de Votre Altesse impériale et royale

le très humble et très obéissant serviteur.

18 mai, de Paris

À Ippolito Rosellini

Je viens de terminer, mon cher ami, la copie de ma lettre au grand-duc. Il m'a été impossible de le faire plus vite : occupé d'abord du discours d'ouverture de mon cours, que vous pourrez lire dans ce numéro du mercredi 11 de ce mois du journal intitulé *Le Temps*, qui l'a mis tout entier, si toutefois ce journal traverse les Alpes et arrive à Florence. De plus, un rhume épouvantable a ressuscité dans ma poitrine et m'empêche depuis huit jours de continuer mes leçons.

La lettre est précisément rédigée dans le sens que vous avez indiqué. J'ai fait la demande formelle que l'on vous permît de venir à Paris. Il faut absolument arriver au commencement de juin, car il est nécessaire de deux bons mois pour mettre l'ordre dans le chaos et régler tant de points différents : vers le milieu d'août je voudrais pouvoir aller prendre un peu de soleil du Midi dans le département du Lot.

J'avoue que j'ai été profondément blessé de l'idée du grand-duc de publier à part la relation du voyage d'Égypte, quoiqu'il dût facilement comprendre que l'état politique de la France devait me mettre dans l'impossibilité d'y songer en ces derniers temps. Ce n'eût été de sa part ni bien noble ni bien généreux :

car enfin c'est moi qui ai conçu le plan du voyage et qui en ai fait la principale affaire de ma vie : la science me doit en partie les moyens qui l'ont rendu fructueux pour elle : j'ai dirigé les travaux et on serait venu me priver de tout le fruit de mes peines et des principaux résultats de mes études en morcelant, par une publication isolée, le grand et bel ensemble que je m'étais plu à former. Ce n'eût été ni juste ni bien délicat, et un tel procédé m'eût, je crois, fait faire de grandes sottises que nous éviterons en menant les choses comme il est naturel et équitable qu'elles marchent. C'eût été me forcer d'élever autel contre autel et ce sont les schismes qui perdent les religions naissantes. Ne donnons donc pas le mauvais exemple à la grande satisfaction des infidèles.

28 août, de Figeac
À son frère

Me voici, mon bien cher ami, au milieu des délices de Capoue. Le voyage m'a fait du bien quoique marqué par un incident de goutte qui me surprit à Limoges, mais modéré et sans violence ; un jour de repos à Caussade, où nous laissa le courrier de Toulouse, réduisit sensiblement la douleur qui, aujourd'hui, a totalement disparu.

J'ai trouvé tous les nôtres, parents et amis en très bon état, même cette pauvre Thérèse qui d'habitude ne reprend sa santé qu'aux jours où tout le monde est malade.

Il règne ici une dysenterie qui enlève beaucoup de personnes, principalement les enfants et les vieillards ; c'est une désolation, un avant-goût du choléra. Tout cela provient de la misère et d'un mauvais régime.

Je te remercie d'avoir fait embarquer toutes mes paperasses et colifichets. J'ai pu, le lendemain de mon arrivée, me mettre à l'ouvrage. J'espère rentrer à Paris avec un dépouillement de mes malles d'Égypte tellement en ordre que le travail de rédaction sera prompt et facile pour la publication du grand ouvrage, si publication il y a.

Quant à ma *Grammaire*, la publication ne peut se retarder ; c'est la première chose à mettre sous presse. Aussi, je te prie d'en faire l'objet d'une demande de devis spéciale et préliminaire.

10 octobre, de Figeac

À son frère

Je tiens déjà la 140e page grand in-quarto de la mise au net de ma *Grammaire égyptienne*. Il m'en reste au moins le double à copier et c'est un travail indispensable pour la publication dont il faudra s'occuper en arrivant à Babylone. Aussi pour perdre le moins de temps possible, je le passe le plus que je puis à la campagne où, du matin au soir, je manie la plume et la règle.

Je désire donc, dans l'intérêt de ce travail qui me prendrait le triple de temps à Paris, prolonger le plus possible mon séjour en province.

25 octobre, de Figeac

À son frère

Je te prie, si tu ne veux toi-même le faire avec M. de Sacy, de charger Letronne de me choisir [pour les cours au Collège de France] des jours et des heures sur les bases suivantes : les jours me sont indifférents. Mais je ne veux pas de 8 heures. C'est trop rude l'hiver. Il faut absolument que je puisse faire mes leçons dans la salle où je les ai commencées, à cause du tableau qui m'est indispensable. Quant à mon programme de cette année et qu'il faut remettre à M. de Sacy, le voici : « M. Champollion le Jeune exposera les principes de la grammaire égyptienne = copte et développera le système entier des écritures sacrées en faisant connaître toutes les formes grammaticales usitées dans les textes hiéroglyphiques et hiératiques. »

Je te prierai, dès que tu sauras le jour précis de ma première leçon, de m'écrire sur le champ afin de prendre mes mesures de transport.

Madame Adèle, qui se rappelle à votre souvenir à tous, sort d'une maladie assez grave : elle est en convalescence, Dieu merci.

Donne des nouvelles à ma femme, je lui écrirai sous peu de jours. Je t'embrasse de cœur et d'âme.

13 novembre, de Figeac

À son frère

Je serai à Paris le premier de décembre au plus tard. J'irai prendre le courrier à Caussade où je l'ai laissé. C'est la route la plus belle et la plus courte. Le chemin de Cahors est affreux, la diligence abominable.

Je rentrerai à Paris avec la 350e page de ma *Grammaire hiératique* mise au net et propre comme l'œil ; un mois de plus et mes 500 pages étaient au complet, mais il faut se soumettre et se contenter du possible. Il me tarde de pouvoir la publier : cela fera ouvrir de grands yeux à bien du monde. C'est mon *arietta* de bravoure.

Toute la famille se porte bien et moi aussi malgré le froid qui commence à piquer : depuis mon arrivée au berceau natal il n'a plu que trois jours seulement. Un soleil superbe et un ciel bleu de Thèbes. Madame

Adèle me charge de ses compliments pour toi et tous les tiens.

Je t'écrirai encore deux lignes avant mon départ pour t'annoncer le jour précis de ma rentrée dans l'infâme Babylone. Tout à toi de cœur et d'âme.

Champollion a regagné Paris, les traits alourdis, dans un état de grande fatigue. Le 5 décembre 1831, il reprend ses cours au Collège de France, mais doit y renoncer huit jours plus tard. Désormais, il ne quittera plus son appartement de la rue Favart, où amis et collaborateurs se succèdent. Le 12 janvier, une « crise de goutte remontée sur l'estomac » le laisse à demi paralysé. Il trouvera néanmoins la force de travailler encore à sa Grammaire, *en compagnie de son frère. Le 3 mars, après une nouvelle crise, il entre dans un semi-coma. On lui administre l'extrême-onction, mais il retrouve l'usage de la parole pour demander qu'on lui apporte des objets égyptiens se trouvant dans son bureau. Il expire le lendemain, à l'aube. Ses obsèques, suivies par une foule nombreuse, en présence de quelques grands noms de la science, seront célébrées le 6 mars, un mardi gras, comme pour rappeler les facéties de ce travailleur acharné...*

Liste des correspondants et principaux personnages cités par Champollion

AKERBLAD Johan David (1763-1819). Orientaliste suédois, il a été le premier à donner une valeur phonétique aux signes démotiques de la pierre de Rosette.

AUDRAN Prosper. Orientaliste et professeur d'hébreu au Collège de France.

BLACAS D'AULPS Pierre DE, duc (1771-1839). Ministre de la Maison du roi, puis ambassadeur à Naples, collectionneur d'antiquités, il a été le protecteur et le mécène de Champollion à partir de 1822.

BLANC Rosine (1794-1871). Fille d'un gantier de Grenoble, Claude Blanc, et sœur d'André Blanc. Jean-François Champollion l'a épousée en décembre 1818, contre l'avis de son frère aîné. Il l'a surnommée « Anaïs ».

BOUGY James. Banquier grenoblois, ancien camarade de lycée de Champollion.

CALMELS dom Jean-Joseph. Prêtre de Figeac. L'aîné des Champollion, qui avait été son élève, lui a confié la première éducation de Jean-François.

CAUSSIN DE PERCEVAL Jean-Jacques (1759-1835). Orientaliste et professeur d'arabe au Collège de France.

CHAMPOLLION Jacques-Joseph, dit Figeac (1778-1867). Il est le frère aîné de Jean-François, dont il a été le mentor et l'éditeur des œuvres posthumes. Passionné d'archéologie, auteur de plusieurs ouvrages de paléographie, il a occupé les postes de professeur de littérature grecque puis de doyen de la faculté des lettres de Grenoble (1809-1814), de conservateur en chef de la bibliothèque de cette ville (1812) et de conservateur du département des manuscrits de la Bibliothèque royale (1828-1848). Parallèlement, il a été le collaborateur de Joseph Fourier, préfet de l'Isère, puis de Bon-Joseph Dacier, secrétaire perpétuel de l'Académie des inscriptions et belles-lettres.

CHEFTITCHI **Geha.** Prêtre égyptien, arrivé à Paris en 1802, vicaire à Saint-Roch, il a donné des leçons de copte à Champollion.

CHOISEUL-GOUFFIER **Auguste** DE **(1752-1817).** Diplomate, collectionneur, membre de l'Académie française, il est considéré comme ministrable lors de la première Restauration.

COSTA **Lodovico.** Secrétaire d'État sarde, il a confié un travail d'archives à Champollion en 1818, puis a relayé efficacement sa candidature pour qu'il soit chargé du catalogue de la collection Drovetti à Turin.

DACIER **Bon-Joseph (1742-1833).** Secrétaire perpétuel de l'Académie des inscriptions et belles-lettres, il n'a pu empêcher la candidature de Jean-François Champollion d'être rejetée deux fois, mais lui a permis de s'exprimer et l'a assuré de sa paternelle affection.

DOM RAPHAEL, **Raphaël Antoun Zakhour de Monachis dit (1759-1831).** Moine syrien de rite grec-catholique, ancien membre de l'Institut d'Égypte, il a donné des cours d'arabe à Champollion à l'École des langues orientales et lui a facilité l'étude du copte.

DROVETTI **Bernardin (1776-1852).** Consul de France en Égypte et collectionneur d'antiquités, il a vendu successivement une collection égyptienne au roi de Sardaigne et une autre au roi de France.

DUBOIS **Jean-Joseph.** Dessinateur, il a enseigné l'épigraphie à Champollion avant de se charger des dessins de son *Panthéon égyptien* et de devenir l'un de ses collaborateurs au Louvre.

DUSSERT François, abbé. Directeur d'école à Grenoble, il permet au jeune Champollion de commencer l'étude de plusieurs langues orientales.

FORBIN Louis-Nicolas DE (1777-1841). Peintre, directeur des musées royaux.

FOURIER Joseph (1768-1830). Mathématicien, il a occupé le poste de secrétaire perpétuel de l'Institut d'Égypte, au Caire, pendant l'expédition française. Préfet de l'Isère de 1802 à 1815, il a été chargé par Napoléon Ier de rédiger la préface de la *Description de l'Égypte*. En 1817, il est élu membre de l'Académie des sciences, dont il devient secrétaire perpétuel en 1822, puis membre de l'Académie française en 1826.

GAZZERA Costanzo, abbé. Secrétaire de l'Académie des sciences de Turin.

HAUSSEZ Charles D', baron (1778-1854). Royaliste ultra, préfet de l'Isère de 1820 à 1824, il a multiplié les rapports défavorables à Jean-François Champollion qu'il accusait de comploter contre le régime.

JABLONSKI Paul-Ernest (1693-1757). Orientaliste allemand, il a tenté, dans les années 1750, d'interpréter par le copte des noms de divinités égyptiennes.

JAUBERT Amédée (1779-1847). Professeur de turc à l'École des langues orientales.

JOMARD Edme François (1777-1862). Ingénieur géographe, commissaire du gouvernement pour la publication de la *Description de l'Égypte*, élu à l'Académie des inscriptions et belles-lettres (1818), fondateur de la Société de géographie, il disputait à Champollion, qui critiquait sévèrement ses travaux, le poste de directeur du Musée égyptien Charles-X.

KIRCHER Athanase (1601-1680). Jésuite et physicien allemand, il avait donné, au XVIIe siècle, des interprétations fantaisistes des hiéroglyphes. Il avait découvert cependant que le copte est une survivance de la langue populaire des anciens Égyptiens.

LANCI Michelangelo, abbé. Prêtre romain spécialiste de la langue coufique, il a tenté de discréditer Champollion en l'accusant de vouloir ruiner l'histoire biblique.

LANGLÈS Louis-Mathieu (1763-1824). Orientaliste et professeur de persan à l'École des langues orientales.

LENORMANT Charles (1802-1859). Inspecteur des Beaux-Arts et membre de la mission franco-toscane en Égypte dirigée par Champollion.

LETRONNE Jean-Antoine (1787-1848). Helléniste, professeur au Collège de France, il s'est opposé aux frères Champollion à propos du zodiaque de Dendérah.

MADAME ADÈLE, Jausions Adèle, dite. Maîtresse de Champollion à Figeac, qu'il retrouvera lors de son dernier séjour dans sa ville natale.

MANÉTHON (IIIe siècle av. J.-C.). Prêtre savant auquel on attribue la liste des noms royaux de l'ancienne Égypte, classés par dynasties.

MILLIN DE GRANDMAISON Aubin (1759-1818). Archéologue et conservateur du cabinet des Médailles à la Bibliothèque impériale.

MOHAMMED ALI (1769-1849). Originaire de Macédoine, gouverneur tout-puissant de l'Égypte, sous l'autorité formelle du sultan de Constantinople, il a modernisé son pays d'adoption et bâti un État moderne avec l'aide de conseillers européens.

OSYMANDIAS. Nom déformé de Ramsès II, attribué à divers pharaons.

QUATREMÈRE DE QUINCY Étienne-Marc (1782-1857). Orientaliste, surnommé « Polycarpe » (son deuxième prénom). Son livre sur la géographie antique de l'Égypte est paru avant *L'Égypte sous les pharaons* de Champollion.

ROCHETTE Désiré-Raoul (1789-1854). Helléniste et archéologue, il est surnommé « le Tyran du Bosphore » par Champollion.

ROSELLINI **Ippolito (1800-1843).** Professeur de langues orientales à l'université de Pise, il a été le principal collaborateur de Champollion en Égypte et le coauteur des *Monuments d'Égypte et de Nubie*. Son frère, Gaetano, architecte, faisait également partie de la mission franco-toscane.

SAINT-MARTIN **Antoine-Jean (1791-1832).** Orientaliste, titulaire d'une chaire au Collège de France, il a été très lié à Champollion, avant de devenir l'un de ses adversaires.

SAINT-QUENTIN **Giulio Cordero DE, chevalier (1778-1857).** Directeur du musée de Turin. Le surnommant « le Cerbère », Champollion l'a tourné en ridicule dans un pamphlet intitulé *Pétition du Pharaon Osymandias à S.M. le Roi de Sardaigne*.

SALT **Henry (1780-1827).** Consul général de Grande-Bretagne en Égypte et collectionneur d'antiquités. Sa collection égyptienne a été acquise par la France pour le musée Charles-X.

SÉSOSTRIS. Nom grec porté par trois pharaons du Moyen Empire, devenu mythique et fréquemment attribué à Ramsès II.

SILVESTRE DE SACY **Antoine-Isaac (1758-1838).** Éminent orientaliste, bibliste et linguiste, professeur d'arabe à l'École des langues orientales, il occupe la chaire de persan au Collège de France. En 1802, il a isolé dans l'inscription démotique de la pierre de Rosette des groupes de signes correspondant aux noms propres grecs.

THÉVENET **Augustin (1791-1860).** Négociant grenoblois, ami de longue date de Champollion, il restera lié à lui jusqu'à la mort.

VAYSSIÉ **Jean.** Conservateur des hypothèques à Figeac, avec qui Champollion s'est lié d'amitié lors de son exil dans cette ville.

WARBURTON **William, Mgr (1698-1779).** Théologien anglican qui, dans les années 1740, avait mis en doute le caractère ésotérique des hiéroglyphes et pressenti leur caractère phonétique.

YOUNG **Thomas (1773-1829).** Médecin et physicien anglais, il est le principal concurrent de Champollion pour le déchiffrement des hiéroglyphes. En 1814, étudiant l'inscription démotique de la pierre de Rosette, il réussit à isoler des groupes de signes correspondant aux mots grecs. En 1818, il pressent l'existence de hiéroglyphes phonétiques et la parenté des trois écritures égyptiennes, mais sans découvrir la nature du système.

ZELMIRE. Surnom donné par Jean-François Champollion à Angelica Palli, poétesse de Livourne dont il est tombé amoureux au cours de son séjour en Italie. Lui-même se désigne sous le prénom de « Zeid » dans la trentaine de lettres qu'il lui a adressées. Un amour à sens unique qui l'a fait beaucoup souffrir.

ZOËGA Jörgen (1755-1809). Archéologue danois, il a été le premier, en 1797, à soupçonner la dimension phonétique des hiéroglyphes.

ZORAÏDE (1824-1889). Elle est l'unique enfant de Jean-François Champollion, à qui il a voulu donner un prénom à consonance arabe.

L'écriture égyptienne

L'égyptien est la plus vieille langue du monde après le sumérien, qui l'a précédé de peu. Son premier document connu – la palette de Narmer, conservée au musée du Caire – remonte à 3100 avant notre ère. Quant à la dernière inscription en hiéroglyphes découverte à ce jour, elle se trouve au temple de Philae et date de 394 après J.-C.

Les Grecs avaient appelé l'écriture égyptienne *hierogluphikos* (« gravures sacrées »), car elle avait, avant tout, une dimension religieuse. Prononcés, dessinés ou sculptés, les mots étaient censés exercer une action, un pouvoir : lire une formule d'offrande revenait à l'accomplir et, pour anéantir définitivement un adversaire, il suffisait de marteler son nom…

On sait, depuis Champollion, que l'écriture des anciens Égyptiens est à la fois figurative et phonétique. Ses signes peuvent exprimer aussi bien des idées que des sons. Ils relèvent de trois catégories différentes. Les premiers sont des idéogrammes, ou signes-images ; les deuxièmes des phonogrammes, ou signes-sons ; et les troisièmes des déterminatifs, qui ne se lisent pas, mais permettent de fixer la catégorie des mots qui les précèdent.

Les idéogrammes montrent la forme de la chose désignée : on dessine une vache pour désigner une vache, et une maison pour désigner une maison. De manière plus indirecte, la voile gonflée indique le vent. Une bouche signifie bouche, mais aussi parole. Un soleil signifie soleil, mais aussi jour, clarté… L'abstraction est indiquée par un déterminatif (le papyrus scellé).

Les Égyptiens se sont aperçus cependant des limites de leurs idéogrammes. Comment désigner des notions comme le courage, le dévouement ou la méchanceté ? Il fallait recourir à des signes-sons et recomposer les mots par un rébus graphique. D'où les phonogrammes, qui écrivent une, deux ou trois consonnes, les voyelles n'étant pas prises en compte. Le nom du dieu Ptah, par exemple, est obtenu à partir de trois signes : la voûte céleste, la terre et un homme au bras levé, qui se prononcent respectivement *p*, *t* et *h*.

Cela dit, la prononciation des mots, qui a varié selon les époques et les régions, est impossible à reconstituer exactement. On l'obtient parfois par extrapolation, en se basant sur le copte : dernier aboutissement de l'ancien égyptien, réduit depuis longtemps à une langue liturgique, il s'écrit au moyen de l'alphabet grec, complété par sept caractères démotiques. Faute de mieux, les égyptologues ont recours à certaines conventions pour prononcer les mots égyptiens.

Les hiéroglyphes peuvent s'écrire en colonnes verticales ou en lignes horizontales, se lire de gauche à droite, ou l'inverse. L'indication est donnée par les êtres vivants qui y figurent et dont le regard est tourné vers le point de départ du texte : s'ils regardent à gauche, il faut lire de gauche à droite ; s'ils regardent à droite, il faut lire de droite à gauche. Mais on se retrouve rarement devant de banales lignes ou colonnes : les signes, qui servent aussi d'ornement architectural, sont répartis de manière harmonieuse dans un carré imaginaire, le quadrat, qu'ils occupent entièrement.

Les hiéroglyphes ont engendré deux écritures cursives, utilisées pour les actes de la vie courante : le hiératique puis le démotique. Ces deux écritures simplifiées, où les images se devinent plus qu'elles ne se voient, se lisent de droite à gauche. On les trouve, dessinées ou peintes, sur des papyrus ou sur des éclats de calcaire et de poterie (*ostraca*).

La langue égyptienne a connu successivement plusieurs états : ancien égyptien, moyen égyptien, néo-égyptien et ptolémaïque. Des 700 signes de départ, on est arrivé à plusieurs milliers. Mais, tout en évoluant, les hiéroglyphes ont conservé jusqu'au bout leur caractère pictographique, contrairement à l'écriture chinoise qui a vite évolué vers des formes abstraites.

Bibliographie

Principaux écrits de Champollion

L'Égypte sous les pharaons, ou recherches sur la géographie, la religion, la langue, les écritures et l'histoire de l'Égypte avant l'invasion de Cambyse, 2 volumes, 1814.

De l'écriture hiératique des anciens Égyptiens, 1821.

Lettre à M. Dacier, secrétaire perpétuel de l'Académie royale des inscriptions et belles-lettres, relative à l'alphabet des hiéroglyphes phonétiques employés par les Égyptiens pour inscrire sur leurs monuments les titres, les noms et les surnoms des souverains grecs et romains, 1822.

Panthéon égyptien, collection de personnages mythologiques de l'Égypte ancienne, d'après les monuments, illustré par Jean-Joseph Dubois, 1823.

Précis du système hiéroglyphique des anciens Égyptiens, ou recherches sur les éléments premiers de cette écriture sacrée, sur leurs diverses combinaisons, et sur les rapports de ce système avec les autres méthodes graphiques égyptiennes, 1824.

Lettre à M. le duc de Blacas d'Aulps, premier gentilhomme de la chambre, pair de France, etc., relatives au Musée royal égyptien de Turin. Première lettre : *Monuments historiques ;* deuxième lettre : *Suite des monuments historiques*, 1824-1826.

Notice descriptive des monuments égyptiens du musée Charles X, 1827.

Lettres de M. Champollion le jeune, écrites pendant son voyage en Égypte en 1828 et 1829, 1833.

Grammaire égyptienne, ou principes généraux de l'écriture sacrée égyptienne appliqués à la représentation de la langue parlée, préface de Figeac, 1836.

Ouvrages consacrés à Champollion

CARBONNEL, Charles-Olivier, *L'Autre Champollion*, préface de Jean Leclant, Presses de l'Institut politique de Toulouse, 1984.

CHAMPOLLION, Jean-François, *Lettres à Zelmire*, présentation par Edda Bresciani, L'Asiathèque, 1978.

CHASSAGNARD, Guy, *Les Frères Champollion*, Segnat Éditions, Figeac, 2001.

DEWACHTER, Michel, *Champollion, un scribe pour l'Égypte*, collection Découvertes, Gallimard, 1990.

L'Égypte de Jean-François Champollion. Lettres et journaux de voyage (1828-1829), présentés et commentés par Christiane Ziegler et Diane Harlé, avec des photographies de Hervé Champollion, Image/Magie, 1997.

L'Égyptologie et les Champollion, recueil d'études publié par Michel Dewaechter et Alain Fouchard, Presses universitaires de Grenoble, 1994.

FAURE, Alain, *Champollion, le savant déchiffré*, Fayard, 2004.

FIGEAC, Aimé, *Les Deux Champollion*, 1887.

HARTLEBEN, Hermine, *Jean-François Champollion. Sa vie et son œuvre, 1790-1832*, rééd. Pygmalion, 1983.

Jean-François Champollion. Lettres à son frère 1804-1818, présentées par Pierre Vaillant, L'Asiathèque, 1984.

KETTEL, Jeannot, *Jean-François Champollion le Jeune. Répertoire de bibliographie analytique 1806-1989*, Institut de France, Mémoires de l'Académie des inscriptions et belles-lettres, nouvelle série, t. X, 1990.

LA BRIÈRE, Léon de, *Champollion inconnu : lettres inédites*, 1897.

LACOUTURE Jean, *Champollion. Une vie de lumières*, Grasset, 1988.

Lettres de Champollion le Jeune recueillies et annotées par H. Hartleben. I : *Lettres écrites d'Italie ;* II : *Lettres et journaux écrits pendant le voyage d'Égypte*. Bibliothèque égyptologique, t. XXX et XXXI, 1909.

« Mémoires d'Égypte », hommage de l'Europe à Champollion, catalogue d'exposition, Strasbourg, La Nuée bleue, 1990.

Index

Table

Composition et mise en page

NORD COMPO
multimédia

Cet ouvrage a été imprimé en France
par CPI Bussière
à Saint-Amand-Montrond (Cher)
en juillet 2012

N° d'édition : 2834. – N° d'impression : 122259/1.
Dépôt légal : août 2012.